校企合作双元开发成果教材
高等职业教育铁道运输类“十四五”技能型人才培养规划教材

铁路运输市场营销实务

主　编 ◎ 侯文赞　苏　慧
主　审 ◎ 李学军

西南交通大学出版社
·成　都·

图书在版编目（CIP）数据

铁路运输市场营销实务 / 侯文赞，苏慧主编. —成都：西南交通大学出版社，2022.11（2024.8 重印）
ISBN 978-7-5643-9033-4

Ⅰ. ①铁… Ⅱ. ①侯… ②苏… Ⅲ. ①铁路运输 - 市场营销 - 高等职业教育 - 教材 Ⅳ. ①F530.6

中国版本图书馆 CIP 数据核字（2022）第 224555 号

Tielu Yunshu Shichang Yingxiao Shiwu
铁路运输市场营销实务

主　　编 / 侯文赞　苏　慧
责任编辑 / 宋浩田
封面设计 / 何东琳设计工作室

西南交通大学出版社出版发行
（四川省成都市金牛区二环路北一段 111 号西南交通大学创新大厦 21 楼　610031）
发行部电话：028-87600564　　028-87600533
网址：http://www.xnjdcbs.com
印刷：四川森林印务有限责任公司

成品尺寸　185 mm × 260 mm
印张　13.25　　字数　321 千
版次　2022 年 11 月第 1 版　　印次　2024 年 8 月第 2 次

书号　ISBN 978-7-5643-9033-4
定价　39.80 元

课件咨询电话：028-81435775

前言

PREFACE

由铁路、公路、航空、水运和管道等运输方式构成的交通运输行业在国民经济中具有基础性、先导性、战略性的地位，是构建新发展格局的重要支撑和服务人民美好生活、促进共同富裕的坚实保障。随着经济社会发展，民航运输能力快速增强、高速公路等级不断提升，铁路运输面临的市场挑战进一步增大，这就要求铁路运输企业必须树立正确的市场营销观念，在充分调研的基础上及时根据市场需求变化，科学制定市场营销策略，在配置运力、创新产品、改善服务、改进运输组织、转换经营机制等方面实现根本性突破。

为更好地满足铁路运输企业对人才的需求，培养既懂运输生产，又懂运输经营的复合技能型人才，特为铁道交通运营管理相关专业（方向）开设铁路运输市场营销课程。

本教材立足铁路运输发展实际，紧密结合铁路运输市场及运输产品特点，主要介绍市场的概念、市场机制运行原理、市场营销观念的产生与发展以及如何开展铁路运输市场调查、如何进行铁路运输市场细分与选择目标市场、如何制定铁路运输产品策略、价格策略、分销渠道策略与促销策略等内容。充分考虑学生特点，在教材的编写过程中遵循适度和够用的原则，力求知识体系简明实用、系统完整。本教材既可作为铁路高职院校铁道交通运营管理相关专业（方向）的教材，也可供铁路运输企业各级各类人员学习参考使用。

本教材由辽宁铁道职业技术学院侯文赞、苏慧编写，其中：项目一、项目三、项目四、项目六及项目二的任务三部分由侯文赞编写，项目五、项目七、项目八及项目二的任务一、任务二部分由苏慧编写。中国铁路沈阳局集团公司货运处高级工程师李学军担任本书主审。

本教材在编写过程中得到了辽宁铁道职业技术学院领导和同事的关心帮助，得到了沈阳铁路局集团公司相关业务处室及站段的大力支持，在此一并表示感谢。

由于编者的水平、掌握的资料和编写的时间有限，书中难免有疏漏和不妥之处，恳请广大读者批评指正。

编　者

2022 年 8 月

目 录
CONTENTS

项目 1　市场营销概述

◆**知识能力目标：**

1. 能够准确理解市场与运输市场的概念。
2. 能够准确把握市场机制的概念及运行机理。
3. 能够掌握并理解市场营销的含义。
4. 能够准确描述营销观念的发展过程。
5. 能够了解铁路运输企业开展市场营销的必要性。

◆**课程思政目标：**

1. 培育和践行社会主义核心价值观，教育引导学生树立诚信经营思想。
2. 引导学生树立与时俱进的历史唯物主义价值观，用发展的眼光看待市场营销工作。

项目引入

据《人民铁道》报道，2022 年 5 月，中国铁路沈阳局集团有限公司沈阳车务段双庙子站获悉双庙子镇一个粮食收储户要将玉米运至金帛湾港。得知信息后，该段中心站昌图站第一时间与货主取得联系，宣传铁路货运政策，提出先将玉米短驳运输至马仲河粮库专用线，再利用铁路散粮车运输至金帛湾的运输方案，最终达成合作意向。在运输过程中主动协助货主办理通行证，提前分两批将散粮车调送到专用线，并安排技术人员提前对装车人员进行培训，及时将货物装出，保证了货主到港装船及时。通过此次合作，货主对铁路高效的工作效率、严谨的工作态度和热情周到的服务非常满意，并表示将与铁路保持长期合作。

请思考：沈阳车务段昌图站是如何通过市场营销挖掘新货源，抢得市场机会的？

任务 1　市场概述

知识点 1　市场的概念

所有人对市场都不陌生，因为每个人的生活都离不开市场，每个人的衣食住行都与市场有直接或间接的联系。消费者个人需要的各种商品和各种服务，必须通过商品的买卖、劳务的交换等活动才能实现。企事业单位更是如此，必须在市场上进行物质、劳务、信息等方面的交换。市场不仅是企业运作的空间、生产经营活动的起点和终点，还是企业竞争的舞台，是生产经营成功与否的检验者和评判者。市场的概念是与社会发展和商品生产分不开的，而且是随着人类商品经济的发展而发展的。时至今日，人们对市场概念的理解已有以下几种定义。

1.1 狭义的市场

狭义的市场是指商品交易的场所。我国古代文献对市场曾有这样的描述“日中为市，致天下之民，聚天下之货，交易而退，各得其所”。这就是说，不论规模大小，只要是能够现买现卖，即一手交钱一手交货，那么这个地方就是市场，一般也称其为有形市场。

1.2 广义的市场

广义的市场是指商品交换关系的总和。随着商品经济的发展，商品的数量、品种日益增多，商品交换的范围和规模日益扩展，市场已完全脱离了实地、现货的范围，成为了进行交易的代名词，并不断发展成为社会各部门之间经济联系的复杂而灵活的联络系统，成为商品交换关系的总和。这种定义下的市场，主要是指无形市场，即没有固定的交易场所，通过提供具有方便性、知识性、娱乐性、保健性和辅助性等的服务活动和服务过程以满足消费者或组织的某种需求。交通运输市场就是无形市场。

市场由特定的交易场所发展成商品交换关系的总和，是和以下事实分不开的：

（1）随着商品生产和商品交换的发展，产销之间逐渐出现中间人。所谓“驵侩”就是牲畜交易之间的中间人，“驵侩”可能是作为交易中介的商人出现的最早形式。随后便出现了经纪、信托公司、代理制等。

（2）随着金属货币的产生，就有了兑换，就有了商业信用。中国古代就有“柜坊”“飞线”“钞引”，后来又出现“票号”“钱庄”，以至发展到现在的银行、投资公司、金库等。英语的“银行”就是由意大利语的“长凳”演变而来的。因为在古代地中海沿岸城市的定期集市上，钱币兑换人是手持钱袋，坐在板凳上为交易者兑换钱币的。后来这种业务逐渐发展到保管存款、汇划货款，以至提供贷款，而长凳便逐渐发展成了银行。

（3）随着交换范围的扩大，商人需要了解现行的市场行情，于是就有有心的文人搜集市场信息出卖给商人。据说世界上最早的记者就是这样产生的。他们将各地的市场行情搜集并记录下来卖给商人，以至发展为今天的各种商情咨询组织，产生了规模空前、作用巨大的信息产业。

（4）随着交换范围的扩大和数量的增加，那种购销都由自己肩挑背负、卖不完又背回去或找附近的民房暂存，等下一集市再卖的方式已不能适应，于是出现了“邸居”“垛坊”“车坊”“脚行”“船行”，以及封建垄断的“漕运”“纲运”，以至现代的仓储业和运输业。

（5）古代的交易方式简单，主要靠货比货，靠吆喝叫卖，之后出现了“幌子”“店招”等。后来为了扩大销售，逐渐发展为各种形式的广告、展览会等。

（6）随着交换过程向复杂化发展，为了保证交易的顺利进行，出现了“市官”，以至发展到现在的工商管理组织，以及税务、律师等，来处理各种商业纠纷。

在这里，市场被认为是一个商品经济范畴，是商品内在矛盾的表现，是供求关系，是商品交换关系的总和，是通过交换反映出来的人与人之间的关系。因此，哪里有社会分工和商品生产，哪里就有市场。

1.3 营销学中的市场

营销学中所说的市场是人口、购买力和购买欲望的集合，即

市场＝人口+购买力+购买欲望

人口是构成市场的最基本条件。只要有人口就会有需求，有需求就会引起交易，有交易就存在市场。人口数量的多少，直接决定着市场的规模和容量的大小；人口的构成及其变化则影响着市场需求的构成和变化。

购买力是构成现实市场的物质基础，是指人们支付货币购买商品或劳务的能力。有了购买力才能形成有意义的市场。购买力的高低主要是由购买者收入的多少决定的。一般来说，人们收入多，购买力水平高，市场和市场需求也大；反之，市场和市场需求就小。

购买欲望（或称购买动机）是决定市场容量的最有威胁的因素，是购买力得以实现的必不可少的条件。购买欲望是指消费者购买商品的动机、愿望和要求，它要求企业提供的产品和服务能符合消费主体的需求，能够引起消费者的购买欲望。人口再多，购买力水平再高，如果对某种商品没有购买的欲望，那么这种商品的现实市场是不可能形成的。

市场的这三个要素是相互制约、缺一不可的，只有三者结合起来才能构成现实意义的市场。

知识点 2 市场的类型

市场是一个复杂而完整的有机整体。随着交换关系的复杂化，市场也越来越复杂化。市场的分类方法很多，从不同的角度来考察，市场可以进行不同的划分，常见的市场类型如下。

2.1 按市场的地理位置划分

按照市场所处的地域划分，可以将市场划分为城市市场、农村市场、地方市场。城市市场，是指商品交换关系以城市范围为活动空间的市场；农村市场，是指商品交换关系以农村为活动空间的市场；地方市场，是指商品交换关系以某个地区为活动空间的市场。

按市场的国域界限划分，可分为国内市场、国际市场。国内市场，是指商品交换关系以国内范围为活动空间的市场；国际市场，是指商品交换关系以全世界范围为活动空间的市场。

2.2 按商品属性或用途划分

按照市场上流通的商品属性或用途划分，可以分为一般商品市场、特殊商品市场和服务市场。一般商品市场包括消费品市场、生产资料市场两大类。特殊商品和服务市场是由具有特殊性的商品以及不是商品但采取商品形式的产品所形成的市场，包括劳动力市场、技术信息市场、房地产市场、金融市场等很多种类。按照市场上流通的商品属性而划分的市场，充分反映了市场体系中的各种商品交换关系，它包括了市场机制的全部作用过程和内容。

2.3 按产品和服务供给方的情况划分

按照产品和服务供给方在市场中的实力分配，市场可分为完全竞争市场、完全垄断市场、垄断竞争市场、寡头垄断市场。

2.3.1 完全竞争市场

完全竞争市场是指竞争不受任何干扰的市场。其特点是同一行业中存在着大量的独立生产者；他们向市场提供的产品在质量、性能、外形、包装等方面也基本没有差别；每一个生产者只能供应市场需求量中很小的一部分，任何生产者都不可能独立控制整个市场；生产者既可以自由进入某个市场，也可以自由退出某个市场；市场上的每一个生产者和消费者都可以完整地了解并掌握与自己的经济决策有关的一切信息。

这种市场上的产品没有差异化基础，竞争者的价格基本相同，因此市场的价值规律能够充分发挥作用，产品或服务的供求几乎完全靠市场价格自发调节。商品销售只有在降低生产和分销成本的情况下才能取得利润，因此市场竞争非常激烈。在这种市场上，企业的营销活动不占主导地位。

这是一种较理想化的市场，现实生活中比较少。

2.3.2 完全垄断市场

完全垄断市场是指某一国家或地区的某一行业中，只有唯一的一家企业从事经营活动，即某种产品或服务只有唯一的生产者或销售者，它的产品没有任何替代品，其他企业无法进入该行业。完全垄断企业作为产品的唯一供应商，对商品价格拥有相当程度的控制权，不存在或基本不存在竞争。

形成完全垄断的原因主要有自然垄断、原料控制、专利权、政府特许。处于完全垄断地位的企业，其目标往往是通过索要高价、提供最低限度的服务赚取最大的利润。当出现局部替代品或潜在威胁时，垄断者往往会设法阻止其他竞争者的加入，最大限度维护其在市场中的垄断地位。

现实中的完全垄断市场多出现于由国家垄断经营的某些关键行业或公共事业单位，如能源、电力、交通、通信等行业或部门。

2.3.3 垄断竞争市场

垄断竞争市场是介于完全竞争市场和完全垄断市场之间的市场。垄断竞争市场的主要特点是：市场上有很多生产者或销售者，他们提供具有一定差别，能够从整体或局部加以区别的且可以相互替代的产品或服务。每个商品的供应者的产量或销量只占市场总需求量的一部分，因此任何一个商品供应商都不可能独立控制商品的价格，更无法控制整个市场。由于企业进入市场比较容易、同行业企业多、产品替代性大，因而市场竞争激烈，比如一般日用工业品。

在垄断竞争市场条件下，供应商通过控制产品的产量或商品的价格来实现利润最大化的目标，市场竞争表现为非价格竞争。供应商力求通过突出产品的质量特性来吸引消费者，开展各种营销活动是企业工作的重点。

垄断竞争对消费者的满足程度最高，在一定的价格水平下消费者对商品的选择余地较大，它是目前经济生活中普遍存在的市场结构。

2.3.4 寡头垄断市场

寡头垄断市场是介于完全垄断市场和垄断竞争市场之间的一种市场。寡头垄断市场的主要特点是：市场上少数几家实力雄厚的企业控制着市场，企业之间是相互依存、相互制约的，其中任何一个企业经营策略的调整与实施都会对其他企业产生一定影响。

寡头企业在制定和实施营销策略时，基本以竞争对手为竞争目标，并极其关注自己的行动对目标企业的影响及对方可能做出的反应。市场竞争表现为非价格竞争，尤其注重企业形象的树立。

寡头垄断市场的产生原因主要是资源的有限性、技术的先进性、资本规模的集聚及规模经济效益所形成的排他性。

2.4 按照构成市场的要素划分

按照构成市场的要素划分，可以将市场划分为商品市场、资金市场、劳动力市场、技术市场、信息市场等。这类市场一般是指提供专项的专业服务的市场。

2.5 按照市场的服务对象划分

按照市场的服务对象划分，可以将市场分为消费者市场和生产者市场。

消费者市场，是指为满足生活消费需要而购买商品和劳务的一切个人和家庭所组成的市场。消费者市场的购买是最终市场的购买，是商品的使用价值和价值的最终实现。顾客的购买目的完全是为了满足个人或家庭的需要。

生产者市场是由为了满足生产和经营需要而购买商品和劳务的企业和单位所组成的市场。顾客购买商品的目的是作为生产资料，完成生产资料的再生产过程。

2.6 按消费客体的性质分

按消费客体的性质划分，可将市场分为有形产品市场和无形产品市场。

有形产品市场为消费者或生产者提供有形的物质产品；无形产品市场也称服务市场，它通过提供具有方便性、知识性、娱乐性、保健性和辅助性的服务活动和服务过程来满足消费者或生产者的某种需求。

识点 3 市场机制

3.1 市场机制的概念

市场机制就是市场运行的实现机制，是指市场机制体内的供求、价格、竞争、风险等要素之间的互相联系及作用机理，主要包括供求机制、价格机制、竞争机制和风险机制。

3.2 市场机制的构成要素

市场机制是一个有机的整体，主要包括价格机制、供求机制、竞争机制和风险机制等。

价格机制是指在市场竞争过程中，市场上某种商品市场价格的变动与市场上该商品供求关系变动之间的有机联系的运动。它通过市场价格信息来反映供求关系，并通过这种市场价格信息来调节生产和流通，从而实现资源配置。另外，价格机制还可以促进竞争和激励，决定和调节收入分配等。

供求机制是指通过商品、劳务和各种社会资源的供给和需求的矛盾运动来影响各种生产要素组合的一种机制。它通过供给与需求之间在不平衡状态时形成的各种商品的市场价格，并通过价格、市场供给量和需求量等市场信号来调节社会生产和需求，最终实现供求之间的基本平衡。供求机制在竞争性市场和垄断性市场中发挥作用的方式是不同的。

竞争机制是指在市场经济中，各个经济行为主体之间为自身的利益而相互展开竞争，由此形成的经济内部的必然的联系和影响。它通过价格竞争或非价格竞争，按照优胜劣汰的法则来调节市场运行。它能够形成企业的活力和发展的动力，促进生产，使消费者获得更大的实惠。

风险机制是市场活动同企业盈利、亏损和破产之间相互联系和作用的机制，在产权清晰的条件下，风险机制对经济发展发挥着至关重要的作用。

3.3 市场机制的作用机理

市场机制作为市场一种特有的自我调节方式，自市场产生以来，始终存在并发生作用，形成三大基本要素互相结合、互相制约的一个循环运动过程。

市场机制首先离不开供求这个基本要素。但供求不可能孤立地存在，其运动趋势和变化直接受市场价格及市场竞争状况的制约。市场价格作为商品价值的转化形态和实现形式处于一种运动状态，它与价值不是机械地等量，相反在供求、竞争等直接要素的制约下，价格总是围绕价值上下波动，并在时间、程度、方向上与价值有一定背离，直接影响生产者、经营者、消费者的利益，牵动着市场活动参与者的行为。但由于供求的变化，价格时而高于价值，时而低于价值，商品价值正是在这忽高忽低中趋向自我平衡的现实。这种现象，就是市场机制要素交互运动的奥妙所在。由于价格受供求的变动而变化，因此市场活动参与者会不断调整自己的市场行为。买者与卖者之间、买者之间、卖者之间又根据市场价格状况的变化，为了自身的经济利益展开了多形式的竞争，竞争又会引起供求的变化。这样，就形成了“价格—竞争—供求—价格”三个要素互相组合、互相制约、互为条件的一种循环过程。即价值规律通过市场竞争强行得到贯彻，并继而调节供求关系；供求关系的变动又反过来引起市场价格的变动，这就是市场机制运动过程。价格是这种循环的标志，价格的变化既是上一次市场机制要素循环运转的结束标志，又是下一次新的循环运转的开始，如此周期循环，实现着市场运动的自我调节。

因此，构成市场机制运动的三大基本要素是价格、供求、竞争，不论市场性质、规模、范围如何，这三大直接要素不会变。这三大要素的组合及交互运动正是商品经济的基本规律即价值规律、供求规律、竞争规律等共同作用于市场的结果。三大机制交互作用示意图如图1-1 所示。

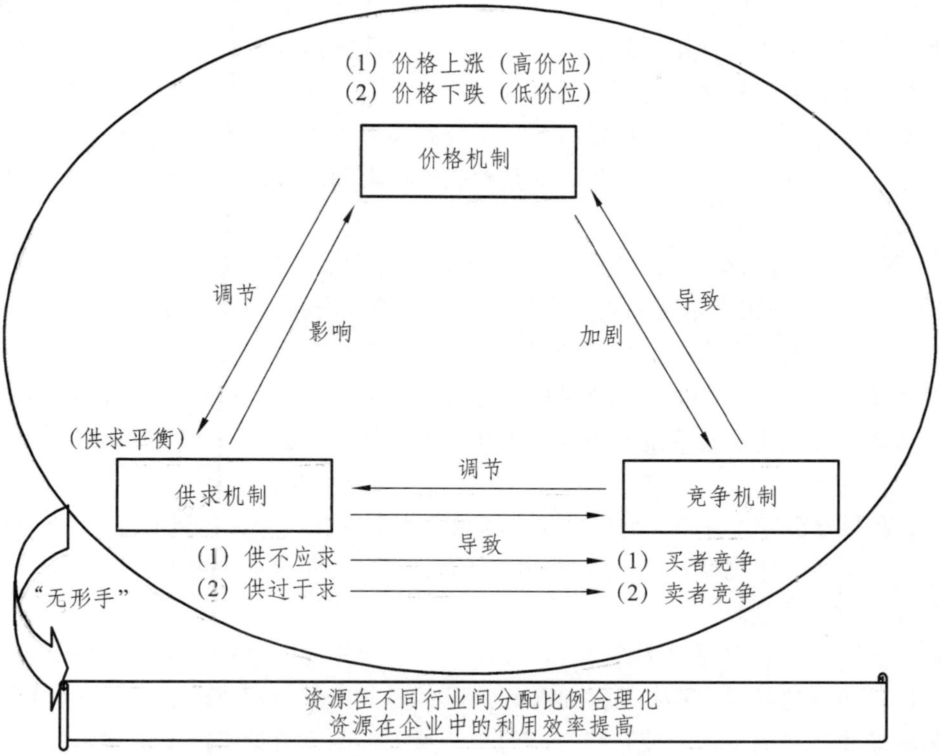

图 1-1　三大机制交互作用示意图

知识点 4　买方市场与卖方市场

买方市场指供大于求、商品价格有下降趋势的市场形势。这时，买方在交易上处于有利地位，有任意挑选商品的主动权。它的基本表现形式是：市场上商品丰裕，供应量超过了需求量，买方有着更大的挑选商品的余地和更多的购买商品的主动权，卖方则处于被动地位并要为促进商品的销售而彼此展开竞争。

卖方市场指供不应求、商品价格有上涨趋势的市场形势。这时，买方很少有挑选商品的余地，而卖方则在交易上处于有利地位。它的基本表现形式是：市场上商品短缺，供不应求，商品价格有上升的倾向，商品交易条件有利于卖方而不利于买方。所以卖方市场上卖方总是“扬眉吐气”，所售商品是“皇帝女儿不愁嫁”。而买方则处于从属的地位，常常为购买商品而展开竞争。

买方市场与卖方市场这一对概念，来源于西方资产阶级经济学，是指资本主义市场供求不平衡的两种状况和价格的涨落趋势。在资本主义条件下，买方市场和卖方市场是在价值规律的自发调节下，伴随着资本主义经济危机而交替出现的商品供求关系。萧条阶段和危机阶段一般表现为买方市场，复苏阶段和繁荣阶段一般表现为卖方市场。它们的出现，对生产和消费及对社会再生产都会产生不良影响。但是，买方市场和卖方市场并不是资本主义的特有现象，而是商品经济所共有的现象。只要有商品生产和商品交换，价值规律就要发生作用。比如，当社会总劳动过多地分配在某种商品的生产上时，这种商品出现供大于求，那么这种商品就只能按低于其价值的价格出售，甚至有一部分卖不出去；反之，则能按高于其价值的价格出售。价值规律的这种作用并不随着社会制度的改变而改变，所不同的是形成买方市场和卖方市场的社会原因和性质有本质的区别。

在现实的市场活动中，我们通常将买方市场和卖方市场划分为三个层次：

（1）总体的买方市场和卖方市场，这是根据市场上商品总的供应量和总的需求量的关系来表现和衡量的；

（2）局部的买方市场和卖方市场，这是根据部分商品的供求状况来表现和衡量的；

（3）单个商品的买方市场和卖方市场，这是从单个商品的供求状况来表现和衡量的。

以上三个层次的买方市场和卖方市场并不是一成不变的，而是可以相互转化的。但是，在市场经济条件下，一般都把形成有限的买方市场作为市场发育和运行的目标。这是因为有限买方市场的情况与生产过剩危机不同，他比卖方市场对社会经济的发展具有更多的积极影响：

第一，在买方市场条件下，企业之间在商品销售上存在竞争，有利于企业改善经营管理。

第二，存在买方市场能使生产者之间的竞争加剧，从而促进社会的分工，提高专业化协作水平和社会经济效益。

第三，在买方左右市场的条件下，产品供给有一定程度的过剩，可以提高市场信息的传导效率，比较明确地显示出哪些产品是长线产品，哪些产品是短线产品，从而引导资金合理流动，刺激短线产品的生产，使长线产品的生产受到抑制，有助于产业结构的合理化。

第四，在买方市场条件下，生产者之间的竞争，促使他们积极采用新技术、新设备，提高产品质量，降低生产成本，以较少的投入争取较多的产出，这必然有利于资源的节约和合理利用。同时竞争造成的优胜劣汰，可以使资源向那些能使其产生较大收益的生产者手中集中。

第五，在买方市场条件下，消费者享有较大的商品选择权。这会迫使生产者按需生产，更好地满足消费者物质文化生活的需要。

卖方市场的情形和上述几点正好相反。在卖方主宰市场的条件下，一方面卖者之间缺乏竞争，企业没有积极进取的动力，价格形成机制失灵，不利于产业结构的调整；另一方面，消费者则会因商品稀缺而没有什么选择余地，消费权益往往会受到严重损害。

任务 2　市场营销概述

知识点 1　市场营销含义

“市场营销”英文的原文为“Marketing”。我国在引进这门学科的过程中，对其采取的翻译方式有好几种。而一些翻译恰恰反映了当时人们对市场营销在理解上的偏差与局限。曾经有人将“Marketing”翻译为“销售学”，译者可能认为这门学科主要研究的是企业如何将生产出来的产品更好地销售出去（我们在后文的分析中看到这种认识是很不全面的），销售只是营销活动的组成部分之一；后来又有人将“Marketing”翻译为“市场学”，但是这种译法也会使人产生误解，以为“Marketing”只是单纯从客观的角度研究市场，同企业的经营决策活动关系不大；而“市场营销学”的译法，则比较准确地反映了“Marketing”这门学科是企业以市场为导向，以实现交换为目的，具有分析市场、进入市场和占领市场等基本特征，所以是现有的译法中比较能被接受的一种；此外，在我国的台湾地区，比较普遍地将“Marketing”翻译为“行销学”，而在香港，曾经将其翻译为“市务学”，其语义也同“市场营销学”比较类似。本书讨论这一翻译方法的意义并不仅仅是解决语义学方面的问题，而主要反映了人们对市场营销概念的认识过程。

国外对市场营销的定义也有很多：美国市场营销协会于 2013 年 7 月一致审核通过的定义为：“市场营销是在创造、沟通、传播和交换产品中，为顾客、客户、合作伙伴以及整个社会带来价值的一系列活动、过程和体系。”菲利普·特勒下的定义是“市场营销是个人和集体通过创造产品和价值，并同别人自由交换产品和价值，来获得其所需所欲之物的一种社会和管理过程。”该定义强调了营销的价值导向。而格隆罗斯的定义则强调了营销的目的，认为市场营销就是在变化的市场环境中，旨在满足消费需要、实现企业目标的商务活动过程，包括市场调研、选择目标市场、产品开发、产品促销等一系列与市场有关的企业业务经营活动。

综上所述，关于市场营销，我们可以通俗地将其定义为“市场营销是企业通过市场交易满足现实和潜在的需求，以实现企业目标的整体营销活动过程。”依据这一定义，市场营销的目的是满足消费者现实的和潜在的需求，并实现企业目标。市场营销活动的中心是达成交易，而达成交易的手段则是开展整体营销活动。这种整体营销活动，不仅包括生产前的一系列具体的经营活动，如生产调研、分析市场机会、进行市场细分、选择目标市场、设计开发新产品等，还包括生产过程完成之后的一系列具体活动，如确定价格、选择最佳分销渠道、做广告、推销等，同时还包括销售过程完成之后的一系列活动，如售后服务和信息反馈等。正因如此，国外有的市场营销专家又把市场营销称作“生产前的引桥和销售后的引桥以及衔接生产和消费的桥梁”。

知识点 2 营销观念及其发展过程

营销观念是指企业在一定时期内，占支配地位的贯穿于整个市场营销活动的总体指导思想和行为准则。它在企业营销活动中起支配和指导的作用，故称“企业思维方式”，也称“企业哲学”。

营销观念是在人们长期市场经营活动中产生的，其发展主要经历了五个阶段，即生产观念、产品观念、推销观念、市场营销观念和社会营销观念。

2.1 生产观念

生产观念是指导销售者行为的最古老的观念之一。这种观念产生于 20 世纪 20 年代前。企业经营哲学不是从消费者需求出发的，而是从企业生产出发。其主要表现是“我生产什么就卖什么，消费者就买什么”。生产观念认为，消费者喜欢的是可以随处买得到而且价格低廉的产品，企业应致力于提高生产效率和分销效率，扩大生产，降低成本以扩展市场。例如，美国汽车大王亨利·福特曾倾力于汽车的大规模生产，努力降低成本，使消费者购买得起，借以提高福特汽车的市场占有率，他曾傲慢地宣称：“不管顾客需要什么颜色的汽车，我只有一种黑色的。”这就是典型生产观念的表现。

生产观念是在卖方市场条件下产生的。在资本主义工业化初期以及第二次世界大战末期和战后一段时期内，由于物资短缺，市场产品供不应求，生产观念在企业经营管理中颇为流行。例如，在计划经济体制下，由于市场产品短缺，企业不愁其产品没有销路，工商企业在其经营管理中也奉行生产观念，具体表现为：工业企业集中力量发展生产，轻视市场营销，实行以产定销；商业企业集中力量抓货源，工业生产什么就收购什么，工业生产多少就收购多少，也不重视市场营销。

2.2 产品观念

产品观念也是一种较早的企业经营观念。产品观念认为，消费者最喜欢高质量、多功能和具有某种特色的产品，企业应致力于生产高值产品，并不断加以改进。它产生于市场产品供不应求的“卖方市场”形势下。最容易滋生产品观念的场合，莫过于当企业发明一项新产品时。此时，企业最容易导致“市场营销近视症”出现，即不适当地把注意力放在产品上，而不是放在市场需要上，在市场营销管理中缺乏远见，只看到自己的产品质量好，看不到市场需求在变化，致使企业经营陷入困境。

例如，美国爱尔琴钟表公司自1869年创立到20世纪50年代，一直被公认为是美国最好的钟表制造商之一。该公司在市场营销管理中强调生产优质产品，并通过由著名珠宝商店、大百货公司等构成的市场营销网络分销产品。1958年之前，公司销售额始终呈上升趋势。但此后其销售额和市场占有率开始下降。造成这种状况的主要原因是市场形势发生了变化：这一时期的许多消费者对名贵手表已经不感兴趣，而趋于购买那些经济、方便且新颖的手表；而且，许多制造商为迎合消费者需要，已经开始生产低档产品，并通过廉价商店、超级市场等大众分销渠道积极推销，从而夺得了爱尔琴钟表公司的大部分市场份额。爱尔琴钟表公司竟没有注意到市场形势的变化，依然迷恋于生产精美的传统样式手表，和仍旧借助传统渠道销售，一味认为自己的产品质量好，顾客必然会找上门。结果，致使企业经营遭受重大挫折。

2.3 推销观念

推销观念（或称销售观念）产生于20世纪20年代末至20世纪50年代前，是指以推销现有产品为中心的企业经营思想，表现为“我卖什么，顾客就买什么”。它认为，消费者通常表现出一种购买惰性或抗衡心理，如果顺其自然的话，消费者一般不会足量购买某一企业的产品，因此，企业必须积极销售和大力促销，以刺激消费者大量购买本企业产品。推销观念在现代市场经济条件下被大量用于销售那些非渴求物品，即购买者一般不会想到要去购买的产品或服务。许多企业在产品过剩时，也常常奉行推销观念。

在推销观念指导下，企业在把主要精力放在生产上的同时，开始把部分精力放在产品销售上。但这时的企业并没有真正面向市场，而仅仅只是把已经生产出来的产品设法推销出去。至于消费者是否满意，企业不太关心。这一观念与生产观念相比，虽也算是一个进步，但由于它所重视的推销是已制产品或现有产品的推销，因而二者不存在本质的区别，企业照样是生产什么就推销什么，生产之前不了解消费者需求，销售以后也不去征询顾客的意见和要求。所以，这是一种只在形式上做了改变的生产观念。

2.4 市场营销观念

市场营销观念是作为对上述诸观念的挑战而出现的一种新型的企业经营哲学。这种观念是以满足顾客需求为出发点的，即“顾客需要什么，就生产什么”。尽管这种思想由来已久，但其核心原则直到 20 世纪 50 年代中期才基本定型，当时社会生产力迅速发展，市场趋势表现为供过于求的买方市场，同时广大居民个人收入迅速提高，并拥有对产品进行选择的需求和能力，企业之间为实现产品销售的竞争加剧，许多企业开始认识到，必须转变经营观念，才能求得生存和发展。市场营销观念认为，实现企业各项目标的关键，在于正确确定目标市场的需要和欲望，并且比竞争者更有效地传送目标市场所期望的物品或服务，进而相比于竞争者能更有效地满足目标市场的需要和欲望。

市场营销观念的出现，使企业经营观念发生了根本性变化，也使市场营销学发生了一次革命。市场营销观念同推销观念相比具有重大的差别。

西奥多·莱维特曾对推销观念和市场营销观念作过深刻的比较，指出：推销观念注重卖方需要；市场营销观念则注重买方需要。推销观念以卖主需要为出发点，考虑如何把产品变成现金；而市场营销观念则考虑如何通过制造、传送产品以及与最终消费产品有关的所有事物，来满足顾客的需要。可见，市场营销观念的 4 个支柱是：市场中心、顾客导向、协调的市场营销和利润。推销观念的 4 个支柱是：工厂、产品导向、推销、赢利。从本质上说，市场营销观念是一种以顾客需要和欲望为导向的哲学，是消费者主权论在企业市场营销管理中的体现。

2.5 社会营销观念

社会营销观念是对市场营销观念的修改和补充。它产生于 20 世纪 70 年代。当时西方资本主义社会处在能源短缺、通货膨胀、失业率增加、环境污染严重、消费者保护运动盛行的新形势下。因为市场营销观念回避了消费者需要、消费者利益和长期社会福利之间隐含着冲突的现实，故社会营销观念认为，企业的任务是确定各个目标市场的需要、欲望和利益，并以保护或提高消费者和社会福利的方式，比竞争者更有效、更有利地向目标市场提供能够满足其需要、欲望和利益的物品或服务。社会市场营销观念要求市场营销者在制定市场营销政策时，要统筹兼顾三方面的利益，即企业利润、消费者和社会利益。

任务 3 运输市场及运输市场营销

知识点 1 运输市场

1.1 运输市场的概念

运输市场产生于运输业形成之时，当运输劳务成为商品，出现了专门从事旅客运输和货物运输的运输者时，运输市场便有了产生的条件和基础。

1.1.1 狭义的运输市场概念

狭义的运输市场是运输劳务交换的场所，该场所为旅客、货主、运输业者、运输代理者提供了交易的空间。在这里运输需求方（旅客或货主）、运输供给方（运输企业及运输代理人）互相见面，在条件具备的情况下完成交换行为。

1.1.2 广义的运输市场概念

广义的运输市场是运输劳务交换关系的总和。它不仅是指进行运输劳务交易中所产生的经济活动和经济关系的总和，而且包含了交易双方以及与交易双方联系密切的有关单位和组织之间的经济联系；不仅包含了直接的运输经济活动，还包含了间接参与的运输经济活动，如运输市场调查与预测、客流货源的组织等。

1.1.3 营销学中运输市场概念

市场营销学意义上的运输市场是指运输劳务现实的和潜在的需求者的集合。这是以运输生产者或经营者的角度展开的，以运输需求为研究对象来理解的。我们通常所说的运输企业提高市场占有率、扩大市场份额，就是以对运输市场的这种理解为前提的。一般认为运输市场的大小取决于三方面的因素，即运输需求的单位数、运输劳务的购买力和运输劳务的需求趋向。运输企业只有充分了解运输市场的需求状况，才能准确把握市场机会，开展有针对性的营销工作。

1.2 运输市场的特征

运输市场是整个市场体系的一个重要组成部分。由于运输生产过程、运输需求过程以及运输产品的特殊性，运输市场除具有一般市场共性外，还具有区别于其他产品市场的特殊性。运输市场的基本特征可概括为以下几个方面。

1.2.1 运输商品的生产、消费具有同步性

在一般的商品市场中，生产者生产的产品，通过市场进行交换，最后转移到消费者手中，这三个阶段是相互独立存在的，并形成一个整体循环过程。而运输市场则不同，运输商品的生产过程、消费过程是融合在一起的。在运输生产过程中，劳动者主要不是作用于运输对象、而是作用于交通运输工具。旅客和货物是和交通运输工具一起运行的，并且随着交通运输工具的场所变动而改变所在位置。由于交通运输产品在生产的同时被消费掉，不可以存储、转移或调拨， 因此形成了生产与消费同步性特征。

1.2.2 运输市场的非固定性

运输市场所提供的运输产品具有运输服务特性，不是有形产品，不能像其他有形产品市场那样有固定的场所和区域来生产、销售商品。运输活动在开始提供时只是一种“承诺”，即以车票、货票、运输合同等作为契约保证，随着运输生产过程的进行，通过一定时间和空间的延伸，在运输生产过程结束时，才将旅客或货物位移的实现所形成的运输劳务全部提供给

运输需求者。整个市场交换行为，并不局限于一时一地，而是具有较强的广泛性、连续性和区域性。如铁路运输市场是由许多车站和线路组成的，其生产和消费实质是在线路上流动完成的，其市场具有显著的非固定性。

1.2.3 运输需求的多样性

运输企业以运输劳务的形式服务于社会，服务于运输需求的各个组织或个人。由于运输需求者的经济条件、需求习惯、需求意向等多方面存在比较大的差异，必然会对运输生产过程提出各种不同的要求，从而使运输需求呈现出多样性的特点。其主要表现在：按时或迅速使旅客或货物到达目的地，这是时间上的要求；旅客乘车、货主托运领取货物方便，这是方便性的要求；票价、运价便宜，这是经济性的要求；另外还有舒适性、安全性的要求等。这些需求的多样性会具体体现在运输服务需求者对不同运输工具、服务方式的选择上。

1.2.4 运输供给的不均衡性

由于运输产品具有矢量的特征，不同的到站和发站之间的运输形成不同的运输产品，他们之间不能相互替代，因此运输劳务的供给只能表现在特定时空的运输能力之中，不能靠储存或调拨运输产品方式调节市场供求关系。从总体上看，由于客流、货流均存在着时间性、方向性、地域性的不均衡性，因而造成了运输供给的不均衡性。

1.3 运输市场的分类

运输市场按照标准的不同，可以有不同的类别。

1.3.1 按运输市场涉及的运输方式分

可分为包括两种或两种以上运输方式的运输市场（如公铁联运市场、海陆联运市场等）和单一运输方式的运输市场（如铁路运输市场、公路运输市场、航空运输市场、水运运输市场等）。

1.3.2 按运输范围划分

可分为国内运输市场和国际运输市场。

1.3.3 按运输市场与城乡的关系分

可分为城市内运输市场、城市间运输市场、乡村运输市场和城乡运输市场等。

1.3.4 按运输市场的客体结构分

可分为运输基本市场和相关市场。

运输基本市场是以客、货运输为主导的客运市场、货运市场，它是以运输旅客、货物为服务对象，并直接向旅客、货主提供劳务为主要形态的市场。

客运市场可以分为一般客运市场和特种客运市场，后者如旅游客运市场、包机（车、船）市场等；货运市场也可以按照运输条件分为一般货物运输市场和特种货物运输市场。一般货物运输市场可分为干货运输市场、散货运输市场、杂货运输市场、集装箱运输市场。散货运输市场可再分为煤炭运输市场、粮食运输市场、钢铁运输市场、油品运输市场等。特种货物运输市场可分商品车（乘用车）运输市场、冷藏（分保温和深冷）货物运输市场、大件货物（超重、集重、超限）运输市场。

运输相关市场是指与运输基本市场相互影响、相互作用、相互依存而不能单独存在的市场，可以划分为直接相关市场和间接相关市场。直接相关市场包括运输车辆租赁市场、运输信息服务市场、装卸和搬运市场、货物存储和保管市场等；间接相关市场包括运输设施建筑市场、运输设备买卖市场、运输设备维修市场等。

间接相关市场的服务对象不是旅客和货主，而是运输经营单位，从市场形态上不完全属于劳务市场，而分别属于建筑市场、工业品市场、技术市场和其他性质的服务市场。从这个意义上讲，我们所研究的运输市场主要包括运输基本市场和运输直接相关市场两大类。

1.3.5 按运输市场的竞争性分

可以分为垄断运输市场、竞争运输市场和垄断竞争运输市场以及寡头垄断运输市场等。这种分类是针对特定时间、地点等条件而言的，比如有的运输企业在一些地区是垄断的，在另外一些地区则可能是竞争的。

1.3.6 按运输市场供求状况分

可分为买方运输市场、卖方运输市场。供不应求时，货主和旅客的运输需要常常得不到满足，买票难、出门难，以运定产的现象经常发生，迫切需要扩大运输生产能力；而供过于求时，又会有大量的运力闲置得不到充分利用。对于买方市场或卖方市场，运输企业可以根据市场环境状况，采取不同的营销策略。

知识点 2 运输市场营销

在计划经济条件下，运输业作为国民经济发展的基础产业，曾被认为是应当由政府高度控制的行业，价值规律在这一行业不发生作用，价格要由政府集中掌管，国家是唯一的经济主体，企业只是单纯的产品生产者，是政府附属的行政机构，企业的一切生产经营活动都听命于国家，并不通过市场。这种政府严格控制和运输企业行政化的管理机制，与目前我国推行的市场经济极不适应。以铁路运输为例，长期以来，铁路作为国家的基础设施，具有很强的社会公益性和垄断性，更使得铁路在计划经济体制下形成的“铁老大”思想根深蒂固，总认为在任何情况下国家都会维护铁路的生存和发展，市场竞争、市场营销与铁路关系不大，不少干部职工对市场竞争的残酷性缺乏足够的认识，导致一段时期的经营状况极差，运输市场份额大幅度下降。好在企业很快认识到了这一点，开始对单一的管理模式、僵化的管理体制进行改革，自上而下树立市场营销理念，将市场营销的理论和方法运用于运输生产经营中，取得了良好的经济效益和社会效益。由此可见，运输企业开展营销活动在实践中已成为一种迫切的需要。

2.1 铁路运输企业开展市场营销的必要性

运输市场营销活动开始于运输生产之前，贯穿于运输生产活动的全过程：在提供运输产品之前，要研究旅客、货主的需求，分析生产机会、研究目标市场，从而决定运输产品的类型、运输生产组织形式以及运输范围和数量；在组织生产经营过程中，要使运输产品策略、运价策略、客货源组织策略有机地结合起来，通过良好的公共关系去实现运输生产过程；运输生产结束后，还要做好运输结束后的服务和信息反馈工作。这样周而复始，形成了良性循环。由此可见，运输市场营销是连接市场需求和运输企业生产的中间环节，是企业用来把消费者需求和生产机会变为有利可图的企业机会的手段，在提高企业经济效益的同时，更好地满足了社会的运输需求。

以前，铁路运输企业一直把“生产观念”作为指导企业经营活动的市场营销观念，在确定客货运产品、编制列车运行图时，考虑最多的是如何使设备的运用效率最高，如何使通过的能力最大，却从未考虑旅客和货主的真正需求。这在铁路运输占主导地位且运能小于运量的卖方市场条件下是可以的。但是随着运输市场竞争越来越激烈，原来以生产为中心的“生产观念”已不能适应运输市场机制的运行规律。要想更好地满足旅客和货主需求，并最大限度地获得利润，必须树立正确的市场营销观念、准确地进行市场调查、市场细分、市场定位，并充分利用企业的现有资源，科学地组织开展市场营销活动。

2.1.1 铁路企业走向市场后，必须开展市场营销

旅客和货主是铁路运输企业的“衣食父母”，旅客和货主的需求是铁路运输企业营销的起点和终点，只有满足了旅客和货主的需求，旅客和货主才会选择铁路运输方式。因此，铁路运输企业必须树立“面向市场、尊重客户、开拓市场、主动服务、开放经营”的营销理念，从“以我为中心”转变为“以旅客和货主为中心”，从“我有什么列车旅客和货主就乘坐或使用什么列车”转变为“旅客和货主需求什么列车就开行什么列车”，真正实现“营销围着市场转，运输围着营销转”。

2.1.2 各种运输方式的激烈竞争，迫使铁路必须强化市场营销

我国的运输市场由铁路、公路、航空、水运等多种运输方式构成。铁路虽然是我国交通运输体系的骨干，但现在越来越受到其他运输方式的挑战，随着民航的快速发展和高速公路的成片联网，航空与公路运输供给能力将会进一步增大，市场竞争的态势将进一步加剧。这就要求铁路运输企业必须树立现代市场营销观念，根据市场需求，科学制定铁路市场营销战略和策略，确定铁路的目标市场，在配置运力、创新产品、改善服务、改进运输组织、转换经营机制等方面实现根本性突破。

2.1.3 旅客和货主对运输的要求越来越高，促使铁路不断推动市场营销向前发展

随着市场经济的快速发展，人们的收入水平不断提高，生活节奏越来越快，旅客和货主对运输的时效性要求越来越高，同时对铁路运输前、运输过程中及运到后的延伸服务也提出了更高的要求。旅客和货主需要速度快、运行时刻好、舒适度高、服务质量优的铁路客货运产品。但是，铁路运输在计划制定、作业流程、票据结算、品类包装、窗口设置等许多方面，往往只考虑自己省事，很少考虑让顾客省心、放心。如铁路的列车运行图一旦确定便很难改变，不论市场的需求如何，运行图基本是“以我为主、客随主便”，造成铁路运输产品相对滞

后于旅客和货主的需求，使不少旅客或货主放弃铁路，转向选择其他的运输方式。要改变这种局面，必须彻底转变观念，不断推进铁路运输市场营销。

2.2 运输市场营销的特征

2.2.1 运输产品的生产者同时也是销售者

运输产品的生产和消费是在同一时间和同一空间内完成的，从而决定了产品的供给方和产品的需求方是直接接触的。供需直接见面决定了运输行业的营销活动在很大程度上成为企业的“全员营销”。以铁路旅客运输为例，旅客购票时要与售票员接触，候车时要与发站客运员接触，上车后要与列车乘务员接触，下车后又要与到站客运员接触……因此可以说所有客运职工都与客运营销工作直接相关。现在，运输企业的很多人还不肯接受营销观念，他们通常只把自己看成是“生产者”，而非“营销者”“服务者”，这样势必影响他们的工作态度、工作方法，影响运输产品的质量，给运输市场营销带来不利影响。

2.2.2 代理制是分销运输产品的主要形式

由于运输产品的生产和消费的时空同一性，决定了它们只能采取直接实时的销售方式，而不能储存待销，这就使运输产品的分销成为一个难题。为了提高运输产品的分销效率，运输企业开始越来越多地采用代理制，民航运输是突出的典型。代理销售为运输产品的有效分销、增加产品的市场渗透力发挥了重要作用。

2.2.3 运输消费者的多元性和多变性

在运输市场上，购买者是多元的，某一种运输产品的购买者可能包括社会上的各行各业人员，其产品的销售对象相对复杂，不同购买者的购买动机也不同。同时，受各种因素的影响，不同消费者对运输产品需求的内容、种类、方式等也是经常变化的。例如，一位旅客从甲地至乙地，有公路、铁路、航空等多种运输方式可供选择，即使是同一种运输方式，由于运输供给方提供的设施和服务不同，旅客的感受也是不一样的，这就直接影响了旅客对运输产品的选择。

典型案例

案例一　　路企联动激发增运新动能

——石家庄货运中心聚焦“两高一远”货源力促上量纪实

据《人民铁道》报道，2022 年 5 月 4 日，与石家庄货运中心良村站货场接轨的中国石油化工股份有限公司石家庄炼化分公司专用铁路上，一列列装满油品的罐车整装待发，石家庄炼化分公司销运负责人喜上眉梢。5 月以来，石家庄货运中心认真落实中国铁路北京局集团有限公司《关于深入开展“货运增运增收大会战、攻坚战，确保完成上半年货运经营目标”活动的通知》要求，加大高运价、高附加值、远距离的“两高一远”货源组织力度，特别围绕油品运输增收大项，优化服务举措，建立联动机制，实现路企合作共赢。

中国石油化工股份有限公司石家庄炼化分公司和中国石油天然气股份有限公司华北石化

分公司是石家庄货运中心管内两家大型石油炼化互保协议运输企业，同时也是华北地区百万吨级重点骨干燃料供应企业。2022 年以来，受疫情影响，油品市场持续低迷、产品销售受阻是两家企业面对的一大难题。

石家庄炼化分公司受河北和山西区域机场部分航班停飞、公路交通管制的影响，市场对油品需求量大幅减少，企业产品滞销、油品库存积压。而华北石化分公司不仅因下游企业需求不足导致汽油库存量过高，而且还面临 8 月 10 日至 9 月底的设备定期停产检修，为互保协议的兑现增添了不确定性。

石家庄货运中心秉承“立足互保、服务企业、增运上量”的理念，成立油品互保协议增量小组，组织业务科室和良村、任丘两个营业部多次与对口企业召开路企协调会；按照企业降库存、保运量、拓市场的需求，成立营销攻关小组，实行“一企一策”联系协调机制。从 2022 年年初开始，该中心组织良村营业部，利用电话、座谈、走访等形式，了解石家庄炼化分公司原油排产计划、成品油产量和库存情况，按照互保协议运量，倒排日历进度，以日保旬、以旬保月、以月保年，帮助企业科学制订运输方案，协调处理运输中遇到的难题，努力提高罐车使用效率。针对华北石化分公司的实际情况，该中心组织任丘营业部在优化服务、信息共享上下功夫，建立了“华北石化铁路增量工作群”，及时掌握企业产销及运输需求情况，产、运、销三方合力共举，力保增量；针对企业配车需求，及时联系北京局集团公司调度部门优先调配空车，提高企业装车效率。

针对石家庄炼化分公司原有销售渠道受限的实际，该中心组织良村营业部，通过办理限制查询、运费测算等方式，协助企业开辟了河南、山东、陕西、内蒙古及东北地区的市场，新增广武、聊城、西安南、赤峰南、林盛堡等到站，最大限度减少了疫情造成的影响。

2022 年 4 月底，良村营业部走访石家庄炼化分公司时了解到，受疫情影响，厂内汽油库存高达 3.7 万吨，接近 4.1 万吨的阈值；柴油库存高达 8 万吨，接近 8.5 万吨的阈值，面临全面停产的风险。为完成年初原油加工量计划，企业急切寻找销售去向。该营业部立即与外局集团公司油品接卸企业积极沟通，了解企业的库存情况、接卸能力、销售范围等信息，经路企多方沟通，与中石化集团内蒙古石油销售有限责任公司赤峰分公司等企业建立了合作关系，增加了南阳、赤峰南、林盛堡等到站，油品发运日均增加近 1 列，缓解了企业库存压力，保证了企业正常生产。

为强化路企联动机制、大力推进增运增收，该中心携手石家庄炼化分公司力保实现“时间过半任务过半”的工作目标，向提高原油加工量要产量、向优化运输组织方式要效率、向提高铁路占比要运量，打通需求提报至编组挂运全流程运输通道。企业原油加工量由原来的月均 47 万吨增加至 60 万吨。同时，该中心积极推动企业油品管道运输向铁路运输转移，经过 5 个月的努力，铁路运输占比由原来的 40%提高至 50%，日均发运量增加 35 车。

该中心在加强货源组织、帮助企业拓宽销售渠道的同时，努力提高作业效率，打好货运增量攻坚战。今年“五一”假期，该中心实时掌握华北石化分公司油品发运需求，在站空重车数量、油种和品类，优先调配空车、优先组织装车、优先组织挂运。“五一”假期期间，华北石化分公司发送油品 767 车、4.99 万吨，实现运输收入 1 039.83 万元。

5 月 3 日，石家庄炼化分公司计划装运 45 车京标汽油至顺义。在自备车不足的情况下，该中心及时联系局集团公司调度部门调配了 117 辆路用罐车。5 月 4 日，企业检罐后挑选出符合条件的车辆进行装车，保证了既有计划全部兑现。

随着油品增运上量，货运人员工作量大幅增加，该中心科学安排班次和运力，优化作业流程、合并岗位职能，抽调3名业务骨干补充至专用铁路货运岗位，确保每班配备两名货运人员，检车效率提高了一倍，同时保障了装车安全。（来源：人民铁道报/2022/05/18/第3版）

案例二　“私人定制”让铁路货运服务更“接地气”

据《铁路之家》报道，辽宁鞍钢化学科技有限公司自有的运输纯苯的企业自备车没有加温装置，打算将纯苯运输改为汽运。沈铁石油公司得知此信息后，立即与鞍钢化学科技有限公司协商，提供带有加温装置的G17型自备车，承接纯苯物流服务项目。作为沈阳铁路局下属的专业的危险化学品物流企业，他们明确企业属性和发展定位，积极整合管内煤化工、石油化工、生物化工资源及自备车资源，通过“私人订制”个性化服务方式，不断拓展危险化学品物流市场。

过去铁路货物运输是高门槛、高收入、高回报，而如今是低门槛、低收入、低回报，货物不在于多少，来者不拒，只为服务大众。铁路总公司一路走来，改的不仅仅是名字，而更多的是内在机制的改革和适应市场的需求。这次沈铁石油公司无论从哪个角度看，都是为货主谋便利！

为促成此项目，沈铁石油公司积极协调专用线使用办理相关事宜，与沈阳货运中心商讨，落实请车计划和铁路运输组织，为客户提供自备车请车办理、铁路运输组织、装卸车协调、港内业务办理、应急故障处置、运费垫付等全过程“私人订制”服务。经过几次洽谈，鞍钢化学科技有限公司被如此周到的服务打动，充分感受到了铁路部门合作的诚意，最终同意选择铁路运输。据了解，下一步，他们还准备在煤焦油、沥青等产品运输方面与铁路开展更广泛的合作。

随着铁路货运改革进程的不断推进，越来越多的线路开启了“私人定制”，铁路部门不断推出便民服务，开行零散货物快运列车，发送不限重量大小的“门到门”“门到站”等全程物流服务、短途汽运配送、落地配送、特需货物班列等多项业务产品，使企业、百姓发货的选择更加灵活，真正体现了铁路服务好货主的每一步。

在大型、大量的货物运输上，铁路运输还是拥有不可比拟的优势。尤其是在300～500千米距离的运输上，铁路货运很有竞争力，不仅安全，而且成本较低。这是个很大的市场，铁路货运正从中分到一杯羹。而沈阳铁路石油公司正是因为通过为企业提供“私人订制”物流总包服务，不断吸引客户、扩大市场占有份额，签下多单意向，货物发送量节节攀升，营造了一个“芝麻开花节节高”的发展好势头！

案例三　迎挑战　拓市场　促增量
——喀什货运中心把握重点力促货运上量侧记

据《人民铁道》报道，2022年5月19日喀什货运中心喀什铁路货场内，10余辆叉车来回穿梭，将一件件棉纱轻轻挑起，装入停靠在货装线上的货车车厢里，一派繁忙景象。

“非常感谢铁路部门对我们企业的帮助。”看着棉纱快速有序地装上了车，企业负责人高兴地说。这批喀什本地生产的645吨棉纱坐着火车远销至江苏、浙江、广东等5个省。

货运增运增收大会战、攻坚战开展以来，喀什货运中心干部职工聚焦目标任务，充分发挥铁路运输优势，切实做好货运物流保通保畅工作，统筹抓好疫情防控，积极开拓市场、团结拼搏，全力确保增运增收。

贴近客户，主动做好运输服务。多年来，喀什货运中心通过主动上门、精心优质的服务与企业建立起密切的联系，形成了以铁路为连接点，发运企业、短驳运输公司、下游客户多方共赢的局面。

喀什货运中心业务辐射喀什地区、和田地区、阿克苏地区和克孜勒苏柯尔克孜自治州南疆四地州 32 个市县，管辖着 18 个货运站、29 条铁路专用线，担负着煤炭、棉花、农资等各类重点物资的运输保供任务。目前，该货运中心已有 121 家客户，负责棉纱、白糖、锌锭、球团铁矿、电解锰等 78 个品类货物的运输。

服务大局，勇当物资保供“急先锋”。5 月 19 日，喀什货运中心喀什煤炭专用线卸煤点旁，巨大的翻转机缓缓转动，将一车车电煤倒入地下输送设备，运往储煤场。为保质保量做好煤炭运输工作，喀什货运中心各营业部全体干部职工与当地主要煤炭供应企业建立常态联系机制，实时掌握供应量、阶段需求、发到端短驳运输等情况，及时解决各环节存在的问题，搭建起随到随卸、即卸即送的运输通道。

此外，农用物资运输也是喀什货运中心保供的“重头戏”，每年大约有 155 万吨的化肥等农用物资急需运输。为了确保农用物资快速抵达田间地头，喀什货运中心各营业部努力压缩货票受理、装车挂运的时间，优化卸车、短驳运输环节，提供送货上门服务，为农耕生产提供运输保障。2022 年开年以来，该货运中心已将 60.37 万吨化肥等农用物资运送到了南疆四地州 32 个市县的农民手中。

勇于担当，做好振兴发展的“助推器”。喀什货运中心业务辐射的南疆四地州矿产资源丰富，南疆铁路的完善发展吸引着全国各地的生产加工企业纷至沓来。为了让资源变成发展优势，喀什货运中心各营业部主动同当地政府、矿山、生产企业沟通联系，提供优质高效的运输服务，畅通当地货物“走出去”的渠道。南疆某矿石生产企业年产 50 万吨铁矿粉，但 2021 年年初，销售渠道受阻成了限制企业发展的“拦路虎”。喀什货运中心营销人员联系有长期合作关系的下游客户，帮助该矿产企业找销路、拓市场，促成了 30 万吨的全年运输销售合同，破解了企业面临的难题。

除了帮助企业解决销售问题，喀什货运中心还组织技术骨干开展小改小革，实现了矿石散堆装货物平顶由人力到机械的转变，作业时间节省了 3 至 4 个小时，大大提高了作业效率。此外，他们还增加了喀什和喀什北两个矿石发运点，让当地的矿石企业运输有了更多选择，吸引了当地 3 家矿石企业选择铁路运输，实现了货运增量增收。

南疆是优质瓜果的重要产地，其中新梅果品品质优良。过去，新疆喀什地区伽师县主要通过公路运输新梅。喀什货运中心营销人员主动对接生产地，通过铁路冷链运输，有效缓解了南疆地区鲜果保鲜运输的压力，促进了农产品的增值增收，为当地乡村振兴注入新动力。与此同时，他们还积极同当地政府、海关等部门沟通联系，通过本地报关、公铁联运、跨境电商等多种运输方式，组织当地特色产品搭载出口班列运往中亚、欧洲等地的 5 个国家 8 个城市。

铁路货运人攻坚克难，喀什货运中心货运增运增收持续向好发展。2022 年以来，该货运中心除了运输煤炭、化肥等重点物资外，共计运输矿石 77.2 万吨、焦炭 57.86 万吨、石油 44 万吨、棉花 33.43 万吨，有力保障了物流畅通，为保证产业链供应链稳定和促进区域经济发展作出贡献，树立了良好的铁路形象。（来源：人民铁道报/2022 /05/25 /第 3 版）

课后习题

一、名词解释

1. 市场。

（1）狭义的市场：

（2）广义的市场：

（3）营销学中市场：

2. 市场机制。

3. 买方市场。

4. 卖方市场。

5. 市场营销。

二、填空

1. 市场营销学中市场的三大构成要素是____________、____________和____________。

2. 按照市场上流通的商品属性或用途划分，可以将市场分为一般商品市场、__________和__________。

3. 按照市场竞争程度分，市场有完全竞争市场、____________________、垄断竞争市场和______________________。

4. 按照服务对象划分，可以分为________________和_________________。

5. 市场机制的构成要素主要有__________________、____________________、__________________和__________________机制等。

6. 市场营销的目的是____。

7. 市场观念的发展演变大体经历了___________观念、___________观念、___________观念、___________观念和___________观念等阶段。

8. 运输市场是指运输劳务_______________和_______________需求者的集合。

9. 按运输对象不同可将运输市场划分为__________市场和__________市场。

10. 按服务对象和性质不同可将运输市场划分为_____________________________市场和_____________________________市场。

11. 按运输市场供求状况不同可将运输市场划分为_____________________________市场和_____________________________市场。

三、单项选择题

1. 市场营销的目的是满足（　　）需求，并实现企业目标。

A. 现实　　B. 潜在　　C. 现实和潜在　　D. 竞争者

2. 市场营销学中所说的市场是指（　　）的集合。

A. 人口和购买力　　B. 购买力和购买欲望

C. 人口、购买欲望　　D. 人口、购买力、购买欲望

3. 生产观念是一种以（　　）为企业经营活动核心的市场观念。

A. 生产　　B. 销售　　C. 消费者需求　　D. 企业利益

4. 产品观念的核心是追求（　　）。

A. 生产数量　　B. 销售数量　　C. 消费者满意　　D. 物美价廉

5. “酒香不怕巷子深”体现的是（　　）。

A. 生产观念　　B. 产品观念　　C. 推销观念　　D. 市场营销观念

6. 市场营销观念是一种以（　　）为中心的营销观念。

A. 消费者需求　　B. 销售　　C. 社会利益　　D. 消费者利益

7. 兼顾消费者、企业、社会三者利益的经营思想是（　　）的核心。

A. 生产观念　　B. 推销观念　　C. 市场营销观念　　D. 社会营销观念

8. 下面市场中属于运输基本市场的是（　　）。

A. 货物装卸市场　　B. 客运市场

C. 运输劳务市场　　D. 运输信息服务市场

9. 下面市场中属于运输相关市场的是（　　）。

A. 国际货物联运市场　　B. 国内客运市场

C. 国内货运市场　　D. 国际运输信息服务市场

10. 下面属于买方市场特征的有（　　）。

A. 供不应求　　B. 买方竞争激烈　　C. 对买方有利　　D. 买方人多

四、简答题

1.简述营销观念的发展过程。

2.简述营销与推销的区别。

3.运输市场具有哪些特点？

4.运输市场营销具有哪些特征？

五、论述题

请在下面进行铁路运输企业开展市场营销的必要性分析。

项目 2　铁路运输市场调查

◆**知识能力目标：**

1. 能够准确理解市场调查的含义与作用。
2. 能够准确描述市场调查的类型。
3. 能够了解并掌握铁路运输市场调查的程序。
4. 能够设计市场调查问卷。
5. 能够撰写市场调查报告。
6. 能够准确理解市场预测的含义及程序。
7. 能够熟练掌握市场预测的方法。

◆**课程思政目标：**

1. 引导学生树立实事求是、严谨务实的职业道德。
2. 强化学生的团队合作精神和责任担当意识。

项目引入

海南作为四季如春的旅游胜地，受到很多沈阳市民的欢迎。特别是随着冰天雪地寒冬的到来，越来越多的市民选择入冬前后前往海南省休闲度假，开春以后再回到老家，这些人被称为“候鸟族”。近年来随着私家车的普及，很多“候鸟族”希望自己的“爱驾”也能够陪伴在身边。据一些自己一路开车到海南的市民介绍，他们这一路上驾驶疲劳，安全难以保证，还有沿途的费用支出太大，这些都是直接把车开到海南的弊端。他们有些心有余悸，并表示再不想这样长途驾驶了。

沈阳铁路局为了更好地服务社会，满足市民自驾游、当地“候鸟族”对私家车运输的个性化需求，由其下属的沈阳铁道国际旅行社（集团）有限公司进行深入细致的市场调查，最后决定推出了海南自驾游汽车运输服务项目。

2016 年 11 月 24 日 22 时 08 分，X216/7 次班列从沈阳东火车站徐徐开车，标志着沈阳铁路局海南自驾游汽车运输班列首趟成功开行。104 个小时后，这些家用小汽车将抵达目的地——海口南站。

为了让海南自驾游汽车运输班列方便更多的市民，沈铁国旅集团还作出“开行固定化、服务个性化”的承诺：每周四固定开行一趟，每趟最多可一次运输家用轿车 150 辆；实行运输运费“一口价”，随车赠送车辆运输险，还特别提供两端的短途摆渡，帮助市民预订火车票、宾馆及景区门票，帮助市民设计海南旅游方案等延伸服务。

随着沈铁国旅集团宣传力度的加大,社会各界更多了解了班列的特点优势。“火车拉着汽车跑”不仅成为沈铁国旅集团一个全新的旅游品牌,也一定会为越来越多市民带来安全便捷的服务体验。

请思考：沈铁集团是通过什么方式精准了解“候鸟族”的需求而推出合适的产品呢？这些新产品在上市以后的发展前景又如何呢？

任务1　铁路运输市场调查概述

随着经济的发展和科技水平的不断提高，现代运输市场的竞争形式越来越多样，竞争程度越来越激烈。铁路运输企业为了更好地满足消费者需求，制定有针对性的市场营销策略，开展有效的市场营销活动，就必须全面、深入地收集可靠的市场信息。因此，铁路运输市场调查工作对于铁路运输企业来说尤为重要。

知识点1　铁路运输市场调查的含义及作用

1.1 铁路运输市场调查的含义

市场调查也被称为营销调研或市场研究，是指企业针对特定的营销问题，运用科学的方法，有系统、有目的地收集、记录、整理有关的市场营销信息，了解、分析市场的现状和发展趋势的活动过程。其目的在于为市场预测提供客观、正确的资料。

对于铁路运输企业来讲，铁路运输市场调查就是指铁路运输企业为了实现自身经济利益目标及社会公益目标，对铁路运输企业的客源、货源地进行的调查研究工作。通过市场调查活动，可以了解铁路运输企业客源、货源的结构、流量、流向等，从而为铁路运输企业组织运力、制定运输计划、实施运输工作、开展切实有效的市场营销活动提供客观依据。

1.2 铁路运输市场调查的作用

1.2.1 铁路运输市场调查是铁路运输企业认识和了解市场的重要手段

铁路运输企业通过市场调查，可以掌握客源、货源的结构、流量、流向及其发展变化的基本规律，了解旅客和货主对铁路运输产品的现实和潜在需求情况；了解铁路运输市场竞争对手的表现及动态；发现新的市场机会，从而帮助铁路运输企业更好地认识和了解市场。

1.2.2 铁路运输市场调查是铁路运输企业确定目标市场的重要策略

通过市场调查来确定企业的目标市场是现代企业市场营销的重要策略之一。铁路运输企业通过市场调查活动能够了解旅客及货主的需求特点，把握其需求心理，预测其发展变化趋势等，在全面了解铁路运输旅客和货主需求特点的基础上对铁路运输市场进行细分，根据市场细分情况选择铁路运输企业有能力为之服务的市场作为企业的目标市场，并制定相应的市场营销策略。

1.2.3 铁路运输市场调查是铁路运输企业进行经营管理决策的基础

现代企业经营管理的重点在于决策，而信息又是一切经营决策的前提。铁路运输企业只有通过市场调查，收集各种有用的信息，并对这些信息加以分析，才能做出切合市场实际的经营决策，从而降低企业因决策失误带来的风险。

1.2.4 铁路运输市场调查是铁路运输企业制定和修正营销计划及策略的依据

铁路运输企业可以通过市场调查了解运输市场上其他运输方式在产品的研发、定价、分销渠道和促销方式等方面的信息资料，帮助铁路运输企业做出正确的营销计划和策略。同时，铁路运输企业在营销策略实施过程中也可通过持续性市场调查所收集到的新信息，对营销策略进行适当修正和调整，使营销效果更为显著。

1.2.5 铁路运输市场调查是提高铁路运输企业经济效益的重要保证

铁路运输企业提供给旅客及货主的产品和服务能否被接受，实现其价值，必须通过市场来检验。铁路运输企业通过市场调查，使产品最大限度地满足旅客和货主的需要，提高其满意度和品牌忠诚度，才能真正提升铁路运输企业的经济效益，使铁路运输企业在激烈的市场竞争中占据优势。

知识点 2 铁路运输市场调查的类型

铁路运输市场调查根据不同的标准，可划分为不同的类型。如按调查时间可分为一次性调查、定期调查、经常性调查、临时性调查；按调查目的可分为探测性调查、描述性调查、因果性调查和预测性调查。下面就针对调查目的对市场调查的类型加以详述。

2.1 探测性调查

探测性调查是铁路运输企业在情况不明了的条件下，为了找出问题的症结和明确进一步深入调查的具体内容及重点而进行的一种非正式的试探性的调查。这种调查一般不用拟定严密的调查方案，调查面广而不深。这种调查可以帮助企业把一个大而模糊的问题表运为小而细致的问题，并识别出需要进一步调查的信息。

2.2 描述性调查

描述性调查就是对企业需要调查研究的问题进行如实并尽可能准确地记录和描述。描述性调查所要了解的是有关问题的相关因素和相关关系，而不研究“为什么”和因素间的因果关系等。例如，通过对铁路运输企业近几个月运输量下降的调查，发现运输量与促销费用支出的多少有关，与产品价格高低有关，与市场占有率大小等有关。描述性调查就是为了了解促销费用、产品价格、市场占有率与运输量之间的关联情况，至于它们哪个是因，它们和运输量下降的因果关系又如何，描述性调查就不再研究，而有待于用因果性调查来研究解决。

描述性调查所取得的市场信息十分重要，它是进行市场分析和预测的重要依据。由于这种调查注重事实资料的记录，故多采用询问法、观察法进行调查。

2.3 因果性调查

因果性调查是在描述性调查的基础上，找出各个相关联因素之间因果关系及其相互影响程度如何。例如，在描述性调查里我们发现促销费用支出情况、产品价格高低、市场占有率大小等都与运输量有关联，但有关联不代表它们之间就一定有因果关系。所以因果性调查的主要目的就是要找出影响运输量上升或下降的根本原因，究竟哪个因素是主因，其相互影响的程度又如何。因此，因果性调查是一种十分重要的市场调查，一般使用实验法收集资料。

2.4 预测性调查

预测性调查是根据前三种调查所提供的各种市场情报资料，运用定性或定量的方法，估计未来一定时期内市场对某种产品的需求及变化趋势。这种调查对企业来说一般属于销售预测或需求预测，在现代市场营销的条件下，需求是企业生产的先决条件。企业只有了解未来的需求状况，才能更好地组织企业市场营销活动，所以，预测性调查对企业来说，有着重要的现实意义。

知识点 3 铁路运输市场调查的内容

铁路运输市场调查涉及营销活动过程的方方面面，调查内容十分广泛。从广义上讲，凡是能够直接或间接影响到铁路运输企业市场营销活动的资料，都应该收集和研究。但是，由于每次调查的目的不同，调查时间有限，其内容也不尽相同。通常情况下铁路运输企业的市场调查包含以下几个方面的内容。

3.1 铁路运输市场营销环境调查

市场营销环境是不可控因素，铁路运输企业的生产和经营活动必须与之相适应、相协调。就铁路运输市场营销环境调查而言，主要包含以下一些调查内容。

3.1.1 自然环境调查

包括铁路运输企业周边区域的自然资源、地理位置、气候条件、季节因素等内容。

3.1.2 经济环境调查

包括地区经济发展水平、产业结构、国民生产总值、人均收入情况、居民消费水平和消费结构，以及地区基本建设规模、发展规划等。

3.1.3 社会文化环境调查

主要包括目标顾客的受教育程度、价值观念、民族分布、宗教信仰、风俗习惯等。

3.1.4 政治法律环境调查

包括政府已经出台和即将出台的有关市场经济运行和对铁路运输市场管理的法律、法规、方针、政策等。

3.1.5 科技环境调查

这类调查主要包括国内外科学技术的发展情况及水平，新技术、新工艺的开发与普及，新材料、新能源的开发研制与推广等。

3.1.6 竞争环境调查

主要包括同行业竞争者的数量及分布情况，竞争产品的特点、数量、价格、利润等方面的水平及变化趋势，竞争者在产品生产时使用的先进技术，竞争者的市场营销策略等。

3.2 铁路运输市场情况调查

3.2.1 消费者规模及结构调查

主要包括：消费者类别，如购买本企业产品的是个人还是工商企业；消费者结构：民族、年龄、性别、职业、爱好、所在地区等。

3.2.2 消费者购买动机及购买行为的调查

此类调查包括：① 消费者的购买能力，如收入水平、消费水平、消费结构等；② 消费者的购买欲望和动机，如购买决策的影响因素、消费者在购买过程中的角色；③ 消费者的购买习惯，如购买地点、时间、数量、是否品牌忠诚等。

3.2.3 市场需求容量调查

市场需求容量调查包括：国内外市场需求的动向、现有的和潜在的需求量、某类产品的社会拥有量、整个行业的同类产品在市场上的供应量和销售量、本企业和竞争企业的同类产品的市场占有率、本行业和有关的其他行业的投资动向、本企业市场营销策略的变化以及对本企业的销售量和竞争对手销售量的影响等。

3.2.4 市场供给情况调查

铁路运输市场供给是指铁路运输企业在一定时间内为市场提供的产品总量。市场供给调查的目的在于使市场供给与市场需求相适应，更好地满足不断变化的市场需求。主要调查内容包括：运输能力、技术经济指标、生产能力、设备设施状况、运输发展计划等。

3.3 运输市场营销策略调查

现代市场营销活动是产品、价格、分销和促销等策略相结合的活动，因此铁路运输市场调查也应该围绕这些营销策略组合来进行。

3.3.1 产品调查

产品调查主要包括：产品的特点、数量、市场占有率等，产品的生命周期，旅客和货主对产品的满意度和评价程度，产品的开发潜力，新产品的市场接受能力等。

3.3.2 价格调查

价格调查包括铁路运输产品的定价情况、顾客对价格的看法、价格弹性等。铁路运输企业通过价格调查可以了解和判断旅客和货主对运输产品的价格和质量因素的反应，为铁路运输企业价格的制定提供依据。

3.3.3 分销渠道调查

分销渠道调查包括销售渠道的种类、分布，以及中间商的数量、位置、仓储能力、管理能力等。

3.3.4 促销调查

调查主要是从促销对象、促销方法、促销费用、促销效果等方面入手，确定铁路运输企业的促销组合是否有效地激发旅客和货主的购买欲望，是否影响其购买行为，是否达到扩大销售的目的。

知识点 4 铁路运输市场调查的方法

市场调查的方法主要有询问法、观察法和试验法。

4.1 询问法

询问法是由调查人员事先拟定出调查事项，然后以提问的方式请被调查者回答，从而收集资料的一种调查方法。询问法是市场调查最常用的一种方法，具体来说又分为以下几种：

4.1.1 面谈法

是指通过调查者与被调查者面对面直接交谈来收集市场信息资料的一种调查方法，调查者可以根据事先准备好的调查问卷或调查提纲当面询问被调查者以获取市场信息。面谈法的优点是提问方式灵活，涉及问题可深可浅，而且问卷回收率高并且质量易于控制。缺点是调查结果受调查人员的素质影响较大，且调查费用较高。

4.1.2 电话调查

由调查人员按选定的调查对象，用电话与被调查者进行交流以收集资料的方法询问被调查者意见。该方法的优点是收集资料的速度快、成本低、电话簿有利于分类、速度快，并且可对问题进行适当的解释。缺点是交流仅限于简单的问题，调查很难深入，以及被调查者年龄、收入等问题不便于询问等。

4.1.3 邮寄调查

即将设计好的调查问卷通过邮寄的方式送达到被调查者手中，由被调查者填好寄回的方法。此方法具有成本低、被调查者有充裕时间考虑问题答案、不受调查人员素质影响的优点。但其缺点是回收率低、回收时间不可控、被调查者有可能误解调查问卷问题，影响调查结果等。

4.1.4 网络调查

调查人员通过互联网的形式获取信息资料的方法。与邮寄调查相比，这种方式不仅速度快，而且成本低，问卷回收迅速，尤其随着网络的发展，这种方式越来越受到重视且广泛应用。

4.2 观察法

观察法是调查人员到现场观察被调查对象的行为来收集资料信息的一种调查方法。

4.2.1 直接观察法

直接观察法就是派调查人员去现场直接观看的方法。例如，铁路运输企业要调查运输工作人员的服务质量情况，可派调查人员对工作人员的服务态度、工作方法及工作效率进行直接的观察。

4.2.2 亲自经历法

亲自经历法就是调查人员亲自参与现场活动来收集有关的资料。例如铁路运输企业要调查铁路运输客货运的服务水平，就可以派调查人员以旅客或货主的身份到车站或货场进行实地体验，通过亲身经历和切身感受收集调查信息。

4.2.3 痕迹观察法

这种方法不是直接观察被调查对象的行为，而是观察被调查对象行为发生后的实际痕迹。例如某产品的报纸广告上印有代金券，凭代金券购买产品可享受抵值，我们根据代金券的使用情况就可以知道这则广告的注意率和信任程度。外国一家饮料公司甚至根据垃圾箱里的空瓶来调查消费者对饮料口味的偏好程度。

4.2.4 行为记录法

记录人员利用一定的仪器设备来记录被调查对象的某一行为。如电视台在一些典型视听者家中安置电视节目测试仪，把他们家里收看电视的时间长短、节目等情况记录下来，以便研究分析电视广告的播放时间、内容与方法等。

观察法通常是处于自然状态下的，而且是在被调查对象不知不觉中进行的，因此能客观准确地获得第一手资料，但该方法调查花费时间较长，费用较高，只能看到表面现象，不能说明现象产生的根本原因。

4.3 实验法

实验法是通过小规模的市场进行实验，并采用适当方法收集、分析实验数据资料，进而了解市场的方法。这种方法主要用于新产品推广和新方案实施前的调查。例如铁路运输企业开行新线路时可以采用试乘的方式，调查旅客对新产品的反应。

任务 2 铁路运输市场调查实施

铁路运输市场调查是一项复杂而艰巨的工作，调查人员必须在大量的、杂乱的信息中收集和整理有用的信息，因此，调查人员只有采用严密的调查步骤和有效的技术方法才能提高工作效率、实现调查目标。

知识点 1 铁路运输市场调查的程序

铁路运输市场调查工作从确定调查目的到提出调查报告，一般经历三个阶段。

1.1 调查准备阶段

这一阶段是调查工作的起点。为了保证市场调查工作的顺利开展，必须要做好充分的准备。

1.1.1 确定调查主题

在开始市场调查工作之前必须要明确本次调查的目的是什么，或者说这次调研要解决的主要问题是什么，也就是确定调查的主题。调查主题既不可太过宽泛，也不能过于狭窄，要有明确的界定并充分考虑调研成果的实效性。

1.1.2 初步情况分析

在明确调查主题的基础上，调查人员可收集现有的企业内外部有关情况资料，了解、分析产生问题的一些情况，这时的资料收集不必过于详细，但要重点收集对所研究分析问题有参考价值的资料。通过初步情况分析，可以帮助调查人员初步掌握和发现各影响因素之间的相互关系，探索问题之关键所在。

1.1.3 拟定调查计划

调查计划是市场调查的行动纲领。一套完备的调查计划对于确保调查工作的顺利开展起到关键的作用。通常我们会制定调查计划表来确定整体调查活动。具体包括调查目的、信息来源、调查方法、调查工具、调查对象、调查方式，调查时间和进度、调查预算、培训调查人员等内容，如表 2-1 所示。

表 2-1　调查计划表

项目	调查内容
调查目的	调查要解决的主要问题
信息来源	原始资料、内部信息、外部信息
调查方法	询问法、观察法、实验法
调查工具	调查问卷、机械设备、数据分析技术
调查对象	市场环境、竞争者、法律政策
调查方式	市场普查、重点调查、典型调查、抽样调查
调查时间和进度	调查起止时间、阶段进度安排
调查预算	调查费用、财务平衡
人员培训	调查员、调查组织人员

1.1.4 非正式调查

非正式调查也称为试探性调查。是调查人员根据调查主题，在小范围内做一些试探性的调查。如请本企业内部有关人员（如市场营销人员、业务部门人员等）进行非正式座谈，主动去访问有关专家，向精通本问题的人员征求意见，听取他们对问题的看法和意见。

经过调查准备阶段，如果可以找出产生问题的原因，并提出改进方案，那么企业市场调查就可以省略之后几个步骤，进而节约费用和时间。但是大部分问题不可能只通过准备阶段就得到解决，尚需进一步深入调查。

1.2 正式调查阶段

这个阶段是整个市场调查中最关键的阶段，主要是按照调查计划，组织调查人员，全面系统地收集资料、信息数据，主要工作步骤如下：

1.2.1 决定收集资料的来源和方法

市场调查收集资料，一般可分为第一手资料和第二手资料两种。

（1）第一手资料又称原始资料，是调查人员通过现场实地调查所收集的资料。收集的方式即是市场调查的方法，有询问法、观察法和实验法。第一手资料针对性强，适用性好，但是收集时间长，成本高，对调查人员的素质要求高。

（2）第二手资料又称现成资料，是他人收集并经过整理的资料。一般来说，通过以下渠道收集到的二手资料比较真实可靠。

① 企业内部资料，包括企业内部历年的统计资料、资产负债表、利润表、有关年度总结报告等。

② 政府权威机构的定期刊物，包括国家各级领导行政管理机关印发的文件、简报、经济年鉴、统计年鉴、数据报表等。

③ 同行业相关协会的报告、定期刊物及上市公司报告。

④ 专业的市场咨询机构的研究报告。

⑤ 互联网上行业官方网站或合法网站公布的数据资料。

1.2.2 设计调查表

调查方法确定后，为使调查达到所需要的目的，调查人员必须事先设计拟定调查表，以便在现场实地调查时可按调查表中所列问题一一提问，或请被调查者按顺序填写。调查表也称询问表或问卷，是市场调查中用来收集资料的基本工具。它以书面的形式记录和反映被调查对象的看法和要求。调查表设计的好坏对调查结果影响很大。因此，调查表的设计应主题明确、重点突出、问题通俗易懂、便于回答，同时还要注意应便于对答案进行汇总和处理。

1.2.3 选择调查方式

市场调查方式包括市场普查、重点调查、典型调查及抽样调查等。调查方式应根据调查目的和调查对象特点的不同而做相应的选择。

（1）市场普查。

市场普查是对调查对象的全体进行无一遗漏的逐个调查。它需要花费大量的人力、物力、财力以及较长的时间，一般情况下铁路运输企业是不会采取这种调查方式的。

（2）重点调查。

重点调查是在全体调查对象中选择一部分重点单位进行调查的一种方法。所谓的重点单位，就是选作调查对象的这些单位在总体中占有重要的地位或对总体某项指标总量中占有较大比重。例如铁路运输企业想对大宗货源运输情况进行相关调查，就可以选择大型钢铁企业（首钢、宝钢、鞍钢等）作为调查对象开展市场调查活动。

（3）典型调查。

典型调查是在全体调查对象中有意识地选择一些具有代表性或典型意义的单位进行的专门性的调查。例如，一段时间内，某铁路线上的客流有较大幅度的增加，经过对沿途几个大站及旅客的调查发现是列车合理的始发、达到时间以及方便购票、优质服务等一系列营销措施吸引了旅客乘车。为此，可根据调查情况将此经验在全国范围内进行推广。这种调查方法多用在总体指标差异比较小的情况。

（4）抽样调查。

抽样调查是从全体调查对象中抽取部分对象进行调查，用所得样本结果推断总体情况的调查方式。抽样一般分为随机抽样和非随机抽样两大类。抽样调查可以把调查对象集中在少量样本上，并能获得与全面普查相近的结果，具有很强的科学性和准确性，是市场调查中广泛采用的一种方法。

1.2.4 现场实地调查

现场实地调查就是调查人员按确定的调查对象、调查方法，进行实地调查，收集第一手资料。现场实地调查工作的好坏，会直接影响调查工作的正确性。因此，现场调查人员一般应具有一定的文化水平和专业工作经验，同时企业也必须重视与做好现场调查人员的选择和培训工作。

1.3 结果处理阶段

这是市场调查工作的最后一个阶段，调查人员通过对调查资料的汇总、整理与分析，得出调查结论，撰写市场调查报告。

1.3.1 整理分析资料

首先对收集到的资料进行编辑整理，本着“去粗取精、去伪存真、由此及彼、由表及里”的原则进行严格筛选，保证资料的系统、完整和真实可靠；然后对资料分类编号，便于查找、归档、统计和分析；最后完成统计分析，即将已经分类的资料，运用科学的统计方法（主要有多维分析法、回归分析法、相关分析法等）进行统计计算，有目的、有系统地制成各种统计图、表，以便撰写调查报告。

1.3.2 提出调查报告

调查报告是对调查结果的总结和调查结论的说明。报告内容应紧扣主题，突出重点，客观扼要、文字简练、观点明确，分析透彻，提出建设性意见和建议，并尽量附上图表，以便决策者在较短的时间能对整个报告有一个概括的了解。

1.3.3 总结经验教训

提出报告后，调查人员的工作并没有最后完成，还应继续向营销决策者或有关业务人员了解调查报告是否已被采纳，采纳的程度和实际效果如何等，以便于总结经验教训，不断提高市场调查的水平。

知识点 2 市场调查问卷的设计

市场调查问卷也称市场调查表，它是市场调查中最常用的调查工具之一。问卷设计的科学性与合理性对调查结果影响很大。

2.1 调查问卷的基本结构

一份完成的调查问卷基本由以下几部分组成。

2.1.1 问卷标题及编号

问卷标题是问卷主体内容的高度概括，是问卷主题的最简练表达，问卷标题能让被调查者一目了然地了解问卷调查所涉及的主要领域和方向。

问卷编号体现了问卷的类别，对今后的分类归档或计算机统计处理工作有很大的帮助。

2.1.2 问卷说明

问卷说明主要分为两部分内容，一是向被调查者说明本次调查的目的、意义，简述调查机构等；二是向被调查者说明问卷填写的方法。一般情况下问卷说明都用在问卷的开头部分。

2.1.3 问卷主体内容

这部分是调查问卷的重心，也是调查目的的集中体现，这部分内容一般情况下是由一个个围绕主题的问题组成的。

2.1.4 被调查者资料

这部分是对被调查者的基本情况进行大致的了解，以便对调查资料进行分类和整理。如果被调查对象是个人，那么一般包括的内容有姓名、性别、年龄、职业、文化程度、居住地、个人收入等；如果是企事业单位，所包括的内容有单位的名称、所属行业、所有制形式、规模等。

2.1.5 调查实施记录或备注

这部分主要包括了在市场调查实施过程中所遇到的问题和情况处理的说明，或是注明对调查结果的评价等。这部分内容一般被放在调查问卷的最后部分。

问卷的基本结构可根据市场调查的实际情况进行部分内容省略，但问卷主体内容是一个调查问卷所必不可少的。

2.2 问卷主体内容的设计

问题是问卷主体内容的核心，问题设计得是否合理、是否有吸引力、是否有针对性、是否围绕主题展开等一系列情况都会对问卷的质量和回收率产生极大的影响。通常情况下问卷设计的问题分为以下几种类型。

2.2.1 自由询问式

这是一种开放式的、可由被调查者自由回答的问句，即调查者事先不拟定问题的答案，而由被调查者根据自身实际情况如实作答。

例如：您对现阶段铁路运输客运服务工作质量有什么意见和建议？

这种问句形式的优点是被调查者可根据自己的想法自由作答，不受任何限制，调查人员也可以获取各种类型的答案。缺点是答案过于分散、不便于归类和统计。

2.2.2 二项选择式

也称为二项选择式问句。面对这种问句所提的问题被调查者只能回答肯定或者否定，两者选其一。即“是”与“否”，“合理”与“不合理”等。

例如：您认为现在高铁票价是否合理？（　　）

A. 是　　B. 否

这种问句容易作答，便于整理汇总与分析，但它只能反映出一种倾向，而不能揭示这种倾向产生的实质。

2.2.3 多项选择式

这种问句是调查人员对所提的问题事先拟定出几种（三种或以上）答案，让被调查者根据自己的情况选择其中与本人实际情况最符合的或最能反映其意见的一个或几个答案。这种选择式问句既包括单选式，也包括多选式。

例如：您长途出行最常选用的交通运输方式是什么？（　　）

A. 火车　　B. 客车　　C. 飞机　　D. 自驾

例如：您知道城际快速列车有哪些优点？（多项选择）（　　）

A. 速度快　　B. 间隔时间短　　C. 票价低　　D. 准时准点

E. 舒适度高　　F. 候车时间短　　G. 购票方便

这种方式由于设置了多个答案，能全面反映被调查者的看法，因此应用较为广泛。但在设计答案时应把握数量，避免答案较多或相互交叉。

2.2.4 顺位式

这是被调查者将设置的所有答案根据自己的看法进行排序。

例如：以下因素可能会对出行方式的选择有影响，请您按照影响程度进行排序。

A. 经济　　B. 快速　　C. 舒适　　D. 方便

第一：______　　第二：______　　第三：______　　第四：______

通过这种调查方式能较容易看到被调查者的态度和对某方面信息的重视程度，比较适合顾客要求和顾客倾向方面的调查。

以上问句设计形式是我们在设计调查报告问题时最常使用的，因其各具特点，所以我们在使用时一定要根据调查目的、所需资料的情况加以筛选。以便使调查问卷能够发挥更大的作用。

2.3 问卷设计的原则与注意事项

问卷设计时，应本着问卷主题明确，结构清晰、重点突出、能激发被调查者兴趣，以及问卷内容通俗易懂、难易适中、便于统计分析的原则。在调查问卷设计时还要注意以下几点：

（1）问题设计应浅显易懂，使被调查者能够并充分理解问句的含义，同时应避免使用生僻字、模棱两可的词语或专业术语。

（2）设计的问题应是被调查者有能力回答或愿意回答的问题，避免出现太抽象或涉及被调查者隐私的问题。

（3）问题在设计时要重点突出，并且确定界限、避免重复和混淆。问卷问题的设计都应该是围绕调查主题展开的，而且是必要的。另外在设计问题时应注意能一个问句表达一个要点，舍弃概括性词语，界定提问范围。

（4）设计的问题要尽量以能获取具体或事实答案，使被调查者真实想法能表达出来为目的。设计问题时应避免使用带有引导性或倾向性词语。

（5）注意问题排列顺序以及前后连贯性。一般情况下问题的排列都是从简到难，从浅入深，较容易的问题放在前面，较难的或不好回答的问题排列在最后，这样才能够激发被调查者的调查兴趣。

（6）注意询问语句的措辞和语气，在提问过程中多使用敬语。

知识点 3 调查报告的撰写

调查报告是铁路运输人员在完成市场调查问卷的汇总、整理及分析后，根据调查要求并以书面的形式向使用者提供调查结论和建议的材料。调查报告分为一般性报告和专题性报告两种。

一份完整的调查报告应包含以下几部分内容。

3.1 封面

封面即项目名页。主要包括调查报告的标题、调查机构、报告撰写人、提交报告的日期等。

3.2 目录

目录是整个报告的检索部分，详细列明报告的各个组成部分及页码，利于读者尽快阅读关注内容。

3.3 摘要

摘要是对报告基本内容的整体概括。主要包括调查的目的、对象、调查内容、调查方法、调查结论和建议。

3.4 引言

引言主要是引导读者阅读和详细探讨面临的问题。

3.5 正文

正文是整个调查报告的主体和核心。这部分包括整个市场调查的详细内容，包含调查使用的方法、调查程序、调查结果。正文中相当一部分内容应该是数据、图表以及对调查问题的解释与分析。

调查报告正文部分的撰写要本着实事求是的原则，行文严谨规范，具有逻辑性，不追求华丽辞藻，用词措辞要求准确。

3.6 结论及建议

结论是基于调查结果的意见，而建议是针对结果提议应采取的相应行动。决策层可根据结论和建议，结合市场情况提出解决办法。

3.7 附录

附录主要包括用来论证、说明或进一步阐述正文有关情况的补充材料或扩充材料，如调查表、统计数据、观察记录等。

我们在撰写调查报告时还应注意要本着实事求是的原则，突出调查重点，针对性强，并且撰写时要注意文字简练、层次鲜明、篇幅适当，以能说清问题为宜，以便决策者能在短时间内了解报告所要说明的内容。

任务 3 铁路运输市场预测

知识点 1 市场预测的概念

1.1 市场预测的概念

市场预测是从 19 世纪下半叶开始的。一方面，资本主义经济中的市场变化极其复杂，只要能获取利润，减少经营风险，就要把握经济周期的变化规律；另一方面，数理经济学对现象数量关系的研究已经逐步深入，各国统计资料的积累也日益丰富，适用于处理经济问题。随着现代数学的发展和大数据的应用，预测技术不断发展完善，现已有 100 多种预测方法，形成了一门不可缺少的管理类学科。

预测科学随着生产社会化程度提高和现代科学技术发展而日益受到重视，已被广泛地应用于政治、经济、军事、科学、文化和社会生活等各个方面，并在社会经济生活中发挥着越来越重要的作用。所谓市场预测，就是根据过去和现在的市场资料，以正确的思想和理论为指导，运用科学的方法和手段，找出市场变化的内在规律，预计、测算和判断市场未来发展的方向、水平和趋势。简单地说就是根据过去和现在的资料估计市场的未来发展情况。

要进行市场预测，必须先做好市场调查，市场调查是进行市场预测的前提和基础。市场预测是探索市场发展的必然性或可能性的一种社会行为，要全面而正确地理解市场预测，必须把握好以下几点：

（1）预测具有客观性：市场预测是有根据的，它是根据过去和现在，预计和推测未来，根据已知因素预计和推测未知因素。也就是说，预测过程是依据着充分的客观资料和环境条件进行的。

（2）预测具有科学性：预计和推测过程均运用了科学的方法，其中包括实践中积累起来的有效的主观经验和主观判断能力，包括运用已经具有的广博知识进行的科学逻辑推断，还包括先进的数学计量方法。

（3）预测具有规律性：市场预测有着充分的理论依据，那就是被预测的对象，其发展趋势具有特定规律，而且这种规律可以为人们所认识和掌握。这就为人们事先对市场的发展进行科学预测提供了实际可能性。

（4）预测具有近似性：预测并不是去正确求解，而是一种近似，是预计和推测，预测出的结果往往不是客观规律本身，而是一种在一定范围内对客观规律的接近或近似。也就是说，预测结果包括了误差和未知因素，必须通过实践来检验和修正。但有时也会出现预测失误，如经验不足，没有找到关键影响的因素，造成预测结果与实际相差很远。如美国通用电气公司设计了一种新产品—电动牙刷，原想销量不会很大，因为不会自己刷牙的人太少了，但是第一年的实际销售量就比预测结果大了 5 倍。这说明预测并不是轻而易举的事，因为预测要说明未来，而未来充满了未知数。

1.2 市场预测的原则

1.2.1 相关原则

相关原则关注事物（类别）之间的相关性，根据某个事物的已知变化，来推知另一个事物的变化趋势。相关分为正相关和负相关。

（1）正相关是事物之间的“促进”，一种事物发展会带动或促进另一种事物发展。比如居民可支配收入与“百户汽车拥有量”；国家生育政策与儿童玩具、教育等相关产品和服务的市场需求量。

（2）负相关是指事物之间相互“制约”，一种事物发展会削弱或妨碍另一种事物发展。比如在电动自行车销量增加的同时自行车销量会减少。

1.2.2 惯性原则

惯性原则关注事物之间的延续性。客观世界是可以被认识的，事物的运动发展具有历史继承性，未来总是与现在和过去联系着，离开了过去和现在，也就不会有事物的未来。任何事物的发展都具有一定的惯性和连续性，即在一定时间、一定条件下会保持原来的趋势和状态。没有一种事物的发展与其过去的状态没有联系，过去不仅影响现在，还会影响未来。因此，人们可通过认识事物的过去和现在，并以此为依据总结事物运行的规律，从而推测未来的发展。

1.2.3 类推原则

类推原则关注事物之间的关联性。

（1）由小见大——从某个现象推知事物发展的大趋势，但要防止以点带面、以偏概全。

（2）由表及里——从表面现象推实质。例如一次性液体打火机的出现，火柴厂就应该意识到可能市场被抢。

（3）由此及彼——发达地区被淘汰的东西，在落后地区可能还有市场。

（4）由过去、现在推未来—历史的东西对以后的发展是有指导性的。

1.2.4 概率推断原则

市场发展过程中都存在必然性和偶然性，在偶然性中隐藏着必然性。通过对市场发展偶然性的分析，揭示其内部隐藏着的必然性，据此可推测市场发展的未来。在偶然性中发现必然性，需要应用概率论和数理统计方法，求出随机事件出现各种状态的概率，然后根据概率去推测预测对象的未来状态。我们不可能完全把握未来，但根据经验和历史，很多时候能大致预估一个事物发生的大致概率，可根据这种可能性，采取对应措施。

知识点 2 预测的分类

预测的种类很多，可以从不同角度对预测进行分类。

根据预测的对象不同，分为社会预测、经济预测、市场预测、技术预测、军事预测等。其中，经济预测从宏观来看，是为制定国民经济计划和经济政策服务的，而对于企业而言，是搞好经营管理，取得良好经济效益的重要手段。其主要内容有：销售预测、材料预测、投资预测、人力预测、科技发展预测和经济效益预测等。

根据预测的范围不同分为：总体预测、分类预测、典型预测等。

根据预测的方法不同分为：定性预测和定量预测。

根据预测的时间长短不同分为：短期预测（预测时间以日、周、旬、月、季为计）、中期预测（是以年为时间单位，对 1 年及 1 年以上 5 年以内的发展前景的预测）和长期预测（是以年为时间单位，对 5 年及 5 年以上的发展前景的预测）。

一般来说，预测的时间越短，预测值与实际值越接近，准确度越高；预测时间越长，不确定的因素增多，不可控的资料难以掌握，预测值的准确度较低。但是，不论是哪种预测，准确率都不可能达到百分之百。只要预测值的准确度达到预定的要求，就可以作为决策的可靠依据。

知识点 3 市场预测的程序

市场预测是调查研究、综合分析和计算推断的过程。一般来讲，市场预测要按下列程序进行。

3.1 确定市场预测的目标

市场预测工作的第一个环节是确定预测目标。只有目标明确，才能顺利地开展全部工作，使预测工作有的放矢，避免盲目性，从而以较短的时间、较少的费用，取得较满意的预测结果。

3.2 调查、收集和分析有关资料

资料是市场预测的基础，资料的质量直接关系到预测的精度。要根据市场预测对象的目的和要求，广泛收集影响预测对象未来发展的一切资料，既要收集预测对象本身的历史资料，也要收

集对预测对象有影响作用或与之相关的因素的资料，包括对预测对象的未来会造成较大影响的间接因素资料。收集资料的范围包括统计资料、会计资料、业务技术考核资料、计划资料、方针政策和其他社会调查资料等。在收集资料时要注意资料的基本来源和不断补充更新的可能性。对所收集的资料要进行认真的审核，对不完整和不适用的资料要进行必要的调整。例如，应把偶然发生而将来不大可能重现的一次性事件从历史资料所呈现出的趋势中清除出去，从而保证资料的准确性、系统性、完整性和可比性，对经过审核和整理的资料，还要进行初步分析、观察资料结构的性质，作为选择适当预测方法的依据。

3.3 选择预测方法，进行预测

如何选择适当的预测方法是提高预测质量的一个重要因素。因此，必须从实际出发，根据预测对象的特点、预测的目的、预测的期限和时间间隔及预测对费用、时间和精确度的要求，结合收集的资料和预测人员的技术条件，选择有效的预测方法。选用的预测方法要在满足预测要求的前提下，尽量简单、方便、实用，有些预测方法要建立数学模型，有些则可以采用匡算、推算、类比计算等简单的预测方法。

另外，在选用预测方法时要根据实际情况，有时可以选择一种，有时也可以几种方法结合起来，相互验证预测结果，以提高预测的准确性。

根据已选定的预测方法，利用所掌握的资料，就可以具体地计算、研究，作出定性或定量分析，推测判断预测对象未来的发展方向和发展趋势。

3.4 评定预测结果，为决策提供依据

对各种预测方法所取得的结果进行分析、比较和评定，检验误差的程度，以便采取修正措施，力求取得接近实际的结果，并提出预测报告，为决策提供依据。

上述四个步骤是紧密联系的。例如 20 世纪 80 年代，铁道部把南昆线作为预测目标。南昆线东起南宁、西至昆明，经过广西、贵州、云南三省区，是一条全长 898 km 的新线。通过广泛的市场调查，收集有关资料，选择定性分析和定量分析相结合的方法，得出预测结果：南昆线是沟通西南和华南沿海的最便捷的通道，对于开发西南地区、贵州等的煤、磷及广西的铝矿等资源，促进西南各省和广西经济发展，充分发挥西南出海口岸防城港、北海港的作用来说，有着重要的意义；同时，南昆沿途风光秀丽、景色宜人，人文景观蔚为壮观，可以预见，这里将成为一条新兴的旅游热线。专家组通过对结果进行分析、比较、评定，向国家提出预测报告，经国家批准，南昆铁路于 1990 年 12 月正式开工，1997 年 12 月正式通车运营。当时在我国新建单线铁路中一次建成电气化和年输送能力达到 3 000 万吨的大能力预留，是前所未有的。

知识点 4 市场预测方法

市场预测的基本方法总的来说有两类，即定性预测方法和定量预测方法。

4.1 定性预测方法

定性预测方法是依靠人们的知识、经验和综合分析能力，根据已掌握的资料，对市场未来的变化趋势做出性质和程度方面的推断和描述。其特点是主要依靠预测者的经验来推断未来。

4.1.1 专家意见法

专家意见法又称为德尔菲法，是20世纪40年代末由美国兰德公司设计的一种预测方法，20世纪50年代以后在西方盛行，它是以匿名的方式，通过轮番征询专家意见，最终得出预测结果的一种经验意见综合预测方法。专家意见法是定性预测方法中最重要、最有效的一种方法，尤其是当预测中缺乏必要的历史数据，应用其他方法有困难时，采用德尔菲法预测能得到较好的结果。

专家意见法的程序大致是：首先由主持预测的单位确定预测提纲，将预测的有关问题列出调查表，并确定参加预测的专家；然后将调查表及有关资料提供给专家，分别请专家对提出的问题进行预测；预测单位把专家寄来的意见加以汇总、归纳、整理后，再把这些不同的预测结果及其理由反馈给每一位专家，让专家们再一次作出判断。经过这样多次的反复循环，最后得出一个比较一致的意见，就是所要预测问题的结果。

（1）专家意见法的优点。

① 匿名性：在专家意见法每一轮的意见征询中，均采用“背靠背”的方法，这样可以保证每位专家不制约、影响其他人的意见。所以，匿名性可以创造一种平等、自由的气氛，鼓励专家独立发表自己的见解。

② 反馈性：采用专家意见法需要多次轮番征询意见，每次征询都必须把预测单位的要求和上一轮专家意见的统计结果反馈给专家，因此，专家意见法具有信息反馈沟通的特点。这样经过多次反馈，可以不断修正预测意见，使预测结果比较准确可靠。

③ 集思广益：在整个预测过程中，每一轮征询都将上一轮的许多意见与信息进行汇总和反馈，这样可以使专家们在“背靠背”的情况下，充分了解各方面的客观情况和其他专家的意见，从而有助于专家们开拓思路，集思广益。

（2）专家意见法的缺点。

① 主观判断，有一定片面性。

② 时间较长，费用较高。

4.1.2 专业人员意见法

专业人员意见法主要是利用专业人员的知识和经验，对过去和现在发生的过程进行分析和综合，对未来市场作出判断。

专业人员意见法的大致程序是：企业的负责人，确定市场预测目标后，把与目标有关的专业人员召集起来，采取座谈或书面的形式，让他们根据预测目标，各自发表看法，然后汇总他们对预测问题的意见，得出预测结果。由于各专业人员受其分工的限制，只能接触某一部门或某一地区，对全局的情况不够了解，因而往往会出现乐观的预测值、悲观的预测值和可能的预测值三种情况，通常可以采用算术加权平均值的方法，求出其预测值。其算术加权平均值（T_E）为：

$$T_E = \frac{a + 4m + b}{6}$$

其中：a——乐观预测值，是在顺利情况下能够达到的目标数值；

b——悲观预测值，是在不利情况下能够达到的目标数值；

m——可能预测值，是在正常情况下能够达到的目标数值。

例如，某局为了提前对春运工作作出安排，分别召集客运部门、计划部门和车站等有关人员的会议，根据与会人员的经验和测算，得出该局在春运期间日发送旅客最多为 130 万人次，最少为 80 万人次，一般情况下为 95 万人次。则预测值为：

$$T_E=\frac{a+4m+b}{6}=\frac{130+4\times95+85}{6}=99.2\text{万人次}$$

① 优点：信息量大，大家互相启发，取长补短，互相交流情况。

② 缺点：受专业人员分工限制，缺乏全面了解，同时受心理因素的影响易屈服于多数人和权威人士的意见。

4.1.3 市场调查法

市场调查法就是在了解用户对本企业产品需求的基础上确定预测值。市场调查法可以从两个方面进行。

一方面可由企业派员直接向用户了解预测期内需要购买本企业产品的品种数量。同时调查用户的意见，分析用户需求变化趋势，预测出产品的销售量。例如，某车站主要有 30 个货主，该车站在预测明年货运量时，可以派人员或去函了解这些货主对明年的货物运输需求，然后汇总得出明年货运量的预测值。这种方法在用户（货主）数量不大或用户（货主）与铁路运输企业有固定协作关系时，使用起来比较方便，预测值比较准确。

另一方面也可以对用户进行典型调查和抽样调查，以此求出预测值。例如，某火车站，为了调查暑期学生乘车人数，从该地区 57 600 名学生中随机调查了 2 000 人，其中需乘车的人数为 950 人。

则乘车率为：950/2 000×100%＝47.5%，

由此可推算暑期学生乘车人数为：

$$57\,600\times47.5\%=27\,360\text{（人）}$$

4.2 定量预测方法

定量预测方法是建立在统计资料的基础上，依据历史和现在的原始数据，在假定这些数据所描述的趋势对未来适用的基础上，运用各种数学模型预测未来的一种方法。该法在条件稳定的情况下，预测结果比较准确。定量预测方法包括时间序列分析和回归分析法等。

时间序列法是利用过去的历史数据，按时间顺序将数据排列出来的序列进行分析，预测市场的变化趋势。主要有平均法、季节指数法、指数平滑法等，方法简单，适用于短期预测。

回归分析法是根据事物发展的因果关系推测未来。它通过分析有关的历史数据，掌握市场内部因素之间的相互关系并建立模型，然后利用模型进行预测。适用于长期的具有规律性的市场预测。

4.2.1 简单平均数法

简单平均数法是以观察期内各期数据（观察变量）的简单平均数作为下期预测值的方法。只有当数据的时间序列表现出水平趋势即无显著的长趋势变化和季节变动时，才能采用此法。

预测公式为：

$$\hat{x}_{n+1}=\overline{x}=\frac{x_1+x_2+x_3+\cdots+x_n}{n}=\frac{\sum_{i=1}^{n}x_i}{n}$$

其中：$\hat{x}_{n+1}$——第 n+1 期的预测值；

$\overline{x}$——简单平均数；

x_i——第 i 期的实际数值（i=1，2，3，…，n）；

n——数据期数。

例 2-1 某车站 1～6 月份旅客发送量见表 2-2，用简单平均数法预测 7 月份旅客发送量。

表 2-2 旅客发送量统计表

单位：万人

月份	1	2	3	4	5	6
旅客发送量	125	130	135	140	145	139

7 月份的旅客发送量=$\frac{125+130+140+145+139}{6}=136$(万人)

这一方法的优点就是计算过程简单，不需要进行复杂的模型设计和数学运用，常在市场的近期预测、短期预测中使用。可由于把收集的各期数据同样看待，因而得出的预计值与实际值间往往会发生较大的误差，故而它只适用于没有明显变化波动的市场预测。

4.2.2 加权平均法

加权平均法是把过去发生的实际数值，由远及近、由小及大地给予不同的权数，用实际数据值与对应权数的乘积之和除以权数之和，所得加权平均值即为预测值。该法可以反映近期数据值对预测值的影响。预测公式为：

$$\overline{x}_{n+1}=\frac{x_1p_1+x_2p_2+\cdots+x_np_n}{p_1+p_2+\cdots+p_n}=\frac{\sum_{i-1}^{n}x_ip_i}{\sum_{i-1}^{n}p_i}$$

其中：$\overline{x}_{n+1}$——第 $n+1$ 期的预测值；

x_i——第 i 期的实际数值（i=1，2，3，…，n）；

p_i——第 i 期的权数（i=1，2，3，…，n）；

n——数据期数。

例 2-2 某车站 1～6 月份旅客发送量及对应权数见表 2-3，用加权平均法预测 7 月份旅客发送量。

表 2-3 旅客发送量及权数表

单位：万人

月份	1	2	3	4	5	6
旅客发送量	125	130	135	140	145	139
权数	1	2	3	4	5	6

7 月份的预测值为：

$$\overline{x}_7=\frac{125\times1+130\times2+135\times3++140\times4+145\times5+139\times6}{1+2+3+4+5+6}=139(\text{万人})$$

加权平均法由于引入了权数，从而消除了各期数据的平均化，突出了近期数据的影响，使预测值更接近实际值。

4.2.3 季节系数法

在变化万千的市场经济中，季节的变化常常引起市场需求的变化，如电风扇、冷饮、四季服装等往往受季节影响而出现销售淡季和旺季的季节性变动规律，运输企业的客运量、货运量等随着季节的变化呈现的波动也比较明显。季节系数法就是根据时间序列中的数据资料所呈现的季节变动规律，对预测目标未来状况进行预测的一种方法。

该方法适用于有季节变动特征的经济现象指标预测，我们可以利用它来对季节性的商品进行市场需求量的预测，时间单位可以是季度或是月度，变动循环周期为 4 季或是 12 个月。运用季节系数进行预测，首先，要利用统计方法计算出预测目标的季节系数，以测定季节变动的规律性；然后，在已知全年预测值的条件下，预测未来某个月（季）的预测值。

预测步骤：

（1）计算各年同季（或同月）的平均值。

（2）计算各季（或月）的季节系数。

（3）利用季节系数预测各季（或各月）的预测值。

例 2-3 某车站 2018 ~ 2021 年各季度的客票收入见表 2-4，现已预测 2022 年车站的客票收入为 150 万元，请预测 2022 年各季度的客票收入额。

表 2-4 某车站 2018~2021 年各季度客票收入额

单位：万元

季度	2018(1)	2019（2）	2020（3）	2021(4)	季度平均（5）	季节指数（6）	预测值（7）
一	20	30	20	40	27.5	0.21	31.5
二	20	40	30	50	35.0	0.27	40.5
三	30	50	30	40	37.5	0.29	43.5
四	30	20	20	50	30.0	0.23	34.5
合计	100	140	100	180	130.0	1.00	150

解：

（1）将各年分季的客票收入列入表中。

（2）计算各年同季的平均值（见表第 5 栏）。

$$第一季度平均值=\frac{20+30+20+40}{4}=27.5$$

$$第二季度平均值=\frac{20+40+30+50}{4}=35.0$$

$$第三季度平均值=\frac{30+50+30+40}{4}=37.5$$

$$第四季度平均值=\frac{30+20+20+50}{4}=30.0$$

（3）计算各季度的季度系数（见表第 6 栏）。

$$第一季度季节系数=\frac{27.5}{130.0}=0.21$$

$$第二季度季节系数=\frac{35.0}{130.0}=0.27$$

$$第三季度季节系数=\frac{37.5}{130.0}=0.29$$

$$第四季度季节系数=\frac{30.0}{130.0}=0.23$$

（4）用季节系数分别乘以 2022 年全年预测值，即得各季度的预测值（见表第 7 栏）。

第一季度预测值= $50\times0.21=31.5$（万元）

第二季度预测值= $150\times0.27=40.5$（万元）

第三季度预测值= $150\times0.29=43.5$（万元）

第四季度预测值= $150\times0.23=34.5$（万元）

季节系数法考虑了由于季节变化所引起的收入（需求量）的变化，纠正了由于季节影响引起预测过高或过低的现象，提高了预测的准确性。这一方法适用于受季节变化影响的事件的预测。

4.2.4 回归分析预测法

回归分析预测法，是在分析市场自变量和因变量之间相关关系的基础上，建立变量之间的回归方程，并将回归方程作为预测模型，根据自变量在预测期的数量变化来预测因变量。当我们在对市场未来发展状况和水平进行预测时，如果能将影响市场预测对象的主要因素找到，并且能够取得其数量资料，就可以采用回归分析预测法进行预测。它是一种具体的、行之有效的、实用价值很高的常用市场预测方法。回归分析有两种用途，一是用于时间序列分析，当自变量为时间时，就可进行时间序列分析；二是用于因果关系分析，即根据影响预测对象的社会经济因素的变化进行分析预测。这里讨论回归分析中的一元线性回归预测。

一元线性回归分析是分析某一个影响因素与预测对象之间的关系。它的基本思路是：随着某种影响因素的变化，预测对象的实际值的分布会呈一定的趋向。假设对于变量 x、y 有一组统计数据（x_i, y_i）（i=1,2⋯,n），利用直角坐标系作出这组数据的散点图，如图 2-1 所示。

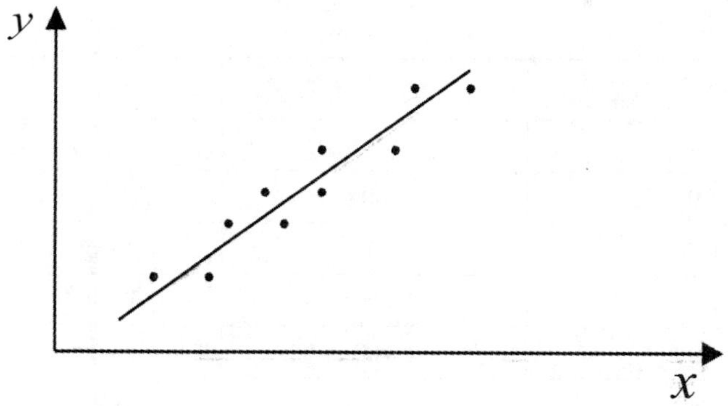

图 2-1 散点图

散点图直观地表达了这两个变量 x 与 y 之间的依存关系，可以看出，所有的散点是围绕图中的一条直线分布的，因而可以认为自变量 x 与因变量 y 之间存在着近似直线关系，这条直线的经验公式是：$\hat{y}=a+bx$，我们称其为一元线性回归方程，a 和 b 被称为回归系数。

（1）用于因果分析的一元线性回归分析法。

① 回归方程式：

$$\hat{y}=a+bx$$

② 回归系数的求法：

$$b=\frac{\sum_{i=1}^{n}x_iy_i-\frac{1}{n}(\sum_{i=1}^{n}x_i)(\sum_{i=1}^{n}y_i)}{\sum_{i=1}^{n}x_i^2-\frac{1}{n}(\sum_{i=1}^{n}x_i)^2}$$

$$a=\frac{\sum_{i=1}^{n}y_i-b\sum_{i=1}^{n}x_i}{n}$$

其中：n——数据的个数。

例 2-4 某市的工农业年总产值与该市通过铁路运输的货物发送量数据统计如表 2-5 所示。如果 2022 年该市的工农业总产值为 358 亿元，那么该市 2022 年铁路货物预计发送量为多少万吨？

表 2-5 工农业总产值与货物发送量统计表

年份	工农业总产值/亿元	货物发送量/万吨
2017	100	55
2018	90	60
2019	130	62
2020	140	75
2021	160	100

解：

① 列表计算

年份	工农业总产值 x_i/亿元	货物发送量 y_i/万吨	x_iy_i	x_i^2
2017	100	55	5 500	10 000
2018	90	60	5 400	8 100
2019	130	62	8 060	16 900
2020	140	75	10 500	19 600
2021	160	100	16 000	25 600
Σ	620	352	45 460	80 200

② 求回归系数。

$$b=\frac{456\ 460-\frac{1}{5}\times 620\times 352}{80\ 200-\frac{1}{5}\times 620^2}\approx 0.55$$

$$a=\frac{352-0.55\times 620}{5}\approx 2.2$$

③ 列回归方程式。

回归方程式：$\hat{y}=2.2+0.55x$

④ 得到预测值。

2022 年该市铁路货物发送量预测值为：

$$\hat{y}=2.2+0.55\times 358\approx 199(\text{万吨})$$

（2）用于时间序列分析的一元线性回归分析。

一元线性回归分析法也可简化形式用于时间序列分析，当自变量 x 代表统计数据的时间序号时，为了简化 a、b 值的计算过程，可以令 $\sum x_i=0$。当资料期数为奇数时，取中间一期的时间序号为 0，令其前面期数时间序号为-1，-2，-3，…，后面期数时间序号为 1，2，3，…，距差为 1；当资料期数为偶数时，将中间两期分别取作-1，1，令其前面期数时间序号为-1，-3，-5，…，后面期数时间序号为 1，3，5，…，距差为 2。

① 回归方程式：

$$\hat{y}=a+bx\ (x\text{ 为时间序号})$$

② 回归系数的求法：

$$b=\frac{\sum_{i=1}^{n}x_iy_i}{\sum_{i=1}^{n}x_i^2}$$

$$a=\frac{\sum_{i=1}^{n} y_i}{n}$$

例 2-5 某车站 2022 年 1 ~ 6 月份的货物发送量如表 2-6 所示，求该站 2022 年 7 月份货物发送量的预测值。

表 2-6 货物发送量统计表

单位：万吨

月份	x_i	y_i	x_iy_i	x_i^2
1	−5	380	−1 900	25
2	−3	410	−1 230	9
3	−1	460	−460	1
4	+1	430	430	1
5	+3	470	1 410	9
6	+5	490	2 450	25
Σ	0	2 640	700	70

解：因资料期数为偶数，所以取 3、4 月份的时间序号 x_i 为−1 和 1。

$$b=\frac{700}{70}=10$$

$$a=\frac{2\ 640}{6}=440$$

回归方程式：

$$\hat{y}=440+10x$$

7 月份的时间序号为 7，代入一元线性回归方程，则 7 月份货物发送量的预测值为：

$$\hat{y}=440+10\times 7=510\ （万吨）$$

一元线性回归分析法在计算上较前几种方法复杂，但由于通过建立数学模型，预测值比较准确，他不但能够进行中、短期预测，也能适应长期预测的需要。在实际工作中得到广泛的应用。

以上所介绍的定性预测方法和定量预测方法，并不是相互独立的，在实际工作中。要注意把它们正确地结合起来使用。在占有比较完备的资料的条件下，应先用一定的数学方法进行加工处理，找出有关变量之间的规律性的联系作为预测未来的重要依据，如果在预测期出现了较大的影响因素，如市场上出现了强大的竞争对手或出现了过去资料中没有反映的其他重要情况，还要根据这些因素对计算所得结果进行修正，必须依靠熟悉业务的有关专家进行分析判断，提出修正意见。由此可见，只有把两种方法有机结合起来，相互补充才能取得较准确的预测结果。

典型案例

案例一 释放运输红利 惠及山区百姓
——关于中国铁路太原局集团有限公司巩固公益性“慢火车”开行成果的调查

在这个追求快速度、快节奏的时代，延绵在山西吕梁、太行革命老区的公益性“慢火车”却温暖依旧，为乡村振兴注入了强劲动力。中国铁路太原局集团有限公司是如何提升公益性“慢火车”的服务保障能力，把公益性“慢火车”开出暖心的民生温度的呢？我们展开了相关调查并得到如下结果。

2021 年，山西 11 个地级市已实现动车开行全覆盖，但停站多、票价低的公益性“慢火车”至今延绵在山西吕梁、太行革命老区的群山峻岭中，承载着沿线百姓对美好生活的希望与憧憬。

当前，中国铁路太原局集团有限公司管内开行有忻州至河边 8821/8822 次、宁武至岢岚 8833/8834 次、太原至沁县 8171/8172 次、灵丘至太原 8817/8818 次共 4 对公益性“慢火车”，覆盖山西吕梁、太行革命老区 16 个县市，经停 34 座车站，最便宜的票价仅 1 元，对于沿线百姓出行、赶集、通勤、通学、就医等具有独特的“磁场效应”。2018 年至 2021 年，4 对公益性“慢火车”共运送旅客 4 240 万人次。

为深入贯彻落实党中央全面推进乡村振兴战略，太原局集团公司按照中国国家铁路集团有限公司党组公益性“慢火车”开行工作要求，进一步巩固公益性“慢火车”的开行成果，坚持因地制宜与当地产业发展、惠农助学、旅游开发等有机结合，持续提升服务保障能力，让管内公益性“慢火车”开出了暖心的民生温度，为山西乡村振兴带来加速度。

1. 一车一景——打造“慢火车”品牌形象

一到夏季，家住山西省定襄县河边镇的惠善慧就忙着将新鲜蔬菜通过忻州至河边的 8821/8822 次公益性“慢火车”运送到铁路沿线集市售卖。

在静谧的山间，像惠善慧这样多年来通过这趟公益性“慢火车”售卖自家农副产品的沿线村民数不胜数，蔬菜瓜果、禽蛋肉类……一年四季，这趟列车都像一个充满烟火气的流动市场，促成了一单又一单的生意，承载起一户又一户的致富梦。

“大多数乘坐这趟列车的旅客都是沿线的农民，他们以卖菜、卖水果为生，我们想尽可能多为他们提供一些方便。”8821/8822 次列车长孙晓丽介绍，这趟公益性“慢火车”全程运行 40 千米，全程票价 2 元，车上还有许多暖心的措施。在车上的便民工具箱里，村民们用来捆扎蔬菜的绳子、缝衣服的针线样样俱全。

品牌集聚力量、激发活力。太原局集团公司结合公益性“慢火车”所经区域，坚持一线一策略，打造“一车一景”的公益性“慢火车”品牌形象。他们设计列车文化墙，打造红色之旅、助农惠农等主题车厢；利用站车资源，开设帮扶专柜，大力宣传帮扶地区农产品。他们不断细化完善公益性“慢火车”提质措施、服务策略等工作，对客运服务人员进行革命历史、红色景点知识强化培训，让乘务员成为红色旅游的宣传员和导游员，引导广大旅客在沿线地区开展旅游、购物、游学、商务等活动。

如今，运行在山西吕梁、太行革命老区的公益性“慢火车”，不仅助力百姓出行，而且成为了为山里群众创收的助农惠农品牌，促进乡村产业结构、规模再升级。

2. 便民利民——提升“慢火车”开行品质

在巩固拓展脱贫攻坚成果、全面推进乡村振兴、加快农业农村现代化进程中，高铁与“慢火车”互联共生、缺一不可。太原局集团公司把铁路服务乡村振兴战略作为一项重要任务，不断提升公益性“慢火车”的开行品质，让交通红利惠及更多山区百姓。

2000 年，太原局集团公司结合山西高铁成网的实际，将榆次至大平的 8171/8172 次路用列车延长到太原站始发，实现省城太原与老区间一日往返。目前，在山西吕梁、太行革命老区运行的公益性“慢火车”与复兴号列车互相补位，成为了连接城市和乡村的重要纽带。

为方便旅客出行，太原局集团公司积极优化开行方案，安排太原至忻州的 4635/4636 次列车与忻州至河边的 8821/8822 次列车采取同一车底套用开行、由同一乘务班组值乘、在同一购票过程办理联程车票的方式，免去了旅客换乘麻烦。

同时，太原局集团公司还投入大量资金，持续改善惠及群众的服务设施，规范公益性“慢火车”的保洁整备标准，统一配备了保温桶、药箱和便民服务袋，将内燃机车牵引的 8817/8818 次公益性“慢火车”改由更加环保的电力机车牵引。

寒来暑往，公益性“慢火车”缩短了村乡镇县的交通距离，为沿线乡村振兴注入新动力、带来加速度。

3. 做强公益——扩大“慢火车”受益范围

近年来，太原局集团公司以打造 4 对标杆公益性“慢火车”为引领，坚持以“公益”定位“慢火车”的服务特性，每年对公益性“慢火车”开展分析研判，动态调整开行区段、时刻、编组，持续扩大“慢火车”的受益面。

为精准助推乡村振兴，太原局集团公司积极听取地方政府和沿线群众意见建议，始终按照山里百姓的作息和出行习惯优化列车开行方案，火车票仍然是几元至十几元的惠民价位，让老百姓都能接受。2022 年 4 月，太原局集团公司将运行在太行山区的太原至沁县 8171/8172 次列车调整为公益性“慢火车”，并继续保持 2 元起票价，被百姓称为“太行公交”。

“如果铁路不走这里的话，我们这个地方改变没有这么快。”兴县的“核桃大王”闫建国对铁路的便利深有感触。从日子拮据到日子红火，他说公益性“慢火车”为老区产业兴旺搭起了“金桥”。

兴县地处吕梁山腹地，曾位列山西省 35 个国家重点扶持的贫困县之一。受地形所限，多年来一代又一代兴县人被大山挡住了外出的脚步，坐火车走出大山一直是兴县百姓的梦想。

2018 年 6 月，太原局集团公司将太原至镇城底的 8811/8812 次、8813/8814 次列车延长到兴县的蔡家崖，开行了 4621/4624 次、4623/4622 次列车，不仅圆了老区人民的火车出行梦，而且为当地红色旅游发展、百姓精准脱贫再添快捷通道。目前，这对列车已成为老区人民的帮扶车、红色旅游的宣传车、旅客满意的观光车。

载着满满的温暖，公益性“慢火车”串起大山内外的两个世界，成为山西吕梁、太行山里百姓生活的一部分。（来源：人民铁道报/2022/05/26/第 2 版）

案例二　客流淡季不淡的密码在哪里?
——上海局集团公司逆势推进客运有序回升纪实

据《人民铁道》报道，2021 年 10 月 26 日长三角铁路 10 月 11 日四季度调图后在管内增开的 7.5 对旅客列车已开行半月，衢州、金华、义乌等地下午时段前往杭州、上海方向的运能紧张情况得到缓解。

同样令人欣喜的是，在打赢“两坚守两实现”攻坚战的过程中，中国铁路上海局集团有限公司客运正有序回升：10 月 11 日至 26 日共发送旅客 2 689.9 万人次、实现了同比增长。上海局集团公司旅客发送人数做到了逆势增长、淡季不淡，主要得益于以下原因。

1. 精准营销，快速响应市场变化

在长三角地区，面对高温、台风、水害、疫情等多重不利因素的影响，铁路下半年以来的客流量频繁波动。

构建“常态+专项+变量”立体化多维度的市场分析机制，准确预判非正常情况下的客流流量和流向。上海局集团公司以两级营销机构为主，调查掌握经济走势、行业发展、人口流动和不同客流出行偏好等数据，实行长、中、短期常态化预测，重点关注不同客流出行偏好，精准掌握旅游、探亲、商务、就医等客流动态，运用客运大数据锁定客流，中秋、国庆、周末客流预测准确率达 98%以上。

锁定潜在市场需求，靶向吸引客流。进入四季度以来，上海局集团公司针对新线运营、新图实施等开展专门调查，联合地方部门靶向营销，既更好地让需求牵引供给，又力求让高质量供给创造新需求；关注台风袭击、机场停运、公路限行、疫情变化等会导致客流大起大落的因素，充分运用客运牵头的多部门会商机制，精准研判影响，在开车、售票等方面实现快速响应。

多售一张车票，就多一份收入。上海局集团公司准确识变应变，精准掌握不同方向和交路列车客座率变化信息，实时调整售票组织和管控策略，做好客票基础数据维护和应急售票组织，推行票额收益管理；实施“一车一策”，精细售票，同时按车次建立票额分配档案，分线别、方向、阶段、时段制定席位复用策略，深挖新线和既有线的市场潜力。

2. 精心设计，产品实现谱系化供给

在台风、疫情的轮番影响下，出行需求原本旺盛的长三角地区，下半年以来客流量波动较大。上海局集团公司坚持服务国家战略、服务地方发展、服务旅客需求，精心设计通勤、新线、定制等谱系化客运产品。

该局集团公司着眼于长三角一体化发展，增加中心城市向周边辐射城市的早晚、周末高峰运力，早高峰 8 时前增加苏州、昆山、嘉兴、杭州至上海，周末增加上海至无锡、南京、合肥、安庆、六安等地的高铁运能，巩固并逐步提升客流量；着眼新线开通本身增量效应和对于路网完善的溢出效应，精心设计通勤、新线、定制等客运产品，推出“本线+跨线”等新线产品，积极吸引客流上线。

面对疫情变化、高峰平常差异、假日往返客流等因素影响，上海局集团公司努力提升运力供给对市场需求的适配性。他们立足做精做细做实“一日一图”，探索周末“半日图”，利用优化停靠站点、在线解编重联等手段，提高紧张繁忙区段的通过能力；以周末运输为重点，优化调整 139 项停站、停时，实现良好经营效益。随着南京、扬州疫情防控形势的持续向好，上海局集团公司梯次恢复南京站列车开行；针对周末芜湖、长沙等运能紧张方向，积极做好宁启铁路、连镇高铁和盐城、上海等地停运的20余趟客车的恢复开行工作。

3. 精细服务，持续做大客户群

10月17日起，乘坐京沪高铁G10、G118和G15次三趟列车商务座的旅客路过南京时，均享受到了热链餐饮赠送服务。高品质的热链餐食让旅客的旅途更加温馨。

线上可消费，线下可体验。上海局集团公司着眼复兴号品牌战略引领效应，推出静音车厢、热链送餐、商务座服务提质等新举措，以人性化、个性化服务做大客户群。他们充分发挥自营主题餐厅热链套餐生产和配送优势，根据管内高铁列车开行规律，加密“华东印记”主题餐厅布点，目前已实现南京、南京南、嘉兴南、金华站自主品牌餐厅营业，持续做精做细“一碗好饭”。“未来向商务座旅客赠送热链餐食服务将覆盖途经南京南站的所有‘饭点车’，并逐步推广到金华、合肥南、嘉兴南、徐州东等其他车站。”该局集团公司相关负责人说。

上海局集团公司12306客服中心是全路电话接入量较高、服务功能较广的客服平台之一。该局集团公司深入推进服务标准化规范化建设，通过智能语音、智能机器人，整合语音合成、语音识别、声纹识别及自然语言理解能力等技术，在前期试行部分服务功能的基础上，推出24小时智能客服，为旅客提供全维度售票、乘车、进出站等业务自助查询服务。

增强旅客选乘火车出行的信心，激发受疫情影响的市场活力。上海局集团公司严格遵守疫情防控属地化原则，做到客运服务场所、进库列车全覆盖清洁消毒，加密对电梯、自助售（取）票机、安检仪、座椅、厕所等重要处所和设备设施的消毒频次。同时，他们还做好站区中央空调、列车空调的清洁消毒和检查维保，加大新风供应力度。（来源：人民铁道报/2021/11/1/第2版）

课后习题

一、名词解释

1. 市场调查：
2. 市场预测：

二、填空题

1. 按照调查时间，可将调查分为一次性调查、________调查、_______调查、_________调查。

2. 按照调查的目的不同，市场调查可分为__________调查、__________调查、__________调查和__________调查。

3. 市场调查的方法主要有______________、观察法和 ______________。

4. 询问法是市场调查最常见的一种方法，可分为____________、____________、邮寄调查和_____________。

5. 观察法是铁路客流调查的常用方法，它可分为___________________________、亲自经历法、___________________________和___________________________。

6. 铁路运输市场调查工作从确定调查目的到提出调查报告，一般经历三个阶段，分别是________________、________________和__________________。

7. 市场调查可选择的调查方式包括市场普查、___________、____________及抽样调查等。

8. 市场预测的方法总体来说分为两类，即______预测方法和_____预测方法。

三、单项选择题

1. 面谈法的缺点是（　　）。
   A. 真实性差　B. 成本高　C. 回收率低　D. 调查范围受限
2. 邮寄调查法的优点是（　　）。
   A. 结果较为客观　B. 速度快　C. 调查范围广泛　D. 灵活性强
3. 电话调查法的优点是（　　）。
   A. 结果较为客观　B. 速度快　C. 调查范围广泛　D. 灵活性强
4. 下列调查内容中属于运输市场营销策略调查的是（　　）。
   A. 市场竞争情况调查　B. 市场供给情况调查
   C. 分销渠道调查　D. 市场需求容量调查
5. 拟定调查计划属于（　　）。
   A. 调查准备阶段　B. 正式调查阶段　C. 结果处理阶段
6. 在全体调查对象中选择一部分重点单位进行调查的方法是（　　）。
   A. 市场普查　B. 重点调查　C. 典型调查　D. 抽样调查

四、简答题

1. 简述铁路运输市场调查的作用。

2. 简述运输市场调查的内容。

3. 简述市场调查的程序。

4. 简述一份完整的调查报告应包含的内容。

5. 简述市场预测的程序。

项目 3　铁路运输市场分析

◆**项目学习目标：**

1. 能够准确描述客、货运市场结构和客、货运市场占有率的概念。
2. 熟悉铁路在运输市场中的优劣势。
3. 能够准确理解市场营销环境概念。
4. 能够准确掌握微观环境和宏观环境包含的因素及对营销活动的影响。
5. 了解消费者购买行为模式。
6. 明确影响消费者的购买行为的因素有哪些。
7. 掌消费者购买决策的过程。

◆**课程思政目标：**

1. 任何事件都不是孤立存在的，要引导学生使其学会用世界普遍联系的观点去分析问题。
2. 弘扬中华优秀传统文化，培育人文精神，坚定文化自信。

项目引入

在有着“火炉之城”称号的重庆，有一种充水防暑降温坐垫，在刚刚投放入市场时就特别畅销。一对夫妻因此受到启迪，联想到海口地处亚热带，夏日长，温度高，就想当然地认为防暑降温坐垫在海口肯定也大有销路。于是，立即筹款买了 10 000 只坐垫运到海口，计划以 30 元一个的价格出售。然而，事与愿违，这批垫子基本无人问津，三年都没卖完。

生意失败后，这对夫妻才想起了市场分析。通过分析他们发现：海口市面临大海，尽管白天气温高达 37 ℃，但到了晚上却很凉爽；海口居民主要由本地人和全国各地到此经商的人构成，他们要么整天到处为业务奔波，要么整天坐在装有空调的办公室里，都不需要这种降温用品。

你觉得市场分析应该围绕哪些方面展开？

任务 1　运输市场现状分析

交通运输是人类社会生产和生活中不可缺少的方面，是经济发展的基本需要和先决条件，是现代社会的生存基础和文明标志，是社会经济的基础设施和重要纽带，是现代工业的先驱和国民经济的先行部门，是资源配置和宏观调控的重要工具，是国土开发、城市和经济布局形成的重要因素，对促进社会分工、大工业发展和规模经济的形成，巩固国家的政治统一和加强国防建设，扩大国际经贸合作和人员往来发挥着重要作用。

近年来，随着我国国民经济的持续发展，居民收入的快速增加以及消费结构的不断升级，带动了消费的加速增长，从而拉动了交通运输需求，使旅客运输市场和货物运输市场需求发生了很大的变化。为适应这种需求的变化，我国的客货运市场有了巨大的发展，改变了以前我国运输线路少、质量差、运能低、布局偏的状况，初步形成了以铁路和长江、沿海水运线及各大高速公路为主干，由铁路、公路、水运、航空及管道运输五种交通运输方式组成的综合运输体系。因为这五种交通运输方式在运载工具、线路设备和运营方式等方面各不相同、有其各自的技术经济特征，所以在现实的生产和生活活动中，它们在各自的适用范围内满足人们不同目的和不同层次的需求，在整体交通运输市场上占据不同的地位和份额。他们之间既相互竞争，又互相补充、协作。

知识点 1 我国交通运输市场的构成

交通运输市场结构可从客运市场结构和货运市场结构两个方面来分析。

1.1 客运市场结构及发展趋势

客运市场结构是指铁路、公路、水运和航空各种运输方式在整个旅客运输市场中的比例关系。客运市场占有率即客运市场份额，是指铁路、公路、水运和航空各种运输方式的旅客周转量在旅客运输总周转量中的比例，是反映客运市场结构最主要的指标。它既是各种运输方式的市场竞争力的反映，又会直接影响着投资利润的高低。

改革开放以来，我国旅客运输有了很大发展，与此同时各种运输方式在客运市场中的占有率也发生了巨大的变化，有的迅速增长，有的不断萎缩。1978 年～2021 年我国各种运输方式旅客周转量和客运市场占有率的变化情况如表 3-1 和图 3-1 所示。

表 3-1 各种运输方式旅客周转量

年份	总计/亿人公里	铁路		公路		水运		航空	
		周转量/亿人公里	占有率	周转量/亿人公里	占有率	周转量/亿人公里	占有率	周转量/亿人公里	占有率
1978	1 743	1 093	62.7%	521	29.9%	101	5.8	28	1.6%
1980	2 281	1 383	60.6%	730	32.0%	129	5.7	40	1.8%
1985	4 436	2 416	54.5%	1 725	38.9%	179	4.0	117	2.6%
1990	5 628	2 613	46.4%	2 620	46.6%	165	2.9	230	4.1%
1995	9 002	3 546	39.4%	4 603	51.1%	172	1.9	681	7.6%
2000	12 262	4 533	37.0%	6 657	54.3%	101	0.8	971	7.9%
2001	13 155	4 767	36.2%	7 207	54.8%	90	0.7	1 091	8.3%
2002	14 126	4 969	35.2%	7 806	55.3%	82	0.6	1 269	9.0%
2003	13 811	4 789	34.7%	7 696	55.7%	63	0.5	1 263	9.1%
2004	16 308	5 712	35.0%	8 748	53.6%	66	0.4	1 782	10.9%

续表

年份	总计/亿人公里	铁路		公路		水运		航空	
		周转量/亿人公里	占有率	周转量/亿人公里	占有率	周转量/亿人公里	占有率	周转量/亿人公里	占有率
2005	17 467	6 062	34.7%	9 292	53.2%	68	0.4	2 045	11.7%
2006	19 198	6 622	34.4%	10 131	52.8%	74	0.4	2 371	12.4%
2007	21 577	7 216	33.4%	11 507	53.3%	78	0.4	2 776	12.9%
2008	23 373	7 779	33.3%	12 636	54.1%	75	0.3	2 883	12.3%
2009	24 774	7 879	31.8%	13 451	54.3%	69	0.3	3 375	13.6%
2010	27 780	8 762	31.5%	14 914	53.7%	72	0.3	4 032	14.5%
2011	30 936	9 612	31.1%	16 733	54.1%	74	0.2	4 517	14.6%
2012	33 368	9 812	29.4%	18 468	55.4%	77	0.2	5 011	15.0%
2013	36 037	10 596	29.4%	19 706	54.7%	76	0.2	5 659	15.7%
2014	29 994	11 605	38.7%	11 982	40.0%	74	0.2	6 333	21.1%
2015	30 048	11 961	39.8%	10 743	35.8%	73	0.2	7 271	24.2%
2016	31 307	12 580	40.2%	10 295	32.9%	72	0.2	8 360	26.7%
2017	32 813	13 457	41.0%	9 765	29.8%	78	0.2	9 513	29.0%
2018	34 214	14 147	41.3%	9 276	27.2%	80	0.2	10 712	31.3%
2019	35 349	14 707	41.6%	8 857	25.1%	80	0.2	11 705	33.1%
2020	19 251	8 266	42.9%	4 641	24.1%	33	0.2	6 311	32.8%
2021	19 758	9 568	48.4%	3 628	18.4%	33	0.2	6 530	33.0%

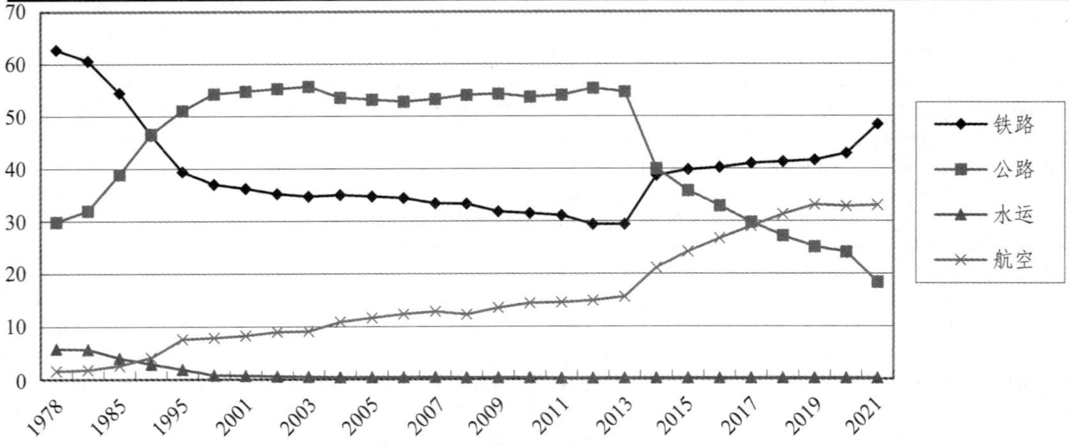

图 3-1　各种运输方式客运市场占有率

从表 3-1 和图 3-1 可以看出，航空运输的旅客周转量和客运市场占有率都保持着持续增长，且增幅明显；公路运输的旅客周转量和客运市场占有率在 2014 年前平稳增长，自 2014 年起明显下滑；铁路的旅客周转量一直持续增长，客运市场占有率在 2014 年前呈递减趋势，之后缓慢增长；水运则无论旅客周转量还是客运市场占有率均呈下降趋势。自 2017 年起，铁路和航空运输的旅客周转量之和超过旅客运输总周转量的 70%，成为我国旅客运输的主要运输方式。

1.2 货运市场结构及发展趋势

与客运市场结构类似，货运市场结构是指铁路、公路、水运、管道和航空各运输方式在整个货物运输市场中的比例关系。铁路、公路、水运、管道和航空各种运输方式的货运周转量（计算单位：亿吨公里）在货物运输总周转量中的比例被称为货运市场占有率或市场份额，是反映货运市场结构最主要的指标，下面通过表 3-2 和图 3-2 对 1978 ~ 2021 年货运市场结构变化进行分析。

表 3-2 各种运输方式货运周转量

年份	总计/亿吨公里	铁路		公路		水运		管道		航空
		周转量/亿吨公里	占有率	周转量亿吨公里	占有率	周转量/亿吨公里	占有率	周转量/亿吨公里	占有率	周转量/亿吨公里
1978	7 342	5 345	72.8 %	247	3.8 %	1 292	17.5 %	430	5.9 %	1.0
1980	8 494	5 717	67.3 %	764	9.0 %	1 521	17.9 %	491	5.8 %	1.4
1985	13 036	8 126	62.3 %	1 903	14.6 %	2 400	18.4 %	603	4.6 %	4.2
1990	18 066	10 622	58.8 %	3 358	18.6 %	3 451	19.1 %	627	3.5 %	8.2
1993	30 525	11 969	39.2 %	4 071	13.3 %	13 861	45.4 %	608	2.0 %	16.61
1998	38 089	12 560	33.0 %	5 483	14.4 %	19 406	50.9 %	606	1.6 %	33.45
1999	40 568	12 910	31.8 %	5 724	14.1 %	21 263	52.4 %	628	1.5 %	42.3
2000	44 321	13 771	31.1 %	6 129	13.8 %	23 734	53.6 %	636	1.4 %	50.27
2001	47 710	14 694	30.8 %	6 330	13.3 %	25 989	54.5 %	653	1.4 %	43.72
2002	20 686	15 659	30.9 %	6 783	13.4 %	27 511	54.3 %	683	1.3 %	51.55
2003	53 859	17 247	32.0 %	7 100	13.2 %	28 716	53.5 %	739	1.4 %	57.90
2004	69 445	19 289	27.8 %	7 841	11.3 %	41 429	59.7 %	815	1.2 %	71.80
2005	78 330	20 731	26.5 %	8 574	10.8 %	48 058	61.4 %	889	1.1 %	78.9
2006	86 921	21 954	25.3 %	9 647	11.1 %	53 908	62.0 %	1 318	1.5 %	94
2007	99 180	23 797	24.0 %	11 258	11.4 %	62 182	62.7 %	1 827	1.8 %	116
2008	105 513	25 112	23.8 %	12 999	12.3 %	65 218	61.8 %	2 065	2.0 %	119
2009	121 211	25 239	20.8 %	36 384	30.0 %	57 440	47.4 %	2 022	1.7 %	126

续表

年份	总计/亿吨公里	铁路		公路		水运		管道		航空
		周转量/亿吨公里	占有率	周转量/亿吨公里	占有率	周转量/亿吨公里	占有率	周转量/亿吨公里	占有率	周转量/亿吨公里
2010	137 329	27 644	20.1 %	43 005	31.3 %	64 305	46.8 %	2 198	1.6 %	177
2011	159 014	29 466	18.5 %	51 333	32.3 %	75 196	47.3 %	2 847	1.8 %	172
2012	173 145	29 187	16.9 %	59 992	34.6 %	80 655	46.6 %	3 149	1.8 %	162
2013	186 480	29 174	15.6 %	67 115	36.0 %	86 521	46.4 %	3 501	1.9 %	169
2014	184 619	27 530	14.9 %	61 139	33.1 %	91 881	49.8 %	3 883	2.1 %	186
2015	177 401	23 754	13.4 %	57 956	32.7 %	91 345	51.5 %	4 139	2.3 %	207
2016	185 295	23 792	12.8 %	61 211	33.0 %	95 400	51.5 %	4 671	2.5 %	221
2017	196 130	26 962	13.7 %	66 713	34.0 %	97 455	49.7 %	4 757	2.4 %	244
2018	205 452	28 821	14.0 %	71 203	34.7 %	993 04	48.3 %	5 862	2.9 %	262
2019	199 290	30 075	15.1 %	59 636	29.9 %	103 963	52.2 %	5 352	2.7 %	263
2021	223 574	33 191	14.8 %	69 088	30.9 %	115 578	51.7 %	5 440	2.4 %	278

注：由于民用航空完成货物周转量的占有率很小，在表中不再单独列出。

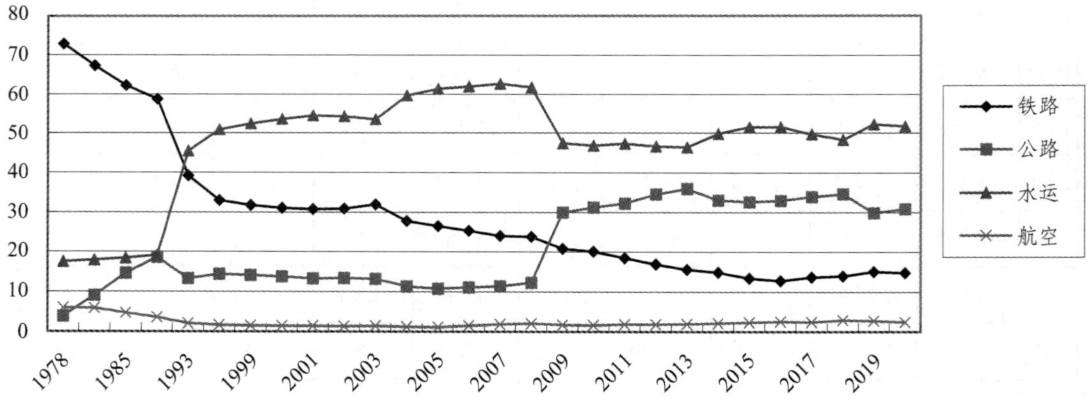

图 3-2 各种运输方式货运市场占有率

从表 3-2 和图 3-2 可以看出，1998 年起水运货运市场占有率基本保持在 50%以上，公路货运市场占有率自 2008 年起开始逐年增长，管道运输货运市场占有率变化不大，而铁路运输货运市场占有率却呈持续下降的趋势，自 2011 年起就未超过 20%。目前水运和公路运输已成为国内货运市场的主要运输方式。

1.3 市场结构变化趋势分析

1.3.1 铁路在客货运市场中市场份额下降的势头趋缓

铁路客运市场占有率的下降趋势自 2013 年终止，于 2014 年开始回升，2016 年比 2013 年增长了 10.8%。铁路的货运市场占有率虽然还在下降，但趋势平缓。究其原因，一方面，从客观上来说，随着科学技术的发展，各种运输方式的技术特征发生了变化。高速公路的发展使公路运输的运输速度和运输距离大大增加，而小型飞机的出现则使航空运输的中短距离飞行得以全面发展，各种运输方式的特征逐步同质化，致使属于铁路运输的市场空间逐步缩小。另一方面，从铁路自身来说，这是铁路适应市场发展的结果。一是自 2000 年以来，铁路连续进行了六次大提速，不但调整了运输组织方式还推出了一系列满足旅客和货主需求的客货运输新产品，如直达列车、动车组、五定班列等，在长途客货运市场保持优势的同时，还增强了中短途客货运输市场的竞争力。二是高速铁路作为一种新的运营模式，以其速度快、安全性好、正点率高、舒适方便、能源消耗低等优势，正在被社会大众所接受。2007 年 4 月 18 日，新型高速列车“和谐”号动车组开始驰骋在主要铁路线上，2008 年 8 月 1 日，我国第一条具有自主知识产权、国际一流水平的高速铁路“京津城际铁路”正式通车运营。随后，武广、郑西、沪宁、沪杭、京沪、京哈等高速铁路先后建成通车，截至 2021 年年末，我国高铁营业里程达到 4 万公里，高速铁路已经成为铁路客运市场占有率提升的助推器。

1.3.2 公路在客运市场上优势地位先强后弱

公路旅客周转量 1978 年为 521 亿人公里，2013 年达到峰值的 19 706 亿人公里，随后下降，2021 年降为 3 628 亿人公里；市场占有率在 1990~1993 年与铁路基本持平，随后持续快速上涨，在 2003 年达到顶峰，之后发展趋势平稳，波动不大，2014 年开始持续下滑，至 2021 年降为 18.4%。由图 3-2 可以看出公路与铁路客运市场占有率的变动趋势、变动幅度大体上正好相反。究其原因，主要是 20 世纪 90 年代初期，我国高速公路建设快速发展，公路旅客运输也随之快速崛起，一些短途客流大量流向公路运输，导致公路旅客周转量和市场占有率都加速增长，但进入二十一世纪以后，由于铁路提速及航空业的蓬勃兴起，公路运输的增长态势开始趋缓，这同时也表明我国的客运市场结构日趋稳定、合理。

1.3.3 航空运输的客运市场占有率增长迅速

民航市场原来占有份额很小，但发展迅速。1978~2021 年，旅客周转量增长了 232 倍；客运市场占有率从 1.6%增加到了 33%，且从其发展趋势看还有上升的空间。究其原因，主要是航空企业善于发挥自己的优势，采取各种灵活多变的营销手段抓住市场机遇，积极参与市场竞争。

1.3.4 水运的客运市场占有率很小，但货运市场占有率不容小觑

水运的旅客周转量和市场占有率目前均在 1.0%以下。从 1978 年至 2021 年，不论是旅客周转量还是客运市场占有率，水运的客运发展均停滞不前，这与水运受地域、环境限制及缺乏效率竞争力有很大关系，所以，多年来基本维持现状。

但水运货运市场占有率一直呈上升态势，且趋势持续。1978 年货运周转量为 1 292 亿吨·公

里，到2021年达到115 578亿吨·公里，占有率由17.5%上升至51.7%，几乎占据半壁江山，发展势头不可小看。

综上所述，自1978年改革开放以来，我国的运输市场结构变化很大。铁路独霸天下的地位已难以为继，公路还在继续向铁路发起全面的挑战，民航在客运上、水运在货运上也与铁路展开竞争，形成群雄逐鹿的局面，这一切都促进了我国运输资源的优化组合和合理配置，使我国当前的运输结构日趋完善。但这是否就意味着当前的运输结构已经合理？这还要看这种结构是否使各种运输方式的优势得到充分的发挥，或者说各种运输资源是否得到合理的配置和利用，产生最大的社会效益。目前，各种运输方式在参与竞争的同时，正逐步加强彼此之间的合作，这也是未来发展的趋势。

知识点2 铁路在运输市场中的优劣势分析

2.1 安全方面

安全是由其运输系统自身的特征决定的。比如为了保证航空运输的安全性，人类在技术服务规范方面作了很大的努力，数据统计也表明航空运输的安全度是最高的，可是旅客在心理评价上却仍然认为其最不安全，特别对于初次登机的人，这种心理尤为突出，习惯了才会好一些，这就说明了安全评价上存在心理偏向，因此在考虑安全因素时不能不顾及旅客的心理因素。

根据调查，在人们心目中均认为航空最险，公路次之，最安全的要属铁路。尤其近几年来随着铁路设备的更新和运输指挥水平的提高，使得铁路在人们心目中的安全评价值越来越高。

2.2 速度方面

货物与人的迅速抵达，是人们对交通运输的基本需求之一。衡量运输是否迅速的一个重要指标是送达速度，或称旅行速度。技术速度决定了运载工具在途中的运行时间，但在计算技术速度时并不包括途中停留作业时间和始发、终到两端的作业时间。而计算送达速度（即旅行速度）则是包含这两项时间的，因此，同一种运行方式的送达速度总是低于技术速度的。然而对旅客和货主而言，具有实际意义的却是送达速度。

2.2.1 航空运输

航空运输在技术速度上的优势是其他交通工具所不能比拟的，但由于起降机场大多远离市区，处于城市近郊，故而如果将旅客前往机场和离开机场到达目的地的路程时间考虑在内，即计算送达速度，那么航空运输与铁路运输相比500千米以内不具有速度优势，1 000千米以内速度优势不显著，也就是说其在中短途旅客运输方面的优势不大。

2.2.2 公路运输

截止到2015年年末，全国公路总里程457.73万千米，公路密度为47.68千米/百平方千米，全国高速公路里程12.35万公里。四通八达的高速公路网构成了客货运输的重要通道，再加上其灵活机动、发车班次密度高的特点来说，使得公路运输在客货运市场上的竞争优势明显。

2.2.3 铁路运输

经过铁路连续的六次大提速、随着客运专线、高速铁路的开通和运营使用，铁路的运输能力大大加强，列车的运行速度大大提高，运行时间大大缩短，列车出发正点率和运行正点率均达到了 97%上，对于旅客和货主来说选择铁路更加方便快捷，在客货运市场上还是有很大竞争优势的。

综上所述，铁路运输的送达速度一般高于水运和公路，航空运输虽然在技术速度上占有很大优势，但在中短途旅客运输市场中，其送达速度优势无法体现。另外，在评价某种运输方式的速度指标时，还应考虑运输的频率（即发车班次的间隔时间）和运输经常性对顾客的影响。在这方面，铁路具有全天候、大运量的优势，而公路具有灵活机动，发车班次密度高的优势。表 3-3 是几种主要运输方式的最优服务速度和最优服务距离的比较结果。

表 3-3 几种运输方式的比较

项目	铁路	公路	水运	航空
最优服务速度/（km/h）	100～300	50～100	20～50	500～1 000
最优服务距离/km	500～1 500	0～500	0～1 000	100～2 000

2.3 经济方面

经济方面，铁路客货运价格虽然调整了几次，但仍比航空运输和公路运输价格低。现在虽然公路和航空公司会随季节、客流量变化情况在旅游淡旺季、寒暑假及春运期间自行调整价格，但铁路运输的价格仍是最低的，也是最具有竞争优势的。

2.4 便利方面

随着市场经济的发展和人们生活水平的提高，人们在利用各种交通运输工具时越来越重视其方便程度。例如，由于公路机动灵活，能实现“门到门”运输服务，特别是在长距离运输和特种货物运输中，能满足货主的安全、快速、准时交货的需求，抢走了不少铁路运输顾客的货源；航空运输广泛、灵活的售票、订票服务网络，也使顾客感到莫大的方便。铁路运输作为国民经济的基础产业，已基本形成了结构设施较完整，规章制度较完善、规范的运输服务体系，这对于保障铁路对客运、货运顾客的消费便利起到了保障性作用。在现今运输市场竞争激烈的形势下，铁路员工只要树立“顾客至上”的意识，从根本上改变经营观念，遵循一切从顾客利益出发的原则，以顾客利益为核心而不是以铁路运输企业自身利益为核心，来推进铁路运输市场营销，那么铁路运输的便利服务，包括旅客购票、咨询和货主托运货物、申请运输计划等，就会使顾客在心理上感知的不便和消费风险得到缓解和消除，从而提高铁路运输产品的竞争能力，以提高铁路运输企业经济效益，满足国民经济发展对铁路运输主体地位的要求。

综上所述，铁路运输的经济性、安全性、准时性、舒适性优点突出；公路则在灵活与便利性上十分突出，使得旅客和货主对其的需求量增幅较大；航空运输产品则在中长途运输市场上具有绝对的速度优势。关于这几种指标在三种客运产品上的体现，本书做了以下汇总分析，具体见表 3-4。

表 3-4 几种运输方式优劣势汇总分析

运输方式	优势	劣势
铁路	安全性好、价格便宜、运输量大、受客观条件影响小	灵活性差、客货运服务质量中等、旅客乘车无座现象普遍
航空	运行速度快、环境好、服务优	机上活动空间小、价格高、受客观条件影响大
公路	机动灵活、发车密度大、旅客乘车或货物运输方便、价格适中	乘客活动空间小、长时间乘坐舒适度降低、运输量有限、受客观条件影响大

任务 2 铁路运输市场营销环境分析

企业作为社会经济组织或社会细胞，总是在一定的外界环境条件下开展市场营销活动。这些不断变化的外界环境，一方面给企业创造了新的市场机会；另一方面又给企业带来某种威胁。因此，可以说企业的市场营销活动会不可避免地受到环境因素的影响和制约，市场营销环境对企业的生存和发展具有重要意义。企业只有重视对市场营销环境的分析和研究，并根据市场营销环境的变化制定有效的市场营销战略，才能扬长避短、趋利避害、适应变化、抓住机会，从而实现自己的市场营销目标。

知识点 1 市场营销环境的含义

按照美国著名市场学家菲利普·科特勒的解释，影响企业的市场和营销活动的不可控制的参与者和影响力。具体地说就是：“影响企业的市场营销管理能力，使其能否卓有成效地发展和维持与其目标顾客交易及关系的外在参与者和影响力。”因此，市场营销环境可理解为与企业营销活动有潜在关系的所有外部力量和相关因素的集合，它是影响企业生存和发展的各种外部条件。通俗地说，所谓市场营销环境就是指与企业营销活动相关的一切客观因素和条件。

市场营销环境的内容既广泛又复杂。持不同的观点可提出不同的分类方法，我们采用的最常见的分类方法，即把企业市场营销环境分为微观环境和宏观环境。微观环境是指与企业的营销活动直接发生关系的各种要素，包括企业本身条件、供应商、营销中介、竞争者、顾客以及社会公众。宏观环境指影响企业营销活动的社会性力量和因素，包括人口、经济、政治法律、社会文化、科学技术及自然环境等多方面的因素。微观环境直接影响和制约企业的市场营销活动，多半与企业具有或多或少的经济联系，也称直接营销环境，又称作业环境；而宏观环境主要以微观营销环境为媒介间接影响和制约企业的市场营销活动，在特定场合也可直接影响企业的营销活动，也被称作间接营销环境。

所有的营销活动都有可能涉及微观环境和宏观环境。在这里需要注意的几点是：

（1）不同营销活动所面临的主要营销环境是不同的，有的可能主要是竞争对手，而有的可能主要是技术原因。

（2）对同一个企业在不同的时期所面临的主要营销环境也有可能是不同的，或者说是会变化的。如山西假酒案被曝光后，山西省内白酒生产企业面临的最主要营销环境就是社会对山西整个白酒行业的信任危机。在这种信任危机的笼罩下，即使质量很好的白酒生产企业，他的产品也很难销售出去。又如 2006 年，有人在网上散布“香蕉有毒”的谣言，使得香蕉严重滞销，香蕉生产企业普遍严重亏损。这种整个行业的声誉危机就是行业内企业面临的最大营销环境。这种行业信任危机不改变，所有行业内企业将生存困难。“温州鞋”从“假冒伪劣”的市场形象转为“名优商品”市场形象的案例，使所有的温州制鞋企业都深刻体会到了营销环境的厉害。

因此，企业必须根据营销环境的实际与发展趋势，不断调整营销策略，自觉地利用市场机会，防范可能出现的威胁，扬长避短，确保自己在竞争中立于不败之地。

知识点 2 市场营销环境的特点

市场营销环境是一个多因素、多层次、不断变化的综合体。概括地说，企业市场营销环境具有客观性、差异性、整体性、动态性、不可控性和可影响性的特点。

2.1 客观性

市场营销环境作为一种客观存在，是不以企业的意志为转移的，有着自己的运行规律和发展趋势，对营销环境变化的主观臆断必然会导致营销决策的盲目与失误。营销管理者的任务在于适当安排营销组合，使之与客观存在的外部环境相适应。

2.2 差异性

营销环境存在差异的主要原因是在企业所处的地理环境、生产经营的性质、政府管理制度等方面存在差异。不同的国家或地区之间，宏观环境存在着广泛的差异，不同的企业，微观环境也千差万别。正因为营销环境的差异，企业为适应不同的环境及其变化，必须采用各有特点和针对性的营销策略。环境的差异性也表现为同一环境的变化对不同企业的影响不同。例如，中国加入世界贸易组织，意味着大多数中国企业进入国际市场，进行“国际性较量”，而这一经济环境的变化，对不同行业所造成的冲击并不相同，有的直接受到很大影响，有的受影响程度并不是很明显。

2.3 整体性

市场营销环境是一个有机整体，各部分相互关联、相互依赖，互为条件，构成了完整的市场营销环境系统。如经济因素不能脱离政治因素而单独存在，同样政治因素也要通过经济因素来体现。

其中任何一个环境的变化都可使涉足市场营销的其他因素发生连锁反应，进而导致整个营销环境变化，影响企业市场营销的效果。这种整体性要求企业在进行市场营销环境分析时，注意从整体性出发设计营销手段，既要考虑微观环境可控有利的一面，也要顾及宏观环境因素中非可控不利的一面，实现两者的最佳组合，发挥整体优势。

2.4 动态性

市场营销环境是在不断地发生变化的。尽管变化的程度不同，但是变化是客观存在的。这种动态性主要表现在外界环境是随着时间的推移而经常处于变化之中的。政局的变化、政策的变更、收入的变化、习俗的改变、企业的生产能力变化、管理水平的变化及技术设备的变化等都会从正反两方面影响市场营销环境。例如，外界环境利益主体的行为变化和人均收入的提高均会引起购买行为的变化，影响企业营销活动的内容，而外部环境各种因素结合方式的不同也会影响和制约企业营销活动的内容和形式。

2.5 不可控性

影响市场营销环境的因素是多方面的、复杂的，并表现出企业不可控性。一般说来，企业无法摆脱和控制营销环境，特别是宏观环境，企业难以按自身的要求和意愿随意改变它。例如，对于一个国家的政治法律制度、人口增长及一些社会文化习俗等，企业是不可能随意改变的。

2.6 可影响性

企业可以通过对内部环境要素的调整与控制，主动适应环境的变化和要求，通过对外部环境施加一定的影响，最终促使某些环境要素向着预期的方向转化。“适者生存”既是自然界演化的法则，也是企业营销活动的法则。企业应从积极主动的角度出发，能动地去适应营销环境，运用自己的经营资源去影响和改变营销环境，为企业创造一个更有利的活动空间，然后再使营销活动与营销环境取得有效的适应。如果企业善于适应环境，就能生存和发展，否则就难免被淘汰。

知识点 3 铁路运输市场营销的微观环境分析

铁路运输市场营销的微观环境主要由运输企业自身条件、旅客和货主、供应商、营销中介、竞争者和社会公众等因素组成。铁路运输企业开展市场营销的目的是在满足旅客与货主现实与潜在的需求基础上获得利润。要实现目标，企业必须把自己与供应商、营销中介联系起来，以更好地接近和服务于目标顾客。供应商—企业本身—营销中介—旅客和货主构成了铁路运输企业基本营销系统。同时不可忽略竞争者和社会公众这两个因素的影响力。

3.1 铁路运输企业自身条件

企业自身的条件状况是企业营销活动最直接的环境因素，它处于企业营销环境的中心。分析铁路运输企业自身条件状况的目的是揭示其内部的优劣势，判别其是否拥有及时把握营销机会的竞争能力。铁路运输企业自身条件主要包括铁路运输设施与设备、铁路运输企业内部经营管理等。

3.1.1 铁路运输设施与设备

铁路运输设施与设备是铁路行车和调车工作的基础，既是运输生产组织活动正常进行的保证，也是影响铁路运输企业营销效果和效益的重要因素。

铁路基础设施主要包括铁路线路、车站、通信信号设备、机车车辆等。根据我国铁路运输现状，应进一步提升线路质量与等级，提高机车车辆、通信信号等设备设施的技术含量，加强调度行车指挥能力，以充分发挥铁路中长途运输、大运量和全天候运营的优势。

3.1.2 铁路运输企业内部经营管理

企业内部经营管理的分析主要是对铁路运输企业内部管理体制、营销机制等因素的分析。铁路运输企业内部各个部门、各个管理层次之间的分工是否科学，协作是否协调严密，运输、客运、货运、计划、财务、物资供应等部门能否支持与配合，都会直接影响企业营销活动的进行。特别对于铁路运输这样一个以网络状线路为基础，靠机、车、工、电、辆等部门共同劳动才能生产出整体产品的特殊企业群体，只有对企业自身的状况和内部经营管理有一个全面、正确、整体的认识和分析，才能搞好铁路运输市场营销工作。

3.2 旅客与货主

旅客和货主是铁路运输企业服务的对象，同时也是铁路运输营销活动的出发点和归宿，因而铁路运输市场营销活动必须围绕他们的需求展开。旅客和货主的需求不同，消费群体的类型、层次也会有所不同，这就要求铁路运输企业必须提供不同的运输产品，并以不同的营销方式尽可能去满足不同消费群体的不同需求。可见，旅客和货主对铁路运输企业营销决策的制定和实施，具有很大的影响力和制约力。

3.3 供应商

供应商是指向企业及其竞争者提供生产经营所需资源的企业或个人。

供应商是指向铁路运输企业及其竞争者提供生产运输产品和服务所需原材料、设备、燃料、动力等资源的企业或个人。供应商所提供的资源主要包括原材料、零部件、设备、能源、劳务、资金及其他用品等。

铁路运输企业每天消耗着大量的各种物资，而绝大部分是靠铁路以外的供应商提供的。供应商所提供的各种资源的数量、质量和价格将直接影响铁路运输产品的质量、价格、销售和利润。

供应商对铁路企业营销活动的影响主要表现在：

（1）供货的稳定性与及时性：原材料、零部件、能源及机器设备等货源充足的保证，是铁路运输企业营销活动顺利进行的前提。

（2）供货的价格变动：毫无疑问，供货的价格直接影响企业的成本。如果供应商提高资源的价格，运输生产企业亦将被迫提高其产品价格，否则会影响到铁路企业的利润。

（3）供货的质量水平：供应货物的质量直接影响到铁路运输企业产品的质量。

针对上述影响，铁路运输企业在寻找和选择供应商时，应特别注意两点：第一，必须充分考虑供应商的资信状况。要选择那些能够提供品质优良、价格合理的资源，交货及时，有良好信用，在质量和效率方面都信得过的供应商，并且要与主要供应商建立长期稳定的合作关系，保证铁路运输企业生产资源供应的稳定性。第二，必须使自己的供应商多样化。铁路运输企业过分依赖一家或少数几家供货人，受到供应变化的影响和打击的可能性就大。为了减少供应方对铁路运输企业的影响和制约，铁路运输企业就要尽可能多地联系供货人，向多个供应商采购，尽量注意避免过于依靠单一的供应商，以免当与供应商的关系发生变化时，使铁路运输企业陷入困境。

3.4 营销中介

营销中介是指协助铁路运输企业促销或分销其运输产品给最终消费者的机构或个人，包括中间商、营销服务机构（调研公司、广告公司、咨询公司）、金融中介机构（银行、信托公司、保险公司）等。铁路运输企业在市场营销过程中，会与各类营销中介发生协作关系。这些营销中介在为铁路运输企业提供客源、推销产品、提供市场咨询、资金融通以及产品广告宣传等方面具有不可替代的作用。铁路运输企业只有在市场营销活动中积极发展与各类营销中介者的有效协作关系，才有可能巩固和发展铁路在运输市场中的主体地位。

3.5 竞争者

在市场营销环境分析中不可或缺的是对竞争者的分析。每个企业都应充分了解目前市场上谁是自己的竞争者，在某一时期谁是主要竞争者，竞争者的策略是什么，本企业与竞争者的力量对比如何，以及自己和竞争对手在市场上的地位、各自的优势和缺陷是什么等。企业这样做的目的在于能知己知彼，有利于扬长避短，充分发挥自己的优势，力争在市场竞争中占据主动地位。

一个行业只有一个企业，或者说一个企业能够控制一个行业的完全垄断的情况在现实中很不容易见到，因此与同行的竞争是不可避免的。我们可以将企业的竞争对手分为以下四个层次。

3.5.1 产品品牌竞争者

产品品牌竞争者是指品牌不同，但满足需要的功能、形式相同的产品之间的竞争。如轿车中的“奔驰”“宝马”以及“别克”等品牌之间的竞争。这是企业最直接而明显的竞争对手。这类竞争者的产品内在功能和外在形式基本相同，但因出于不同厂家之手而品牌不同。有关企业会通过在消费者和用户中培植品牌偏好，从而展开市场竞争。

3.5.2 产品形式竞争者

产品形式竞争者是指较品牌竞争者更深一层次的竞争者，即各个竞争者产品的基本功能相同，但形式、规格和性能或档次不同。如自行车品类中既有普通轻便车，又有性能更优良的山地车，厂家通过在顾客中发掘和培养品牌偏好，来展开市场竞争。

3.5.3 平行竞争者

平行竞争者是潜伏程度更深的竞争者，这些竞争者所生产的产品种类不同，但所满足的需要相同。如汽车、摩托车或自行车都能满足消费者对交通工具的需要，消费者只会择其中一种。这属于较大范围的行业内部竞争。

3.5.4 需求愿望竞争者

需求愿望竞争者是潜伏程度最深的竞争者，不同竞争者分属不同的产业，相互之间为争夺潜在需求而展开竞争。如房地产公司与汽车制造商为争夺顾客而展开的竞争。顾客现有的钱如用于汽车购买则不能用于房子购买，汽车制造商与房地产公司实际是针对购买者当前所要满足的各种愿望展开的争夺。

在上述四个层次的竞争对手中，品牌竞争者是最常见、最外在的，其他层次的则相对比较隐蔽、深刻。正因如此，在许多行业里，企业的注意力往往多集中在品牌竞争层次上，而对如何扩大市场规模、开拓新的市场领域、保证市场占有率不降低等方面常常忽略不顾。所以，有远见的企业不会仅仅满足于品牌层次的竞争，认为关注市场发展趋势、维护和扩大基本需求优势是更加重要的。

目前，铁路在客货运输市场上的竞争对手主要是公路、水运和航空。公路的优势主要表现在：公路越修越长，线路等级越来越高；线路运行方向越来越多，汽车班次越来越密；运营客车越来越豪华，短途运输方式越来越多；营销策略越来越灵活，服务水平越来越高等。民航的优势主要表现在：航线开辟越来越多，飞机和地面设备越来越先进；价格政策越来越灵活，对市场反应十分灵敏；机票销售网络发达，管理科学严谨；服务规范档次高，有较高的信誉等。因此，铁路运输企业在制定营销策略时，必须充分考虑竞争对手的情况。值得一提的是，铁路运输企业作为一个多层次、多企业的集团性企业，还存在着内部竞争的问题，如各铁路局间的运输产品形式的竞争和品牌竞争等，也要需要我们重视和分析研究的。

3.6 社会公众

社会公众是指对企业实现其目标的能力具有实际或潜在利害关系和影响力的团体或个人。公众对企业的感觉和与企业的关系对企业的市场营销活动有着很大的影响。所有的企业都必须采取积极措施，保持其和主要公众之间的良好关系。一般企业所面临的社会公众大致有以下七类。

3.6.1 金融公众

它对企业的融资能力有重要的影响。主要包括银行、投资公司、证券交易所、保险公司等。

3.6.2 媒介公众

指那些刊载、播送新闻、特写和社论的机构，包括报纸、杂志、广播、电视以及互联网等。他们主要通过社会舆论来影响其他公众对企业的态度。特别是主流媒体的报道，对企业影响极大，甚至可以达到“一条好的报道可以救活一个企业，一个负面的报道可以使一个企业破产”的程度。因此企业对待媒体要慎之又慎。

3.6.3 政府机构

指与企业营销活动有关的各级政府部门和企业的主管部门等。企业在制订营销策略时，必须认真研究与考虑政府政策与措施的发展变化。

3.6.4 公民行动团体

一个企业营销活动可能会受到消费者组织、环境保护组织及其他民间团体等的质询。

3.6.5 地方公众

每个企业都要同当地的公众团体，如邻里居民和社区组织密切保持联系。

3.6.6 一般公众

企业需要关注一般公众对企业产品及经营活动的态度。虽然一般公众并不是有组织地对企业采取行动但一般公众对企业的印象却影响着消费者对该企业及其产品的看法。

3.6.7 内部公众

企业内部的公众包括企业的领导、各层次管理人员以及每个职工。大公司还发行业务通信和采用其他信息沟通方法，向企业内部公众通报信息并激励他们的积极性。当企业雇员对自己的企业感到满意的时候，他们的态度也就会感染企业以外的公众。

铁路运输市场营销活动总是影响着上述各种公众的利益，因此，铁路运输市场营销必然受到社会公众的关注、监督、制约，这些公众必然以各种方式来直接或间接地影响企业营销活动。铁路运输企业在开展市场营销活动时，必须处理好与企业内、外部的公众关系，在公众中树立良好信誉和形象。

总之，构成铁路运输市场营销微观环境的各种因素和力量，影响着企业实现营销目标的能力，形成了与企业协作、竞争、服务、监督的关系。一个企业能否成功地开展营销活动，不断改善微观环境至关重要。

知识点 4 铁路运输市场营销宏观环境分析

宏观环境是铁路运输企业开展营销活动不可控的因素，主要包括人口、经济、自然、技术、政治法律和社会文化等因素。

4.1 人口环境分析

人口是构成市场的第一位因素。因为市场是由那些想购买商品同时又具有购买力的人构成的。因此，人口的多少直接决定市场的潜在容量，人口越多，市场规模就越大。而人口的年龄结构、地理分布、婚姻状况、出生率、死亡率、人口密度、人口流动性及其文化教育等人口特性都会对市场格局产生深刻影响，并直接影响企业的市场营销活动和企业的经营管理。企业必须重视对人口环境的研究，密切注视人口特性及其发展动向，不失时机地抓住市场机会，当出现威胁时，应及时、果断调整营销策略以适应人口环境的变化。

4.1.1 人口数量和人口增长率分析

由于交通运输是人们日常生活和生产中必不可少的载体，而人口数量又是决定市场规模和潜量的一个基本要素，所以人口数量越多，市场对铁路运输服务产品的需求量也就越大。2021 年全国铁路完成旅客发送量 26.12 亿人，与当年人口总数 14.12 亿人相比，平均起来每年人均乘坐火车的次数仅为 1.85。可见中国铁路客运市场潜力依旧很大，还远远不是供大于求的状态。

了解人口数量，既要看到目前的人口数量，还要注意人口的增长情况，把握人口的变化趋势，预测市场容量。2021 年我国全年出生人口数量为 1 062 万人，人口出生率为 7.52‰；全年死亡人口数量为 1 014 万人，人口死亡率为 7.18‰；全年自然增长的人口数量为 48 万人，人口自然增长率为 0.34‰。据预测 2022 年出生人口会持续减少，届时我国的人口自然增长率有可能出现负增长，成为东亚地区继日本和韩国之后，第三个人口负增长的国家。此外，出生人口的减少，会加剧人口的老龄化，给运输市场带来新的挑战。

4.1.2 人口结构分析

人口结构主要包括人口的年龄结构、性别结构、家庭结构、社会结构以及民族结构，不同的人口构成必然会产生不同层次的运输需求和消费行为，形成不同的运输消费群体。

（1）年龄结构。

不同年龄阶段的消费者对商品的需求是不一样的。国家统计局国民经济和社会发展统计公报显示，2021 年全国 0 ~ 14 岁人口为 26 302 万人，占全国总人口的 18.6%； 65 周岁及以上人口为 20 056 万人，占全国总人口的 14.2%。自 1990 年以来，0 ~ 15 岁人口比重持续下降，16 ~ 64 岁与 65 岁及以上人口比重持续上升，特别是 65 岁及以上人口的占比提高速度较快，人口老龄化正处于快速发展阶段。因而针对老年群体的交通运输产品发展潜力巨大。

（2）家庭结构。

家庭是购买、消费的基本单位，家庭的数量直接影响到某些商品的数量。欧美国家的家庭规模基本上为户均 3 人左右，亚非拉等发展中国家为户均 5 人左右，我国的家庭规模也是日趋小型化，以 3 ~ 5 人为主。小型化的家庭规模使得家庭旅游、出行的概率增加，进而使得运输企业的市场机会大大增加。

（3）社会结构。

第七次全国人口普查显示，全国人口中，居住在城镇的人口为 901 991 162 人，占 63.89%（2020 年我国户籍人口城镇化率为 45.4%）；居住在乡村的人口为 509 787 562 人，占 36.11%。与 2010 年第六次全国人口普查相比，城镇人口增加 236 415 856 人，乡村人口减少 164 361 984 人，城镇人口比重上升 14.21 个百分点。这一社会结构变化的客观因素决定了运输企业在关注城镇交通问题的同时，更应重视城镇交通设施、线路的发展，开发有针对性的运输产品。

（4）民族结构。

我国是一个多民族国家，少数民族人口占比约为 8.89%。民族不同，生活习性、文化传统、宗教信仰也不相同。因此，运输企业在开展营销活动时，要重视开发适合各民族特性、受其欢迎的运输商品。

4.1.3 人口的地理分布及区间流动分析

我国人口的地域分布极不均衡，具体表现是：东部人口密度大（稠密），西部人口稀疏；东部人口相对稠密区扩展，动态变化大；西部人口稀疏区空间变化不大。而人口的流动主要表现为农村人口向城市或工矿地区流动；内地人口向沿海经济开放地区流动。另外，由于经商、观光旅游、学习等原因也使得人口流动加速。第七次全国人口普查显示，流动人口为 375 816 759 人，与 2010 年第六次人口普查相比，增长了 69.73%。为此，我国铁路网的布局和铁路运输的发展应与人口分布相适应，这也是铁路运输企业开展营销活动应考虑的因素，反过来，铁路运输营销活动的开展，也会促进人口密度小、经济不发达地区发展铁路运输，促使劳动力和人才向这些地区流动，促使这些地区经济得到发展。

4.2 经济环境分析

经济环境指企业营销活动所面临的社会经济条件、运行状况和发展趋势。

4.2.1 消费者收入分析

消费者收入是指消费者个人从各种来源所得到的货币收入，包括消费者个人的工资、奖金、津贴、福利、投资红利、租金、退休金、馈赠等收入。消费者收入的水平不仅决定消费者购买规模的大小，而且直接影响消费者支出模式。所有消费者收入状况是直接影响社会购买力、市场规模及消费支出行为的一个重要因素。

消费者并不是把全部收入都用来购买商品或劳务，购买力只是收入的一部分。因此，在研究消费收入时，要注意以下几点：

（1）可支配的个人收入：这是在个人收入中扣除税款和非税性负担后所得余额，它是个人收入中可以用于消费支出或储蓄的部分，它构成实际的购买力。

（2）可随意支配的个人收入：这是在个人可支配收入中减去用于维持个人与家庭生存不可缺少的费用（如房租、水电、食物、燃料、衣着等项开支）后剩余的部分。这部分收入是消费需求变化中最活跃的因素，也是企业开展营销活动时所要考虑的主要对象。因为这部分收入主要用于满足人们基本生活需要之外的开支，一般用于购买高档耐用消费品、旅游、休闲、娱乐等。这部分收入越多，对运输服务的需求量越大，需求层次越高，需求结构越多样，因而对于铁路运输企业选择目标市场，进行市场定位，开展有针对性的营销活动意义重大。

（3）在分析消费者收入时，还要区分“货币收入”和“实际收入”：如果消费者的收入水平是固定不变的，那么随着价格水平的上升，他的货币收入的实际购买力会下降，即实际收入水平会下降。而只有“实际收入”才影响“实际购买力”，影响铁路运输产品需求量。

4.2.2 消费者支出模式分析

随着消费者收入的变化，消费者支出模式会发生相应变化，继而使一个国家或地区的消费结构也发生变化。西方一些经济学家常用恩格尔系数来反映这种变化。恩格尔系数的计算公式：

恩格尔系数 = 食物支出变动百分比 / 收入变动百分比

食物开支占总消费量的比重越大，恩格尔系数越高，生活水平越低；反之，食物开支所占比重越小，恩格尔系数越小，生活水平越高。据国家统计局资料显示，改革开放以来，由于收入持续快速增长，中国城镇居民家庭的恩格尔系数呈现下降趋势，与 1978 年的 57.5%相比，2021 年我国城镇居民家庭恩格尔系数为 28.6%，下降了 28.9 个百分点。恩格尔系数的降低，说明人们用于住房、交通等方面的支出将有所增加。而个人交通运输支出比例的增加，会带来旅客运输需求量的增加，这对铁路运输企业的旅客运输有很大影响。

这种消费支出模式不仅与消费者收入有关，而且还受到下面两个因素的影响：一是受家庭生命周期阶段的影响。据调查，没有孩子的年轻人家庭，可随意支配的个人收入较多，往往将此项收入用于购买耐用消费品以及休闲、旅游上，而有孩子的家庭，则在孩子的娱乐、教育等方面支出较多，而用于休闲、旅游的支出会相应减少。当孩子长大独立生活后，家庭收支预算又会发生变化，用于保健、旅游、储蓄的部分就会增加。二是家庭所在地点的影响。如住在农村与住在城市的消费者相比，前者用于交通方面的支出较少，用于住宅方面的支出较多，而后者用于衣食、交通、娱乐方面的支出较多。

4.2.3 消费者储蓄情况分析

消费者的购买力还要受储蓄的直接影响。当收入一定时，储蓄越多，现实消费量就越小，但潜在消费量愈大；反之，储蓄越少，现实消费量就越大，但潜在消费量愈小。企业应当全面了解消费者的储蓄情况，尤其是要了解消费者储蓄目的的差异。储蓄目的不同，往往会使潜在需求量、消费模式、消费内容、消费发展方向不同。这就要求企业在调查、了解储蓄动机与目的的基础上，制定不同的营销策略，为消费者提供有效的产品和劳务。

近年来，我国居民储蓄额和储蓄增长率均较大。我国居民储蓄增加，显然会使企业目前产品价值的实现变得比较困难，但另一方面，企业若能调动消费者的潜在需求，就可开发新的目标市场。比如 1979 年，日本电视机厂商发现，尽管中国人可随意支配的收入不多，但中国人有储蓄的习惯，潜在的购买力强，于是他们决定面向中国开发黑白电视机市场，不久便获得成功。当时，西欧某国电视机厂商虽然也来中国调查，却认为中国人均收入过低，市场潜力不大，结果贻误了时机。

4.3 自然环境分析

自然环境是指能够影响人类社会生产过程的自然因素，包括自然资源、自然地理位置、生态环境等。自然环境对企业营销的影响表现在以下两个方面。

4.3.1 某些资源短缺，造成企业成本的增加

当前，某些自然资源已逐步短缺，在石油、煤和其他矿产品上，该问题尤为凸显。这就意味着依靠这些产品作为原料的企业将面临原料匮乏、成本大幅度上升的问题。面对这种环境威胁，企业必须积极应对，尽量寻求新的资源或代用品，以寻求新的营销机会。目前我国铁路正在大力发展电力机车，取代以石油为能源的内燃机车。

4.3.2 环境污染严重，政府对环境保护的干预加强

由于人们对工业高度发达的负面影响预料不够，预防不力，对自然环境造成了不可避免的破坏。工业生产和人们生活中排出的废烟、废气、废水、废渣；大量使用化肥、杀虫剂、除草剂等化学物质的农田灌溉后流出的水，连同机器噪声、电磁辐射、二氧化碳污染等已成为当今社会的严重问题，引起了社会公众的极大关注，政府对环境保护的干预程度和整治力度也逐渐加强。

因此，铁路运输企业必须从社会的长远利益和整体利益出发，增强保护生态环境意识，增强社会营销观念，遵守有关法律、法规，自觉保护自然环境。例如加强宣传，及时并妥善处理列车垃圾，加强货物运输安全教育，防止有毒、易腐等货物污染周围环境等。

4.4 技术环境分析

科学技术是社会生产力新的和最活跃的因素，作为营销环境的一部分，科技环境不仅直接影响企业内部的生产和经营，还同时与其他环境因素互相依赖、相互作用，特别与经济环境、文化

环境的关系更紧密，尤其是新技术革命，给企业市场营销既造就了机会，又带来了威胁。企业的机会在于寻找或利用新的技术，满足新的需求，而它面临的威胁则可能来自于两个方面：一方面是新技术的突然出现，使企业现有产品变得陈旧；另一方面是新技术改变了企业人员原有的价值观。

技术环境的发展变化对运输企业的影响主要体现在以下几方面。

4.1.1 各种运输方式在技术方面的进步使运输市场竞争激烈

技术进步，既可以提高运输企业的劳动生产率，又能够促进现代化营销手段的应用，引发营销方式和营销途径的重大变革。例如，铁路运输高铁线路的开通运营，公路运输线路等级的提高及运载工具速度和舒适度的提升，航空运输机票售票网络化及价格折扣等，引发了人们出行需求与习惯的改变，直接导致了消费者行为模式的变化。

4.4.2 技术进步给铁路运输营销提供了创新的机会

新技术革命的迅速发展，使得当今市场上创新的机会变得无穷无尽，谁能将最先进的技术应用到企业生产经营活动中，谁就拥有营销活动的主动权。因此，铁路运输企业应密切关注技术的发展趋势，及时调整目标市场，开发适应消费者需求的客货运输新产品、新业务，以增强竞争实力。

4.4.3 计算机网络技术对铁路运输的影响

随着信息技术和网络技术在我国的迅速普及和广泛应用，电子商务正成为企业与外界交互的桥梁，通过电子商务为用户提供方便而快捷的服务方式已经被越来越多的消费者所接受，各行各业都在寻求利用网上业务争取更多顾客的解决方案，以顾客为中心，最大限度地满足客户需求，是服务、交通、零售等行业必须解决的问题之一。

自 2000 年以来，铁路系统各单位和部门开始利用互联网技术开设门户网站，并逐步向客户提供网络营销服务。如建立旅客列车时刻表查询系统、客票查询系统及网上订票业务等，这是目前铁路客运利用电子商务为旅客提供配套增值服务的集中体现。

4.5 政治与法律环境分析

政治与法律是影响企业营销重要的宏观环境因素。政治因素调节着企业营销活动的方向，法律因素则为企业规定了营销活动及其行为的准则。政治与法律相互联系，共同对企业的市场营销活动发挥影响和作用。

4.5.1 政治环境

政治环境是指企业市场营销活动的外部政治形势和状况以及国家的方针和政策。企业对政治环境的分析，就要分析政治环境的变化给企业的市场营销活动带来的或可能带来的影响。

4.5.2 法律环境

法律环境是指国家或地方政府颁布的各项法规、法令和条例等。法律环境对市场消费需求的形成和实现具有一定的调节作用。

4.6 社会与文化环境分析

每个人都生长在一定的社会文化环境中，并在一定的社会文化环境中生活和工作，他的思想和行为必定要受到这种社会文化的影响和制约。这些社会文化依地区的不同、社会的不同而有所不同。企业的市场营销人员应分析、研究和了解社会文化环境，以针对不同的文化环境制定不同的营销策略。一般对社会和文化环境分析应从教育状况、价值观念、风俗习惯、亚文化群等方面进行。

4.6.1 教育状况分析

教育状况对营销活动的影响，可以从以下几个方面考虑。

（1）对企业选择目标市场的影响：处于不同教育水平的地区，对运输产品的需求不同。

（2）对企业营销商品的影响：文化不同的地区的消费者，对运输产品的附加功能和服务的要求有差异。

（3）对营销调研的影响：企业的营销调研在受教育程度高的地区可在当地雇佣调研人员或委托当地的调研公司或机构完成具体项目，而在受教育程度低的国家和地区，企业开展调研时要有充分的人员准备和适当的方法。

4.6.2 宗教信仰分析

纵观历史上各民族的消费习惯的产生和发展，可以发现宗教是影响人们消费行为的重要因素之一。某些地区的宗教组织在教徒购买决策中也有重大影响。所以运输企业可以把影响大的宗教组织作为自己的重要公共关系对象，在经销活动中也要针对宗教组织设计适当方案，以避免由于矛盾和冲突给企业营销活动带来的损失。

4.6.3 消费习俗分析

消费习俗是人们在长期经济与社会活动中所形成的一种消费方式与习惯。不同的消费习俗，具有不同的商品需要，研究消费习俗，不但有利于组织好消费用品的生产与销售，而且有利于正确、主动地引导健康的消费。了解目标市场消费者的禁忌、习俗、避讳、信仰、伦理等是企业进行市场营销的重要前提。例如，我国的“春运”既是旅客运输市场消费最旺盛的时期，也是客运生产的高峰期，这种集体进行探亲访友的出行欲望就是受我国“春节”传统消费习俗影响的。

对于铁路运输营销人员来说，不能忽视了对社会文化环境的分析，这一点对开辟新的目标市场来说尤为重要。文化环境不像其他环境那样显而易见和易于理解，却又时刻影响消费者的消费行为和企业的营销活动。重视文化差异对人们需求和行为模式的制约、影响，是运输市场营销环境研究的主要内容。例如，运输企业在进行营销活动时，可根据不同文化层次的消费者接近媒体的习惯，利用适当的媒体传播运输产品信息；可根据不同地区的风俗习惯，有针对性地开行节假日列车、春运列车等；可根据不同文化层次、不同价值观念的消费者的兴趣和偏好，提供不同特色的运输服务，满足他们不同的消费需求；针对球迷、旅游爱好者等亚文化群对运输服务的特殊消费需求，开行球迷列车、旅游专列等。

总之，铁路运输市场营销的宏观环境的六个方面不同程度地影响和决定着铁路运输市场营销活动，是铁路运输企业开展市场营销活动时必须要考虑的因素。

任务 3 铁路运输市场消费者购买行为分析

任何企业的市场营销活动，都在于通过满足消费者潜在的和现实的需求，来达到实现企业盈利和增进社会福利的目的。因此，铁路运输企业开展市场营销活动时，必须深入研究铁路运输市场消费者心理活动过程，了解消费者的各种需求，对消费者行为进行客观而细致的分析。这既是铁路运输市场分析的一个重要方面，也是铁路运输市场营销人员面临的一个重要课题。

知识点 1 铁路运输市场需求分析

1.1 铁路运输市场需求的概念

任何经济活动，必然要受人的需求和欲望的支配。对生产资料的需求，来自人们投资和扩大再生产的需求和欲望；对生活资料的需求，来自人们日常消费以满足生活需要的需求和欲望。没有人的欲望，就没有生产、没有交换、没有消费，社会再生产过程就会失去动力。

1.1.1 市场需求的概念

市场需求就是指一定时间内和一定价格条件下，消费者对于某种商品或服务愿意而且能够购买的数量。

消费者的需求是多种多样的，但是并不是所有的需求都能够无条件地得到满足。在现实生活中，以满足程度来划分，消费需求可以分为潜在的需求和有支付能力的现实的需求。潜在的需求是指现有的产品和劳务还不能满足人们的需求，或者由于某种条件暂时不具有支付能力的需求。这种潜在的需求，严格来说只是人们的一种需要。在现实生活中，人们的这种需要受社会生产能力和消费支付能力的制约，并不一定都能得到充分的满足。需要是一种心理状态，是人们在没有得到某些方面满足时的一种心理感受状态。而消费者需求必须是人们具有某种支付能力的欲望和需要。因此，从市场营销学的观点出发，人们的需要和市场需求是不同的，市场需求的构成要素有两个，一是消费者有购买的欲望，愿意购买；二是消费者有支付能力，有能力购买。

1.1.2 运输市场需求的概念

运输市场需求是指在一定的时期内，一定价格水平下，社会经济生活在货物与旅客空间位移方面所提出的具有支付能力的需要。运输需求必须具备两个条件，即具有实现位移的愿望和具备支付的能力，缺少任一条件，都不能构成现实的运输市场需求。

1.2 运输市场需求的特点

1.2.1 广泛性

现代人类社会生活的各个方面、各个环节都离不开人和物的空间位移。运输需求产生于人类生活和社会生产的各个角落，这种位移的一部分由私人或生产企业自行完成，不形成运输需求，而大部分需要由公共运输业完成。运输业作为一个独立的产业部门，任何社会活动都不可能脱离它而独立存在，因此与其他商品和服务的需求相比，运输需求是一种带有普遍性的需求。

1.2.2 多样性

众多的消费者，其收入水平、文化素质、职业、年龄、性格、个性特点等各不相同，因而在运输市场消费需求上也表现出各种各样不同的兴趣和偏见。

货物运输服务提供者面对的是种类繁多的货物。承运的货物由于在重量、容积、形状、性质、包装上各有不同，因而对运输条件的要求也不同，在运输中必须采取不同的技术措施。如石油等液体货物需用罐车或管道运输，鲜活货物需用冷藏车运输，化学品、危险货物、长大货物等都在运输过程中需要特殊的运输条件。对于旅客运输需求来说，对于服务质量的要求也是多样的。由于旅客的旅行目的、收入水平、自身成分等方面不同，对运输服务的质量要求必然呈多样性。因此运输需求不仅仅是一个量的概念，它还有质的要求，安全、速度、方便、舒适、满足物流效率的要求等是运输质量的具体表现。运输服务的供给者必须适应运输质量方面多层次的需求。

1.2.3 层次性

人们的消费需求总是由低层次向高层次逐渐发展和延伸的，即低层次的、最基本的需求在满足以后，就会产生高层次的需求。马斯洛的“需要层次论”将人的需要划分为 5 个层次，即从低到高依次为：生理需要、安全需要、社会需要、尊重需要、自我实现需要，如图 3-3 所示。

现实生活中消费者对运输产品的消费需求也有不同层次。如旅客运输中旅客的最起码要求便是能安全到达目的地。随之更高的层次又如有座位、有卧铺、有水喝、有饭吃，以至有电视看、有娱乐活动等。在货运中，能满足运量充足、安全准时到达是最低要求，进而还会有随时、快速，以至特种货物运输的安全到达等的要求。总之，对铁路运输服务而言，消费者的需求是多层次的，其消费需求由低层次向高层次发展是客观规律，铁路必须为不同层次的消费者提供不同档次标准的服务。

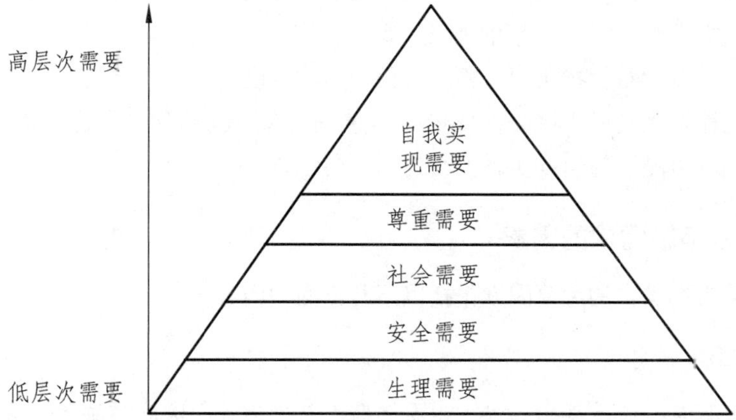

图 3-3 马斯洛的需求层次体系

1.2.4 派生性

运输需求大体上是一种派生性需求。在经济生活中，如果一种产品或劳务的需求是由另一种或几种商品或劳务需求派生出来的，则称该商品或劳务的需求为派生性需求。引起派生需求的商品或劳务需求称为本源性需求。派生性是运输需求的一个重要特点。显然，货主或旅客提出位移要求的目的往往不是位移本身，而是为实现其生产、生活中的其他需求，完成空间位移只是中间一个必不可少的环节。

1.2.5 空间上的特定性

运输需求是对位移的要求，而且这种位移是运输消费者指定的两点之间带有方向性的位移，也就是说运输需求具有空间特定性。运输需求的这一特点，构成了运输需求的两个要素，即流向和流程。

流向是指货物或旅客空间位移的地理走向，即从何处来到何处去。

流程也称运输距离，是指货物或旅客空间位移的起止点之间的距离。

对于货运来说，运输需求在方向上往往是不平衡的，特别是一些大宗货物如煤炭、石油、矿石等，都有很明显的流动方向，这是造成货物运输量在方向上不平衡的主要原因。

1.2.6 时间上的特定性

客货运输需求在发生的时间上有一定的规律性，例如周末和重要节日前后的客运需求明显高于其他时间段，市内交通的高峰期是居民的上下班时间，蔬菜和瓜果的收获季节也是这些货物运输的繁忙期。这些反映在对运输需求的要求上，就是时间的特定性。运输需求在时间上的不平衡引起了运输生产在时间上的不均衡。

时间特定性的另一层含义是对运输速度的要求。客货运输需求带有很强的时间限制，即运输消费者对运输服务的起运和到达时间有各自特定的要求。

从货物运输需求看，由于商品市场千变万化，货主对起止的时间要求各不相同，各种货物对运输速度的要求相差很大；对于旅客运输来说，每个人的旅行目的和对旅行时间的要求也是不同的。运输需求的时间特定性引出运输需求的两个要素：即运输需求的流时和流速。

流时是指运输需求对空间位移起止时间的要求。

流速是指运输消费者对货物实现位移全过程中运输速度的要求。

运输速度和运输费用是成正比的，运输服务消费者必须在运输速度和运输费用之间进行权衡，以尽量小的费用和尽可能快的速度实现人与物的必要位移。

1.3 影响旅客运输需求的因素

影响旅客运输市场需求的主要因素包括以下几方面的内容。

1.3.1 社会经济发展水平

旅客运输需求既有生产性派生需求，也有消费性派生需求。因此，旅客运输需求与社会、经济发展以及市场繁荣密切相关。当社会稳定、经济繁荣时，这种需求会明显上升；反之，则会下降。

1.3.2 居民生活水平和消费水平

居民生活水平的高低影响其消费水平，而消费水平又将直接影响旅行需求。

1.3.3 人口数量因素

人口是构成市场的要素之一，旅客运输的对象是人，所以人口数量是影响旅客运输需求量的重要因素。

1.3.4 客运价格因素

旅客运价是旅客运输产品的销售价格，旅客运价的高低直接影响客运需求的多少。

1.3.5 客运服务质量因素

服务质量是影响运输需求最重要的因素之一，而在旅客运输质量中，最重要的一项指标就是安全。由于目前各种运输方式的安全性都不同程度地提高了，所以人们的目光转到了迅速、准时和舒适等方面。运输的时间效用和舒适程度成了人们选择不同运输方式的主要参考指标。正是为了适应运输市场需求的这一变化，修建高速铁路、高速公路才成为近期中国交通运输发展的一个重点。

1.4 影响货物运输需求的因素

1.4.1 经济发展速度和水平

货物运输需求的大小决定了国民经济的发展速度和水平。当经济发展较快时，社会上会产生更多的运输需求，而当经济发展放慢或停滞时，运输需求也会随之减少。

1.4.2 货运价格因素

货物运价对其运输需求会产生很大影响，在经济发展的不同时期，这种影响表现的程度不尽一致。

1.4.3 货运服务质量因素

与旅客运输不同的是，货运服务质量更多地体现在便捷、迅速、准确上。

1.4.4 产业结构和产品结构因素

国民经济产业结构和产品结构的变化和调整将对运输需求产生明显的影响。

例如，重工业产生的货物周转量通常要大于轻工业，而轻工业又大于服务业。不同产品的厂外运输需求不同，因而产品结构也会影响运输需求。

知识点 2 铁路运输市场消费者购买动机分析

消费需求虽然从根本上说决定着消费者的购买活动，但消费需求具体通过购买什么产品来满足则要取决于购买动机。购买动机是直接驱使消费者实行某种购买活动的一种内部动力，反映了消费者在心理、精神和感情上的需求，实质上是消费者为达到需求采取购买行为的推动者。

购买动机是产生购买行为的直接和内在原因，因此研究消费者购买动机是十分必要的。由于消费者受教育程度、职业、收入等方面的差异，在购买商品或享受服务时，不同的消费者有着不同类型的心理动机。铁路运输企业在开展营销活动时，应根据不同的购买动机，采取相应的营销对策，以提高企业营销活动的水平。概括地说，铁路运输市场消费者的购买动机主要有以下几种。

2.1 求实心理动机

在这种动机下，消费者非常注重商品的实际使用价值，要求所购物品或服务安全、实用、可靠、方便，讲求商品的内在质量和效用。

2.2 求廉心理动机

以追求廉价商品为主要特征。此类消费者对商品价格差异和升降十分敏感，偏好廉价商品。折扣、降价等营销手段对他们有很大的诱惑力。

2.3 求新心理动机

这类消费者对商品价格并不是十分介意，偏好于新颖时尚的商品。一般来说，年轻人思想活跃，喜欢标新立异，往往有很强的求新心理。

2.4 求名心理动机

此类消费者注重商品品牌及其在社会上的声誉，并以此表现经济实力和社会地位，以满足自豪感和优越感。

2.5 求美心理动机

此类消费者十分注重商品的造型、色彩、外包装和使用的美学效果，讲求外观效应。

2.6 好奇心理动机

这是一种以追求商品或服务与众不同的心理动机，也是一种急于了解未知事物的心理特征。此类消费者对于别具一格、奇特的商品或服务特别感兴趣，有强烈的 “试一试”的参与愿望，易受新颖商品和促销方式的诱惑，触发冲动型购买行为。

2.7 习惯心理动机

此类消费者有稳定的消费习惯和偏好，购买时心中有数、目标明确，常常重复过去的购买行为。

2.8 从众心理动机

不少消费者具有随大流的消费心理，他们认为只要社会上或周围大多数人购买某种商品，那么他就能接受这种商品。

充分了解以消费心理动机划分出的这八类消费者，对铁路运输企业分析、确定客货运目标市场，制定营销策略，具有深刻的指导意义。

知识点 3 铁路运输市场消费者的购买行为分析

3.1 消费者购买行为模式

对消费者购买行为规律的研究首先涉及消费者购买行为的基本模式，它主要需要回答以下一些问题：

形成购买群体的是哪些人？（购买者）

他们要购买什么商品？（购买对象）

他们为什么要购买这些商品？（购买目的）

哪些人参与了购买决策过程？（购买组织）

他们以什么方式购买？（购买方式）

他们在什么时候购买？（购买时间）

他们在哪里购买？（购买地点）

对于这些问题，往往要通过广泛深入的市场调查来获得答案，而企业则必须在此基础上去发现消费者的购买行为规律，并有的放矢地开展营销活动。按照心理学上的“刺激—反映”理论，人们产生购买行为的动机是一种看不见摸不着的内心活动过程，像一只“黑箱”。在各种刺激下，经过购买者“黑箱”（心理活动过程）的作用，引起购买者的购买行为（购买和拒绝购买）。消费者购买行为模式可用图 3-4 表示。

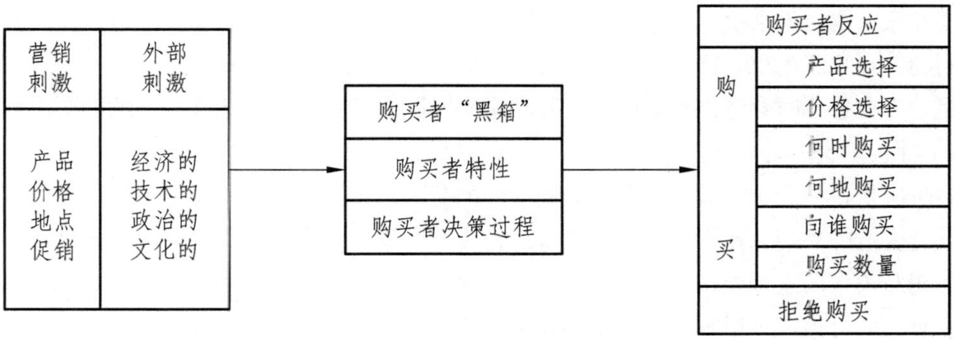

图 3-4 消费者购买行为模式

在这一购买行为模式中，“营销刺激”和各种“外部刺激”是可以看得到的，购买者最后的决策和选择也是可以看得到的，但是购买者如何根据外部的刺激进行判断和决策的过程却是看不见的。这就是心理学中的所谓“黑箱”效应。购买者行为分析就是要对这一“黑箱”进行分析，设法了解消费者的购买决策过程以及影响这一决策过程的各种因素的影响规律。所以对消费者购买行为的研究主要包括两个部分的内容，一是对影响购买者行为的各种因素的分析，二是对消费者购买决策过程的研究。

3.2 影响消费者购买行为的因素

在消费者市场，消费者是一个独立的自由体，其购买行为属个人行为，服从于消费者个人决策。然而，消费者的购买行为又不是简单的个人行为，因为消费者的购买决策过程不是孤立的，而是受各种因素影响的。

3.2.1 社会文化因素

（1）文化和亚文化。

中国有着五千年的悠久历史，而且地域广阔、民族众多，在这样庞大的时间和空间里，必定会孕育出纷繁复杂的中国文化。其作为一种社会氛围和意识形态，无时无刻不在影响着人们思想和行为，当然也必然会影响人们对商品的选择与购买。

亚文化是指存在于一个较大社会群体中的一些较小社会群体中的特色文化。所谓的特色表现为语言、信念、价值观、风俗习惯方面的不同。人类社会的亚文化群主要有三大类：国籍亚文化群、种族亚文化群和地域亚文化群。针对亚文化现象的重视和研究，能使企业对市场有更为深刻的认识，对于进一步细分市场，有的放矢地开展营销活动具有十分重要的意义。

（2）家庭。

家庭对消费心理的影响体现在以下三个方面。

一是家庭成员在消费心理上的互相影响，例如夫妻间会互相影响，子女的消费习惯会在很大程度上受到父母消费习惯的影响等。

二是在家庭内由谁来决定购买，即谁有购买决策权。人处在决策和参谋的位置上时其心理活动是不同的，在家庭内也一样，不同的位置分工影响着人们的消费心理。

三是个人在选择时会考虑到家庭的实际状况和实际需要，从而影响到自己的购买心理。

（3）社会阶层。

社会阶层指在社会中相对永久和具有同一性的分隔部分，社会各阶层拥有相似的价值观、生活方式，有类似的兴趣、财富、地位、教育、行为等因素。社会阶层是由三大主要因素决定：经济因素、相互关系因素（个人威望、联系、社会化）、政治因素（权力、阶层意识、变动迁移）。社会阶层对人们行为产生影响的心理基础在于人们的等级观和身份观，人们一般会采取同自己的等级、身份相吻合的行为。等级观和身份观又会转化为更具有行为指导意义的价值观、消费观和审美观，从而直接影响人们的消费特征与购买行为。

3.2.2 心理因素

（1）需要与动机。

需要就是人对某种目标的渴求和欲望，需要是人的行为的动力基础和源泉，是人脑对生理和社会需求的反映。需要的不断产生是消费者不断发生购买行为的内在原因和根本动力。任何消费和购买行为的发生都是为了满足某种需要，所以需要是一切消费行为的前提和基础，没有需要就没有消费。

动机是推动人们去从事某种活动、达到某种目的的愿望和信念，是在需要的基础上产生的一种心理倾向。消费者的购买动机，是消费心理和购买行为的重要组成部分，是由消费者的需要等心理活动产生的购买行为的内在动力。

需要、动机、行为和目标之间关系如图 3-5 所示。

图 3-5 需要、动机、行为、目标关系图

（2）感觉和知觉。

心理学研究的结果表明，人脑对客观世界的认识是从感觉和知觉开始的，感觉和知觉既是人的心理活动的基础，也是消费者心理活动的基础。

感觉是人脑对客观事物个别属性的反映。在消费过程中，感觉对消费者的购买行为具有很大的影响，消费者对任何商品和服务只有建立在初步印象的基础上，才能进行分析以决定是否购买。

知觉是人脑对作用于感觉器官的客观事物各种属性的整体反映，是消费者在感觉的基础上对商品或服务的总体特征的反映，是消费者将商品或服务的各个属性进行综合后形成整体认识的过程。感觉是知觉的基础，知觉是感觉的深入。

（3）记忆和注意。

记忆是消费者对经历过的事物的反映，这种反映是对过去经历过、感知过、体验过的商品或服务的反映。它可以让消费者在碰到类似的商品和服务时，回想起上次的经历，并以此为根据为当前的消费行为做出决策。

注意使心理活动离开了一些无关的对象，并抑制多余的心理活动，它也使消费者只关注自己感兴趣的商品和服务，而对其他的商品起到了一种屏蔽的作用。

3.2.3 个人因素

（1）年龄与性别。

年龄与性别是消费者最为基本的个人因素，具有较大的共性特征。如追求时髦的大多是年轻人，因为年轻人热情奔放，喜欢接受新事物；老年人一般比较稳健，不会轻易冲动，但相对也比较保守。男女之间在购买内容和购买方式上的差异比较明显。例如，男士更倾向于购买大件耐用消费品及青睐于科技含量较高的商品，而女性更倾向于购买家庭日用消费品。夫妇俩逛街时，女士爱看服装与化妆品，男士更关心电子设备。购买商品时，大多数男士不挑不选，拿了就走；而大多数女士则要反复挑选，甚至还要讨价还价。了解不同年龄层次和不同性别消费者的购买特征，才能针对不同的商品和顾客制定准确的营销方案。

（2）职业与角色。

从事一定的职业的人会产生明显的消费行为差异，这主要是由于一种角色观念的作用。例如，一个大学生，在校期间喜欢穿运动衫、旅游鞋，背着登山背包，骑一辆山地跑车，显得青春焕发，朝气蓬勃；而毕业以后，进大公司当了白领，立刻就换上了西装，夹起了公文包，坐上了出租车，从衣着打扮到言谈举止都发生了很大的变化。这是因为运动衫、登山包是大学生的身份象征，而西装革履和公文包则是公司白领的角色标志。这些在消费者的购买行为中会有强烈的表现。

3.3 铁路运输市场消费者的购买决策过程

铁路运输消费者的购买行为过程就是其购买决策过程。通过分析这一过程，铁路运输企业可以针对每个过程中消费者的心理与行为，采取不同的市场营销手段。

铁路运输消费者的购买决策过程是极为复杂、动态发展的，一般可分为五个阶段：确认铁路运输需求，收集信息，评价方案，做出决策，购后感受，具体如图 3-6 所示。

图 3-6　消费者购买决策过程

3.3.1　确认运输需求

确认需求是购买决策的初始阶段，因为消费者只有意识到其有待满足的需要到底是什么，才会引发购买动机，才会发生一系列的购买行为。对旅客来说，需要了解自己出行的目的和目的地、出行的距离、时间的需要、身体条件、对运输产品种类的要求、对运价的支付能力等。由于不同的消费者和同一运输消费者在不同的时期所产生的运输需求不同，因此只有充分了解具体的运输需求的特点，才能做出理想的运输需求选择。

3.3.2　收集信息

消费者一旦对其需要解决的和需要满足的问题进行了确认，便会着手进行有关信息的收集，以避免购买决策的失误，减少购买风险。运输消费者需要收集的市场信息主要包括运输产品的种类和特点、运输产品的充足程度、运输线路、运输速度、班次频率、安全性、舒适性、价格水平、服务水平等。

在实际购买过程中，不同的消费者收集信息的积极性会因需求的强度不同而有所不同，需求强度大的消费者对市场信息的收集会有很大的积极性，而强度低的消费者不一定会积极主动去寻找有关信息，但他会注意对相关信息的接收；同时消费者收集信息的数量和范围也会因消费者的类型不同和风险感的大小而不同。初次发生某种运输需求的消费者需要收集较多较广泛的信息，而多次发生某种运输需求的消费者收集的信息相对少些；由于不同的运输需求对消费者的风险感不同，因此风险较大时，消费者会努力收集更多的信息。

3.3.3　分析评价，确定选择

消费者在充分收集了各种有关信息之后，就会进入购买方案的选择和评价阶段。该阶段消费者主要是对所收集到的各种信息进行整理，形成不同的购买方案，然后按照一定的评估标准进行评价和选择。一般情况下，消费者面临的选择是交通运输方式的选择。利用所掌握的信息和对自己需求的了解，对各种运输方式进行全面的评价，然后根据评价的结果做出最后的选择。这种评价选择的复杂程度因运输消费者的不同和运输需求的不同而不同。例如，大宗货物的货主，比一次性小批量运输的货主更重视选择评价。另外，这种评价选择行为会受到意外条件的影响，特别是新的信息的获得，评价标准及认识角度的变化等，都可能使运输消费者调整自己的选择结果。

3.3.4 购买决策

消费者在进行了评价和选择之后，就形成了购买意图，最终进入做出购买决策和实施购买的阶段。但是，在形成购买意图和做出购买决策之间，仍有一些不确定的因素存在，会使消费者临时改变其购买决策。这些因素主要来自两方面：一是他人的态度；二是意料之外的变故。

其他人如果在消费者准备进行购买时提出反对意见或提出了更有吸引力的建议，会有可能使消费者推迟购买或放弃购买。他人态度影响力的大小主要取决于两点：反对的强烈程度以及其在消费者心目中的地位。反对得越强烈，或其在消费者心目中的地位越重要，其对消费者购买决策的影响力也就越大；反之，就比较小。

在消费者准备进行购买时所出现的一些意外变故也可能使消费者改变或放弃购买决策。如消费者家中突然有事、突然失去工作或稳定的收入来源等都是一些有可能改变消费者购买决策的突变因素。

影响消费者进行最终购买决策的根本问题是消费者对购买风险的预期，如果消费者认为购买之后会给其带来某些不利的影响，而且难以挽回，那么他改变或推迟购买的可能性就比较大。所以运输企业必须设法降低消费者的预期购买风险，这样才可能促使消费者做出最终的购买决策。

3.3.5 购买后感受及反应

消费者购买了商品并不意味着购买行为过程的结束，因为其对于所购买的运输商品是否满意，以及会采取怎样的行为对于运输企业目前和以后的经营活动都会带来很大的影响，所以重视消费者买后的感觉和行为并采取相应的营销策略同样是很重要的。运输消费者通过运输活动，可以检验自己的购买决策，重新评价决策是否正确，与自己的预想有何差距，以便为今后的出行和货物运输活动积累经验。运输消费者用自身的感受修正所接收的信息，从而提高对铁路运输产品需求的信任度和忠诚度。

典型案例

案例一　　城际公交化 出行更便捷

据《人民铁道》报道，2021 年 10 月 26 日郑开城际铁路实施公交化运营。旅客可使用“铁路e卡通”扫码进站，走专用通道快捷乘车。

郑州市民李进浩（化名）因工作需要，经常往返于郑州和开封之间。得知郑开城际铁路将实施公交化运营的消息后，他于 10 月 26 日当天前来体验。

9 时许，李进浩从地铁出站来到郑州东站一层。按照“城际快速通道”的引导标识，他很快找到可反向上站台的城际公交化快速进站通道，不到两分钟就登上了开往开封的 C2904 次列车。

在车厢内，李进浩与身边旅客兴奋地谈论着郑开城际铁路公交化运营的话题。“从东站一层城际公交化快速进站通道扫码进站，不用再绕到 3 层的候车厅，以后乘坐城际公交化列车真是太方便了！”“与郑州的快速公交很像，进站后有专门的候车区域，车来就能上车，这样挺好。”“出站扫码扣费，这个操作和地铁一样……”

为提升旅客的乘车体验，郑开城际铁路公交化开行的列车一律使用 CRH6 型动车组：车厢内的空间很大，一排 4 个座椅，共 16 排，可以让旅客坐下来休息；过道非常宽敞，两人并排而站也不拥挤；每两个座位之间配有充电插座，方便旅客给手机、电脑充电。

沈正圆是该趟列车的列车长，她和另外一名列车员担当乘务工作。她们以“有需求有服务、无需求不打扰”为原则精准服务，为广大旅客打造温馨舒适的乘车环境。

列车运行 12 分钟后准时停靠在绿博园站。“绿博园站附近有绿博园、方特欢乐世界等游乐场所，每到节假日来这里游玩的旅客很多”，沈正圆说。（来源：人民铁道报/2021/11/01/第 2 版）

案例二　高铁批量运输助云南鲜花畅销全国

据《人民铁道》报道，2022 年 5 月 15 日至 20 日，中国铁路昆明局集团有限公司通过高铁图定列车、高铁预留车厢等方式，装运鲜花 4 万余件，圆满完成了此次高铁批量运输鲜花任务。

近日，昆明国际花卉拍卖中心鲜花交易量大幅增加，云南迎来鲜花运输旺季。铁路部门主动对接电商、快递企业，利用高铁边际运力，在 5 月 15 日至 20 日期间提供鲜花批量运输服务，实现云南鲜花畅销全国。

为助力云南鲜花方便快捷地运抵全国各地，铁路部门采取客货运输相结合的方式，批量运输鲜花。客运主要在昆明、昆明南、洛羊镇站通过高铁动车组捎带运输，鲜花当天即可运抵北上广深等城市。货运通过快速货物列车蓄冷式集装箱运往郑州、武汉等城市。

鲜花批量运输期间，昆明局集团公司共预留 24 节昆明至北京、上海、南京、南宁等方向的图定动车组列车车厢装载鲜花。针对 5 月 17 日至 18 日的鲜花运输高峰期，他们恢复开行昆明至广州方向的动车组 2 对，共提供 12 节车厢装载鲜花。5 月 17 日，高铁运送鲜花 5 484 件，5 月 18 日，高铁运送鲜花 4 606 件。

下一步，铁路部门将充分发挥云南高铁运输优势，持续做好“高铁+云品出滇”的运输模式，为云南鲜花、野生菌、茶叶等农副产品畅销全国提供运力支撑。（来源：人民铁道报/2022/05/26/第 1 版）

课后习题

一、名词解释

1. 客运市场结构：
2. 客运市场占有率：
3. 货运市场结构：
4. 货运市场占有率：
5. 市场营销环境：

6. 微观环境：
7. 宏观环境：
8. 运输市场需求：

二、填空题

1. 市场营销环境具有______、______、______、______、______和______的特点。

2. 企业的竞争对手可分为四个层次，分别为______、产品形式竞争者、______和______。

3. 在个人收入中扣除税款和非税性负担后所得的余额是______的收入，在个人可支配收入中减去用于维持个人与家庭生存不可缺少的费用后剩余的部分是______的收入。

4. 恩格尔系数越小，表明其富裕程度越______。

5. 运输市场消费者的购买动机主要表现为求______心理动机、求______心理动机、求______心理动机、求______心理动机、求______心理动机及好奇心理动机、从众心理动机和习惯心理动机。

6. 在消费者购买行为模式中，各种刺激经过______的作用，引起购买者的购买行为。

7. 消费者的购买决策过程分为______→______→______→______→______五个阶段。

三、单项选择题

1. 竞争者产品的基本功能相同，但形式、规格和性能或档次不同，这属于（　　）。
   A. 产品形式竞争者　　B. 产品品牌竞争者
   C. 需求愿望竞争者　　D. 平行竞争者

2. 下列人群哪些不属于公众范畴（　　）。
   A. 政府　　B. 竞争对手　　C. 企业职工　　D. 记者

3. 马斯洛需要层次理论的最高层次是（　　）。
   A. 社交需要　　B. 尊重需要　　C. 自我实现需要　　D. 安全需要

4. 以下市场营销环境中不属于宏观市场营销环境的是（　　）。
   A. 社会结构　　B. 政府机构　　C. 宗教信仰　　D. 收入水平

5. 消费者在购买商品过程中十分注重商品的使用价值，讲求内在质量和效用，这属于（　　）。
   A. 求廉心理动机　　B. 求名心理动机　　C. 求实心理动机　　D. 求新心理动机

6. 影响消费需求变化最活跃的因素是（　　）。
   A. 可支配的个人收入　　B. 消费者储蓄情况
   C. 消费者个人总收入　　D. 可随意支配的个人收入

四、简答题

1. 对人口环境分析时，经常分析哪些因素?

2. 对经济环境分析时，经常分析哪些因素?

3. 铁路运输企业开展营销活动时，哪些技术环境的变化会对营销活动产生影响?

4. 简述运输市场消费者需求的特点。

5. 影响消费者购买行为的因素有哪些?

6. 请说明运输市场消费者购买决策过程。

五、论述题

请根据运输市场现状，分析运输市场结构的变化趋势。

项目 4　铁路运输市场细分与目标市场

◆项目学习目标：

1. 能够正确理解市场细分的定义及作用。
2. 能够准确描述市场细分的标准。
3. 能够熟悉并了解选择目标市场的形式。
4. 能够准确描述目标市场策略。
5. 能够掌握铁路客运、货运市场细分的标准。
6. 能够掌握铁路客运、货运产品的市场定位。

◆课程思政目标：

1. 教育引导学生要有创新意识和创新精神。
2. 教育学生要有吃苦耐劳、爱岗敬业的职业道德。

项目引入

雀巢咖啡打入日本市场之前，该公司曾委托当地的市场调查机构从事一项调查分析工作。结果表明，战后出生的年轻人对咖啡的排斥性低于年纪大的人，男性接受的程度高于女性。针对这种情况，雀巢公司针对不同对象，制定了不同的营销策略，并通过广告传达产品的信息。

针对以茶为主的老年人，雀巢公司极力塑造日本风味的印象，以日本的传统文化来表现咖啡的味道，说明这是具有深度，对日本有深刻认识的人的饮料。这一作法的目的，仅在于降低老年人对咖啡的排斥，并不是要取代喝茶。

针对年轻人，雀巢则刻意塑造欢乐的气氛，以新潮、时髦、感情和爱情为表现主题。让年轻人感受到雀巢咖啡的超越国界和时代感，视其为年轻一代生活中的一项不可缺少的消费品，从而接受它、认同它。

针对成熟、稳重、事业有成，有社会地位和经济条件优越的中年人，则用金牌咖啡来吸引，暗示成功的人应与金牌咖啡同在。

雀巢咖啡虽然针对三种不同的消费者，制定了不同的细分化营销战略，但在商品风格的塑造上，却表现了统一的特点，即“高品位的格调，现代人的饮料”。由于雀巢把握了广告的策略和技巧，尽管广告表现的方式有异，却能收到互为补充，相辅相成的效果。

请思考：雀巢咖啡针对不同的群体采取的策略相同吗？为什么？

在复杂多变的市场环境中，消费心理、购买习惯、收入水平、地理位置等多种因素影响着消费者的需求和购买行为，不同消费者对同类产品的消费需求和消费行为具有很大的差异，对于某一企业来说，没有能力也没有必要全部都予以满足。虽然铁路运输在国民经济中发挥着龙头、骨干的作用，但是它也不可能满足整个运输市场的需求，尤其是在运输市场发生很大变化，其他运输方式突飞猛进、快速发展的情况下更是如此。因此，铁路运输企业要想在激烈的市场竞争中占有优势，就必须结合特定的市场营销环境和自身资源条件选择本企业的市场经营范围，很好地满足这一部分市场的需求，这一部分市场就是铁路运输企业的目标市场。要选择目标市场首先应对整体市场进行细分。

任务 1　市场细分与目标市场概述

知识点 1　市场细分

1.1 市场细分的概念

市场细分就是在调查研究的基础上，根据消费者需求的差异性，把某类产品的整体市场，划分为若干个不同类型的消费者群体的过程。每个消费者群就是一个细分子市场，每个细分子市场的消费者都具有相同或至少相似的需求和欲望。

由于消费者的需求具有绝对的差异性，这为市场细分提供了可能；同时，消费者的需求又有相对的相似性，这才使得市场细分变为现实。

企业营销者对市场细分之后，可以选择其中任何一个或几个子市场作为企业的目标市场，开展有针对性、有计划、有目标的市场营销活动。

例如，我们可以把客运市场按照“运输距离”这个因素分为三个子市场：长途客运市场、中途客运市场和短途客运市场。如果按“速度”这个因素又可分为：高速客运市场和普通速度客运市场。另外，按“舒适”“经济”等因素，也可将客运市场进行相应的细分。正是由于客运对象的需求存在各种差异，有的旅客才对铁路“情有独钟”；有的则特别青睐公路运输；有的却愿意飞来飞去，选择航空运输。铁路运输的旅客，也可分为三类：一类要求票价低廉，有基本的乘车条件和旅行服务即可；第二类要求旅行速度较快，价格适中，有较好的乘车条件和旅行服务；第三类要快速、舒适、安全和有上等的乘车条件及服务。如果再考虑旅客的职业、旅行目的等，客运市场还可以再细分为若干个子市场。

1.2 市场细分的作用

市场细分的概念是由美国市场营销学家温德尔·斯密（Wendell Smith）于 20 世纪 50 年代中期首先提出的，其核心是承认市场上消费者的差异性。由于需要、动机、行为及习惯等不同，导致消费者的差异有的很大，有的并不很显著。对于不是很显著的差异，可将其忽略，视为相同，将这些近似地视为相同的一群消费者，看成性质相同的市场，采取相同的营销策略，有的放矢地满足这一消费群体的需要。所以，市场细分是市场经济内在矛盾发展的要求，是重要和必要的。

市场细分的作用主要体现在以下几点。

1.2.1 有利于企业分析市场的变化，发掘市场机会、发现新市场、开拓新市场

商品经济发展到今天，企业提供了丰富多彩的商品（或劳务），然而，消费者的需求是没有穷尽的。通过市场细分，企业可以对每一个细分市场的购买潜力、满足程度、竞争情况等进行分析对比，探索出有利于本企业的市场机会，使企业及时做出投产、移地销售决策或根据本企业的生产技术条件编制新产品开拓计划，进行必要的产品技术储备，掌握产品更新换代的主动权，开拓新市场，以更好地适应市场的需要。例如，我国铁路的春运工作已进行多年，但是自改革开放以来，春运市场发生很大变化。经过细分发现，在春运旅客群体中，逐渐形成了一个新的消费者群——大批的进城务工的农民工。近几年的春节运输中，铁路运输企业就把农民工这一新的客流作为新的客运目标市场，取得了很好的社会效益和经济效益。

1.2.2 有利于企业确定自己的经营方向，集中人力、物力投入目标市场

面对广阔和多变的市场，任何一个企业都不可能依靠有限的资源、人力、物力、资金去占领整个市场。通过细分市场，企业便可以分解市场，分析比较市场，选择自己适合的市场作为发展目标，集中人、财、物及资源，在目标市场上取得优势。

1.2.3 有利于选择目标市场和制定市场营销策略

市场细分后的子市场比较具体，使企业能比较容易地了解消费者的需求，企业可以根据自己经营思想、方针及生产技术和营销力量，确定自己的服务对象，即目标市场。面对较小的目标市场，便于针对不同的消费者采取不同的营销策略，有的放矢，投其所好，达到促使其购买的目标。同时，在细分的市场上，信息容易了解和反馈，一旦消费者的需求发生变化，企业可迅速改变营销策略，制定相应的对策，以适应市场需求的变化，提高企业的应变能力和竞争力。

1.3 市场细分的标准

由于影响消费者市场需求和生产者市场需求的因素不同，下面分别阐述消费者市场细分的标准和生产者市场细分的标准。

1.3.1 消费者市场细分的标准

消费者市场细分的标准是根据消费者的不同特征进行市场细分，有许多变量可以作为标准，一般选择地理因素、人口因素、心理因素和行为因素四大类。

（1）地理因素。

地理环境因素，即按照消费者所处的地理位置、自然环境来细分市场。具体变量包括：国家、地区、城市规模、不同地区的气候及人口密度等。之所以将地理环境因素作为细分消费者市场的首要依据，是由于处于不同地理位置和环境下的消费者，对同一类产品往往会呈现出差别较大的需求特征，以至于对企业营销组合的反应也常常存在较大的差别。例如，防暑降温、御寒保暖之类的消费品按照不同气候带细分市场是很有意义的。又如，我国内陆一些欠发达地区，旅客的出行目的主要是打工谋生，而在沿海经济发达地区，有相当数量的旅客出行是为了观光、旅游和享受，显然，他们对乘车条件的要求是不同的。

（2）人口因素。

可以依据的人口统计变量包括年龄、婚姻、职业、性别、收入、受教育程度、家庭生命周期、国籍、民族、宗教、社会阶层等。显然，这些人口变量因素与需求差异性之间存在着密切的关系。

性别：由于生理上的差别，男性与女性在产品需求与偏好上有很大不同，例如在服饰、发型、生活必需品等方面均有差别。

年龄：不同年龄的消费者有不同的需求特点，例如青年人对服饰的需求与老年人对于服饰的需求就有差异，青年人需要鲜艳、时髦的服装，老年人则需要端庄、素雅的服饰。

收入：低收入和高收入消费者在产品选择、休闲时间的安排、社会交际与交往等方面都会有所不同。

职业与教育：消费者职业的不同、所受教育的不同也会导致所需产品的不同。例如，农民购买自行车偏好载重自行车，而学生、教师则喜欢轻型、样式美观的自行车。

家庭生命周期：一个家庭，按年龄、婚姻和子女状况，可分为单身、新婚、满巢、空巢和孤独五个阶段。在不同阶段，家庭购买力以及家庭成员对商品的兴趣与偏好也会有很大的差别。例如，某一市场的年龄结构对于产品需求具有基本的制约作用，因为不同年龄所需要的产品类型和消费方式可以有显著不同，最为典型的是第二次世界大战后的美国市场。

第二次世界大战以后，美国的婴儿出生率迅速提高。到 20 世纪 60 年代，战后出生的一代已长成为青少年。加之美国这个时期经济繁荣，家庭可支配的收入增加，所以，几乎所有定位于青少年市场的产业及产品都获得了成功，举世闻名的迪斯尼乐园就是成功的典范。20 世纪 70 年代后期，受美国经济不景气的影响，出生率迅速下降。到 20 世纪 80 年代中期，几乎所有原来定位于婴幼儿和儿童的产品市场都出现了不同程度的萧条，这必然使那些原来定位于儿童和青少年市场的企业重新定位或扩大经营范围。如迪斯尼集团也不得不放下架子，除了继续以青少年为对象外，还增加了成人游乐项目，并经营酒店、高尔夫球等业务，使企业在新的市场环境下继续发展。

（3）心理因素。

按消费者的心理特征来细分市场，称为心理细分。心理因素十分复杂，包括个性、购买动机、价值观念、生活格调、追求的利益等。譬如，生活格调是指人们对消费、娱乐等特定习惯和方式的倾向性。追求不同生活格调和品位的消费者对商品的爱好和需求有很大差异。现在越来越多的企业，尤其是在服装、化妆品、家具、餐饮、旅游等行业的企业越来越重视按照人们的生活格调和品位来细分市场。又如，传统型的人对运输的要求总是安全第一，铁路是他们心目中的“品牌”，铁路运输就是他们的首选。企业应针对持不同心理的顾客，在产品中突出能满足其心理需求的特性，才能取得良好的经营效果。

（4）行为因素。

按照消费者不同的购买行为来细分市场，称为行为细分。行为细分的因素包括消费者进入市场的程度、购买和使用的时机、消费的数量规模、对品牌的忠实程度等。

按消费者进入市场的程度，可将消费者分为经常使用者、初次使用者和潜在使用者。企业应该吸引潜在使用者，保住经常和初次使用者。对于我们铁路运输来说，就是要巩固新老客户，同时挖掘潜在的客户，拓展新的客、货运市场。

按消费的数量规模可进一步将市场划分为大量用户、中量用户和少量用户这几个群体。企业要对大量、中量、少量用户的消费特点和购买行为有透彻的了解，推出适宜的产品，并在价格和销售形式上区别对待。例如，铁路可在寒暑假期间开行学生专列，在节日期间开行假日专列，在春运时开行民工专列等。

按消费者对某种品牌的偏好程度，可以把消费者划分为单一品牌忠诚者、几种品牌忠诚者和非品牌忠诚者。对于单一品牌忠诚者、几种品牌忠诚者占较大比重的市场，其他企业很难进入，无法提高市场占有率。因此，企业应从非品牌忠诚者占多数的市场入手，创新产品，加强促销宣传，提高该产品的市场占有率，使这些顾客成为本企业品牌的忠诚者。

1.3.2 生产者市场的细分标准

生产者市场是指为了生产或销售其他产品而购买产品的组织或个人。这种市场的购买者主要是生产企业，购买不是为了最终消费而是为了生产或销售，所以生产者市场同消费者市场有很大的不同，生产者市场细分有其特有的标准。在生产者市场上，不同最终用户对同一类产品往往有不同的需求，一种最终用户的需求可以成为企业的一个细分子市场。

（1）按最终用户细分。

最终用户的不同要求，是生产者市场细分最常用的标准，不同的用户对同一产品有不同的需求。例如货运市场中，有的货主是为了运原材料，有的货主是为了运产成品，原材料和产成品的运输要求和运价会有所不同。

（2）按用户规模细分。

用户规模直接决定其购买能力和购买行为，因此用户规模也是生产者市场细分的标准。通常情况下，大客户资金雄厚，投入产出大，因而一次性购买量大，但购买次数可能较少。相反，小客户生产经营规模小，每次购买的数量少，但购买频率却较高。据此，我们可将货运市场分为大宗稳定货源和零散货源，对不同的货源就需要以不同的方法来吸引和组织。

（3）按用户地理位置细分。

每个国家或地区大都在一定程度上受自然资源、气候条件和历史传统等因素的影响，形成若干工业区，例如江浙两省的丝绸工业区，以山西为中心的煤炭工业区，东南沿海的加工工业区等。这就决定了生产者市场往往比消费品市场在区域上更为集中，地理位置因此成为细分生产者市场的重要标准。企业按用户的地理位置细分市场，选择客户较为集中的地区作为目标，有利于节省推销人员往返于不同客户之间的时间，而且可以合理规划运输路线，节约运输费用，也能更加充分地利用销售力量，降低推销成本。例如，山西的煤炭资源丰富，在这一地区煤的运输就可作为铁路运输的目标市场。又如，油田的所在区，石油及其产品的运输就占有很大的比重。

（4）参与购买决策成员的个人特点。

这主要指参与购买决策的各类人员，如决策者、影响者以及使用者的购买行为和关注焦点。此外，成员的年龄、受教育的程度、个性特征、社会经历等因素也影响其购买决策，尤其是对高新技术设备的购买，受这方面的影响很大。

1.4 市场细分的方法

1.4.1 市场细分的步骤

美国营销专家伊·杰·麦卡锡提出了一套逻辑性强、直观明了的七步细分法，被企业界所广泛接受。其基本步骤如下：

第一步，选定产品的市场范围。即在明确企业任务、目标，并对市场环境充分调查分析之后，首先从市场需求出发考虑选定一个可能的产品市场范围。

第二步，估计潜在顾客的基本需求。企业可以在地理、心理和行为等方面，通过“头脑风暴法”对潜在顾客的要求作大致分析。通过这一步骤掌握的情况也许不够全面，但是可为以后各个步骤准备深入了解的资料。

第三步，分析潜在顾客的不同需求。企业依据人口因素做抽样调查，向不同的潜在顾客了解上述哪些需求对他来说更重要。初步形成几个消费需求相近的细分市场。

第四步，剔除潜在顾客的共同需求。即对初步形成的几个细分市场之间共同的需求加以剔除，以它们之间需求的差异作为细分市场的基础。虽然共同需求也重要，但只能作为市场营销组合决策的参考，不能作为市场细分的基础。

第五步，为这些细分市场暂时定名。即为不同的顾客群体定一个称谓。

第六步，进一步认识各细分市场的特点，做进一步细分或合并。企业要对各细分市场的顾客，做更深入细致的考查，明确各顾客群体的特点、已知哪些、还要了解哪些，以便决定各细分市场是否需要再度细分，或加以合并。

第七步，测量各细分市场的大小，从而估算可能的获利水平。经过以上各步骤，细分市场的类型基本确定。企业接着应把每个细分市场与人口因素结合，测量各个细分市场中潜在顾客的数量。企业进行市场细分，是为了分析盈利的机会，这又取决于各细分市场的销售潜力。

1.4.2 市场细分应注意的问题

（1）在选择市场细分的标准时，应根据不同企业的自身条件及产品的特点进行切合实际的选择，不能生搬硬套，不讲实效。

（2）市场细分的标准是动态的。影响各种产品的市场细分标准是不尽相同的，而且各种细分因素也是在不断变化的。企业应动态地分析与掌握各种因素，创造性地运用细分标准。

（3）在选择细分市场的方法时，往往选择综合因素法或系列因素法。因为影响消费需求的因素往往是多方面的且是相互关联的。单一因素细分的市场很不具体，缺乏实际意义，一个理想的细分市场往往是由多个因素综合划分来确定的。

知识点 2 目标市场

市场细分的目的在于能有效地选择并进入目标市场。目标市场就是通过市场细分后，企业准备以相应的产品和服务满足其需要的子市场。目标市场可以包含一个、多个或全部子市场。市场细分一般是依据顾客的特性来进行的，而目标市场的选择则是依据企业的特性来确定的。一个成功有效的目标市场除了有一定的规模，发展前景有足够大的市场吸引力以外，还应具备的条件是：它必须与企业的战略目标相一致；它必须与企业资源相适应；它必须能使本企业在竞争中取得绝对或相对的优势；它必须能给企业带来较高的利润。目标市场的选择是否恰当、有效，关系到企业目标和任务能否完成，企业市场营销战略能否制定与实现 。

2.1 选择目标市场

企业进行市场细分后，既可从中选择一个子市场作为目标市场，也可以选择几个甚至全部子市场作为目标市场，这就涉及企业目标市场选择形式的问题。目标市场的选择形式关系到企业市场营销活动的效果。通常，企业选择目标市场有以下五种形式。

2.1.1 产品市场集中化

产品市场集中化是一种最简单的目标市场选择模式。即企业只选择一个细分市场，只生产一类产品，供应某单一的顾客群，进行集中营销。这种产品市场集中化模式一般基于以下考虑：企业具备在该细分市场从事专业化经营后取胜的优势条件；限于资金能力，企业只能经营一个细分市场；该细分市场没有竞争对手，企业准备以此为出发点，取得成功后向更多的细分市场扩展。例如，某运输公司只办理快速货物运输，而且仅为当地的中小型企业服务，这就是采用了产品市场集中化形式。这是因为，小型运输企业只有选择产品和市场都单一的形式，才能集中力量在一个运输子市场以获得较高的市场占有率，进而获得较高的投资收益率。但是由于这种形式的运输子市场的范围和产品单一，因而经营风险较大，应及时根据市场变化做出调整。

2.1.2 产品专门化

产品专门化是企业集中生产一种产品，并向各类顾客销售这种产品。这种形式的优点是企业专注于某一种或一类产品的生产，有利于形成和发展市场及技术方面的优势，在该领域树立形象。其局限性是当该领域被另一种全新的技术与产品所替代时，产品销售量有大幅下降的危险。例如，某运输公司只办理快速货物运输，不仅面向当地的中小型企业，还面向大型企业，这就是采用了产品专门化。运输子市场范围扩大，降低了经营风险；同时由于产品单一，有利于发挥优势，创造品牌。

2.1.3 市场专门化

市场专门化是企业专门经营满足某一顾客群体需要的各种产品。这种形式的优点是产品类型众多，能有效地分散经营风险。但由于集中于某一类顾客，当这类顾客的需求下降时，企业同样会有收益下降的风险。某运输公司只服务于当地的中小型企业，但办理业务不仅包括快速货物运输，还包括普通速度货物运输等，就是市场专门化的例子。

2.1.4 选择专门化

选择专门化是企业选取若干个具有良好盈利潜力和结构吸引力，而且符合企业的目标和资源细分的市场作为目标市场，其中每一个细分市场和其他细分市场之间较少联系。其优点是可以有效地分散经营风险，即使某个细分市场盈利不佳，仍可在其他细分市场取得盈利。采用选择专门化模式的企业应具备较强资源和营销实力。例如，某运输公司不仅为中小型企业提供快速货物运输服务，还为大型企业提供普通速度的货物运输服务。

2.1.5 市场全面化

市场全面化是企业生产多种产品去满足各种顾客群体的需要。只有实力雄厚的大型企业选用这种模式时，才能收到良好的经营效果。

如果用 M_1、M_2、M_3 分别表不同的子市场，用 P_1、P_2、P_3 分别表本不同种类的产品，以上五种目标市场选择形式如图 4-1 所示。

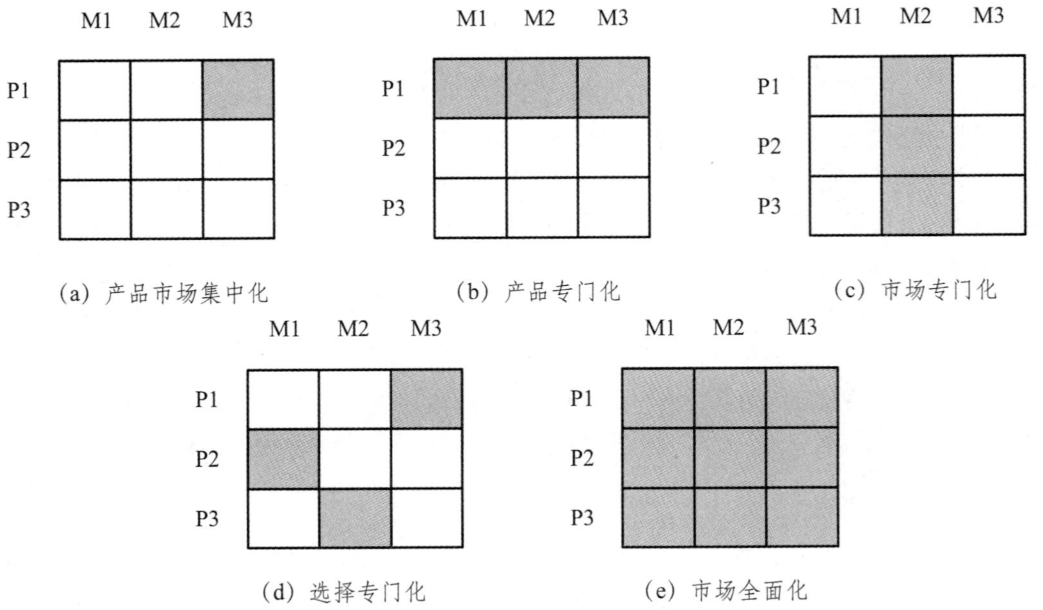

图 4-1　目标市场选择的模式

铁路作为一个大型运输企业，有自己的优势。但由于本身运输特点的局限，比如没有汽车运输灵活、机动性差、不太适合短途运输，还有运输成本等方面的因素，是否能将整个运输市场作为目标市场，生产适销对路的产品，就很值得研究。

2.2 目标市场营销策略

企业根据目标市场确定的营销策略有三种，即无差异性营销策略、差异性营销策略和集中性营销策略。

2.2.1 无差异性营销策略

无差异性营销策略，是指面对细分化的市场，企业看重各子市场之间在需求方面的共性而不注重它们的个性，不是把一个或若干个子市场作为目标市场，而是把各子市场重新集合成一个整体市场，并把它作为自己的目标市场。企业向整体市场提供标准化的产品，采取单一的营销组合，一方面可以通过大规模的生产和经营，产生规模经济效益，降低生产和营销成本；另一方面还可以通过强有力的促销吸引尽可能多的购买者，这样不仅可以增强消费者对产品的印象，也会使管理工作变得简单而高效。无差异性营销策略如图 4-2 所示。

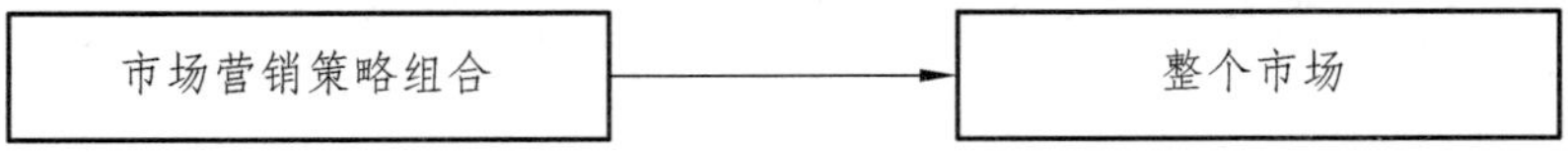

图 4-2　无差异性营销策略

无差异性营销策略的优点是可以降低成本。这是因为：

（1）由于产品单一，企业可实行机械化、自动化、标准化大量生产，从而降低产品成本，提高产品质量；

（2）无差异的广告宣传，单一的销售程序，降低了销售费用；

（3）节省了市场细分所需的调研费用、多种产品开发设计费用，使企业能以物美价廉的产品满足消费者需要。

无差异营销策略的缺点是：

（1）不能满足不同消费者的需求和爱好。期望能用一种产品、一种市场营销策略去吸引和满足所有顾客几乎是不可能的，即使一时被承认，也不会被长期接受。

（2）容易受到竞争对手的冲击。当企业采取无差异营销策略时，竞争对手会从这一整体市场的细微差别入手，参与竞争，争夺市场份额。

可口可乐是世界上最畅销的软饮料之一，自 1886 年问世以来，一直奉行无差异市场的策略，其广告语“请喝可口可乐”一直使用至今。

2.2.2 差异性营销策略

差异性营销策略，是把产品的整体市场划分为若干细分市场，从中选择两个以上的子市场作为目标市场，并为每个选定的细分市场制订不同的产品策略、价格策略、渠道策略以及促销策略，多方位或全方位地分别开展有针对性的营销活动。

差异性市场营销策略是充分肯定消费者需求的异质性，在市场细分的基础上选择若干个细分子市场为目标市场，分别设计不同的营销策略组合方案，满足不同细分子市场的需求，如图 4-3 所示。

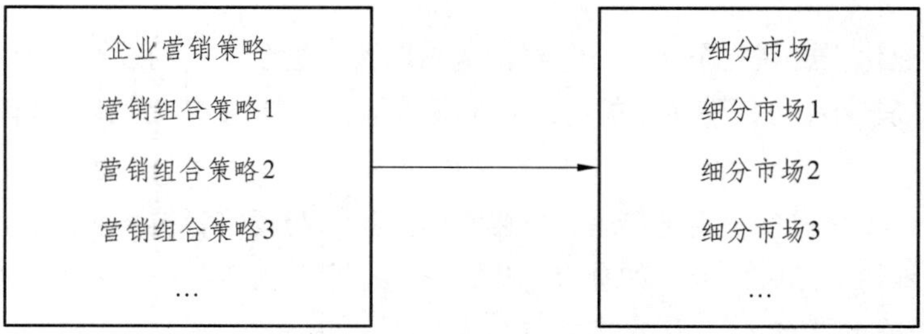

图 4-3 差异性市场营销策略

差异性营销策略的优点是：

（1）由于企业面对多个细分市场，某一细分市场发生剧变，也不会使企业全盘陷入困境，大大减少了经营风险。

（2）能较好地满足不同消费者的需求，争取更多的顾客，从而扩大销售量，获得更大的利润。

（3）企业可以通过多种营销组合来增强企业的竞争力，有时还会因在某个细分市场上取得优势、树立品牌形象而带动其他子市场的发展，形成连带优势。

差异性营销策略的缺点在于企业的目标市场多，因而设计产品和促销产品的费用大，同时，这种策略还容易分散企业的精力，顾此失彼。因此，企业只有在规模较大，各方面实力较强、管理水平较高的情况下才能采用这种策略。铁路运输企业可以考虑采用差异性营销策略。

百事可乐公司的创建时间比可口可乐公司晚了12年，为了争夺市场份额，百事可乐公司向可口可乐公司发起了挑战。除了强调便宜（其广告语是“一样的价格，可饮两倍量”），争取年轻人（广告歌“今天生龙活虎的人们一致同意，年轻人就喝百事可乐”）外，还执行了差异化战略，即推出七喜汽水，争取“非可乐”细分市场，开展一场“无咖啡因”广告运动，对可口可乐造成巨大冲击。可口可乐在此打击下，不得不放弃无差异市场策略，也推出雪碧、芬达、雪菲力等各种风格和口味的饮料，以满足不同市场需要。

2.2.3 集中性营销策略

集中性营销策略，是选择一个或少数几个细分市场或一个细分市场的一部分作为目标市场，集中企业全部资源为其服务，实行专门化生产和营销。当然，企业在这里选择的一个细分市场还可进一步细分为更小的子市场。如图4-4所示。

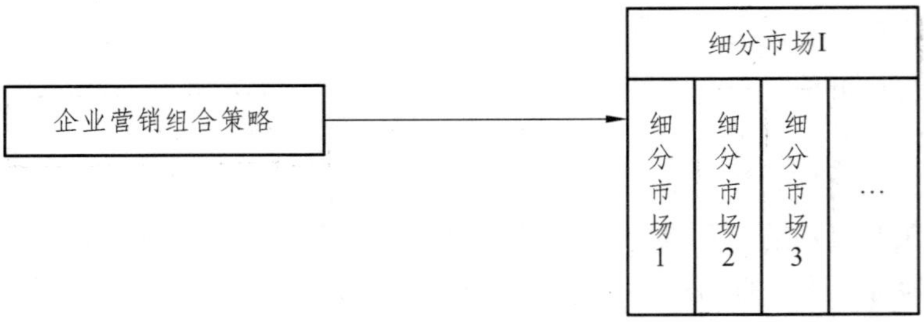

图4-4 集中性市场营销策略

集中性营销策略的优点：

（1）由于市场集中，便于企业深入挖掘消费者的需求，能及时得到反馈意见，使企业能制定正确的营销策略。

（2）生产专业化程度高，企业可有针对性地采取营销组合，节约成本和费用。

（3）目标市场较小，可以使企业的特点和市场特征尽可能达成一致，从而有利于充分发挥企业自身优势。

（4）在细分市场上占据一定优势后，可以集聚力量，与竞争者抗衡。

（5）能有效地树立品牌形象，如全聚德烤鸭、张小泉剪刀等品牌几乎家喻户晓。

集中性营销策略的缺点：

（1）由于市场较小，空间有限，企业发展受到一定限制。

（2）如果有强大对手进入，风险很大，很可能陷入困境，缺少回旋余地。

例如：主要生产火腿肠的双汇集团在中国率先引入“冷链生产、冷链运输、冷链销售、连锁经营”的肉类营销模式，通过直营、合资、加盟等方式，开设“冷鲜肉专卖连锁店”。双汇集中发展火腿肠和冷鲜肉市场，通过着力打造这两个市场，让双汇品牌越做越大，这就是集中化的优势，它让企业瞬间获得较大的市场占有率，提高市场收益。

企业在选择目标市场营销策略时，还应注意以下几点因素。

（1）企业的特点：企业资源丰富，人力、财力、物力充足，可选择差异性营销策略，当企业无力面对每一个细分市场时，可选择集中性营销策略，主攻一个市场。

（2）产品的特点：需求弹性较小的初级产品可采用无差异性营销策略；需求弹性较大，产品差异化较大的产品，可选用差异性或集中性营销策略。

（3）市场的特点：对消费者需求和购买数量比较接近的市场，我们称之为“同质市场”，可采用无差异性营销策略；如市场上消费者需求差异较大，则应选用差异性营销策略。

（4）产品所处的生命周期各阶段：产品处于投入期或成长期前半期，由于企业在生产之初，难于推出多种产品，同时竞争者也少，因此宜采用无差异性营销策略；在产品处于成长期后半期和成熟期，企业就应采取差异性营销策略；当竞争者强大，产品处于衰退期时，企业就应采取集中性营销策略。

（5）竞争对手的营销策略：如竞争对手采用无差异性营销策略，企业也可选用无差异性营销策略；如竞争对手采用差异性营销策略，企业就更要细分市场，采用差异性营销策略或集中性营销策略；如竞争对手实力低下时，企业也可暂时采用无差异性营销策略。

总之，企业应在了解各策略优缺点的基础上，通过对各因素的分析，反复权衡，最后确定在一段时期内的目标市场营销策略。

任务 2 铁路客运目标市场

要确定铁路客运产品的目标市场及铁路客运要进入的市场，首先必须对市场进行细分。客运市场的主要服务对象是旅客，因此客运市场属于消费者市场范畴，应依据消费者市场细分标准进行细分。

知识点 1 客运市场细分

客运市场细分，是指运输企业根据旅客需求和行为的差异性，将客运整体市场划分为若干个旅客群体的过程。

前面讲过的消费者市场细分的因素对客运市场细分同样起着很大的作用，例如，年龄、职业、人员构成等因素。此外，客运产品市场细分还有其独特的标准。

1.1 按照行程因素细分

根据行程，可以将客运市场分为 1 001 千米以上的长途客运市场、501 ~ 1 000 千米的中长途子市场、201 ~ 500 千米的中途客运市场和在 200 千米以下的短途客运子市场。不同行程的旅客，对列车种类、乘车条件、始发和终到时间的要求有着明显的不同。

1.2 按照收入因素细分

在客运市场上，旅客收入水平的差异是影响旅客选择交通工具的主要因素之一。根据收入因素，可将客运市场分为高收入旅客子市场、中高收入旅客子市场、中等收入旅客子市场、中低收入旅客子市场和低收入旅客子市场。

1.3 按照旅行目的因素细分

旅客出行的目的差异性很大，根据旅行目的的不同可将客运市场细分为公务和商务客流子市场、探亲客流子市场、旅游客流子市场、上学客流子市场和外出务工客流子市场。

1.4 按照地理位置因素细分

我国是一个幅员辽阔的国家。不同地区的人口密度、经济发展水平、工业化发展程度等都具有很大的差异，因此，不同地区的旅客消费水平、消费需求及目的都不相同。在我国，根据地理位置因素，客运市场可分为东北客运子市场、华东客运子市场、华北客运子市场、中南客运子市场、西北客运子市场和西南客运子市场。

1.5 按照时效性因素细分

随着社会的快速发展和生活节奏的加快，部分消费者的时间观念较过去有了很大的提高，因此不同旅客对列车运行速度和正点到达等方面的要求有所不同，根据时效性因素，可将铁路客运市场分为以“G”开头的高速动车组旅客运输子市场、以“D”开头的动车组旅客运输子市场、以“Z”开头的直达特快旅客运输子市场、以“T”开头的特快旅客运输子市场、以“K”开头快速旅客运输子市场以及普通旅客运输子市场。

1.6 按照需求层次因素细分

不同收入水平，不同消费目的的旅客，对客运产品舒适度的需求是不尽相同的。了解到各层次旅客的要求，才能使铁路企业有目的、有针对性地生产不同层次的客运产品，并将有竞争力的产品推向市场。通过客流调查，我们可以发现旅客对铁路客运产品的需求有以下几个层次。

（1）基本需求层：旅客的基本需求是安全到达目的地，在旅行中能满足基本的生理需求即可，也就是能提供座位以及吃饭、喝水、上厕所的方便。这个层次的旅客主要包括外出务工客流、学生客流和一部分低收入的探亲客流等。

（2）较高需求层：这部分旅客除了要求列车运行速度快、便利外，还要求乘车条件更舒适。比如，要求乘坐卧铺，车内应有空调设备，车内的服务要更全面和周到，这个层次的旅客主要包括公务客流、商贸客流和旅游客流等。

总的来说，旅客运输市场具体可划分为如表4-1所示的若干个细分子市场。

表4-1 铁路旅客运输市场细分表

细分标准	细分市场	细分标准	细分市场
行程	长途、中长途、中途、短途	时效性	高速、快速、中速和慢速
收入	高收入、中高收入、中等收入、中低收入和低收入	需求层次	基本需求、较高需求
旅行目的	探亲、公务、商务、上学、旅游、外出务工	年龄	老年、中年、青年
地理位置	东北、东南、华北、华南、西北和西南	职业	工人、农民、军人、公务员、学生、教师、商人

知识点 2 铁路客运目标市场

铁路旅客运输的特点是运量大、安全舒适、不受气候和地理因素的影响，具有票价低、速度快等优点，但旅客需要经过购票、候车、进站、上车、下车、出站等多个环节，不够便利和灵活。

铁路运输企业应在客运市场细分的基础上，根据市场调查和预测，结合自身的性质和能力条件，选择和确定企业的客运目标市场。

通过客流调查，行程超过 500 千米时，有 58%的旅客愿意选择铁路；中等及以下收入群体，大多乘坐火车旅行。因此，铁路运输企业应采用差异性营销策略。在确定目标市场时，以中低收入旅客为主，以高收入旅客为辅；以中长途运输为主，以短途运输为辅。当然，目标市场并不是一成不变的，企业应根据顾客需求的变化、竞争对手的变化和企业自身情况的变化随时进行调整。

知识点 3 客运产品市场定位

3.1 中长途客运产品的市场定位

长时间乘车将导致旅客机体疲劳和心理疲劳，一般来说当旅客乘车超过 6 小时，会引起旅行疲劳，因此中长途的旅客对列车运行速度的关注程度很大。同时根据客流层次的不同，对列车的舒适度和服务的要求也各不相同。为此可以将中长途客运产品按不同的客流进行定位，如图 4-5 所示。

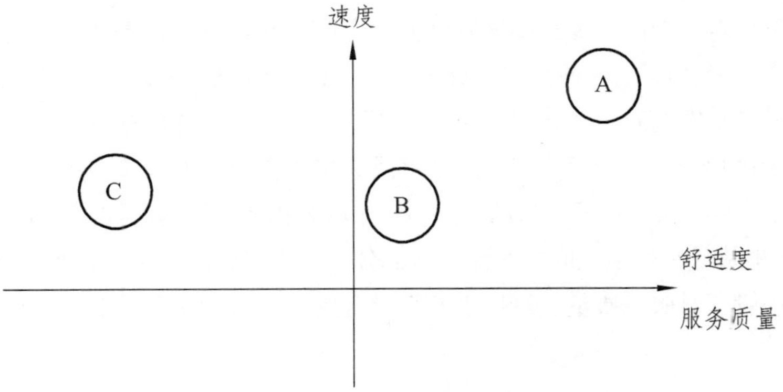

图 4-5 中长途客运产品定位图

A：代表商贸客流和公务客流。由于这部分客流自身素质较高，因而需求层次也较高，不仅要求速度快，同时还会对车厢内人均面积、空气清新度、运行平稳性及噪音标准等有更高的要求，所以服务于这部分客流的产品应定位在高价、快速、舒适度高和优质服务上。

B：代表学生、旅游和探亲客流。这部分客流收入差异较大，且基本上都是自费乘车，因而对价格敏感性较强。另外对于他们而言，缩短乘车时间就意味着可以在家里多待几天或多游玩几个旅游景点，因而对列车运行速度的要求也会较高。因此服务于这部分客流的产品应定位在运行速度较快、价格适中、舒适度和服务质量均处于中等水平上。

C：代表外出务工客流。他们作为旅客中的特殊群体，对客运产品的要求很低，即只要能够将他们安全送达目的地即可。因而可定位在低速、低价、低舒适度上。

3.2 短途客运产品的市场定位

短途客流无论其构成如何，对于乘车的便利程度的要求均很高，这就要求短途客运产品必须将乘车便利作为首要条件。例如可开行“绿色通道”，即先上车，后买票，而且免收车上补票费。另外，方便快捷是短途旅客的突出要求。如果去火车站的时间、候车的时间及购票的环节冗繁费时，超过乘车时间，他们就可能放弃选乘火车。

短途客运产品根据客流行程和客流组成的不同可进行如图 4-6 所示的定位。

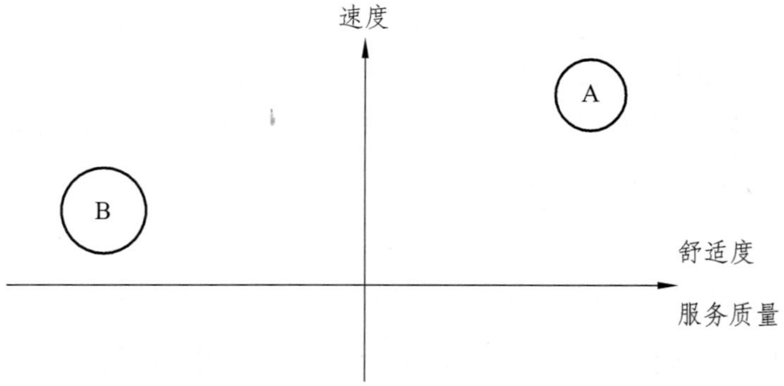

图 4-6 短途客运产品定位图

A：代表大城市之间的客流。这部分客流以公务、商贸、旅游客流为主，要求乘车方便，列车准时、高速，车内环境舒适，服务质量上乘。定在此位置上的列车可以以快速、特快或动车组的形式出现，票价可定得较高。如京津城际铁路列车就属此定位。京津城际铁路全长 120 千米，列车设计时速 350 千米，全程运行时间 30 分钟，一等车的票价是 88 元，二等车的票价是 54.5 元。干净、整洁、舒适是乘客们对京津城际列车的共同感受。列车座位很宽敞，几乎听不到噪声，可以安静地在车上看书听音乐，同时京津城际铁路还为旅客提供了很多人性化的服务，旅客能够像乘坐地铁和公交车一样，自助购票，自助检票，省去旅客排队买票的时间，真正实现了方便快捷。

B：代表两个小站或小城镇之间的客流。这部分客流以农民旅客居多，兼有学生和通勤工人。他们对速度要求一般、对服务质量、舒适度几乎没有要求，但同样希望乘车便利，同时价格要低廉。

3.3 行包运输的市场定位

行李和包裹运输是铁路客运的一个组成部分。铁路旅客列车运送的行包，在安全性、可靠性方面高于公路运输，但在机动灵活性上不如公路运输；同时，客运行包虽在送达速度上要快于铁路货运中的零担运输，但在运价上却远远高于铁路货运。因此，在这种情况下，行包运输应定位在快捷、方便、运价适中、服务周到的位置上。

3.3.1 快捷

要求行包的运送速度和旅客的运送速度基本一致，体现时效性，与航空运输争夺市场。例如，我们现在开行的行包专列就是以特快列车的速度运行的，广州的荔枝运输，因为行包专列的开行，已经有许多由航空运输改为铁路运输。

3.3.2 方便

由于人们生活水平的提高，出门旅行的人再不愿大包扛小包提了，而是将行李办理托运，这就要求在托运和领取行包时必须手续简便，否则将会影响旅客的正常旅行。

3.3.3 运价适中、灵活

小件物品的运输处在航空公路和铁路客运、铁路货运竞相争夺的市场中，必须有一个适中的、机动灵活的运价。行包运价可高于铁路货物运输，略高于公路运输，但应低于航空运输。对托运人长期包租行李车及行李车固定空间的，运价还可协商制定。同时，包裹运价也应随季节的不同、运输方向的不同而上、下浮动。

3.3.4 周到的服务

在行包运输过程中，服务是不可少的一个环节。如果我们车站行包人员的素质不高，服务意识不强，便会降低行包运输产品的竞争力，把行包流推向公路。因此，在做好行包承运和交付工作的同时，车站应开展行包的免费服务（如托运指导、打包等）和行包的延伸服务项目，如送货上门。在托运手续项目较多时，可由行包房的行李员专门引导，全程陪伴，提供“一条龙”服务，争取更多的顾客。

任务 3　铁路货运目标市场

在货运市场上，主要存在铁路运输、公路运输、水运运输、航空运输和管道运输五种运输方式。由于这五种运输方式各有优势，因此运输企业在选择目标市场时应扬长避短。如铁路货物运输具有全天候、安全性高、成本低、运量大等优点，但还有不够灵活、不能门到门运输的缺点，因此在中长途、大宗货物运输市场上占有优势；公路运输机动灵活、便捷、速度快，可以实现门到门运输，但成本高、一次货物运输量少，因此在短途、小批量的货物运输市场占有优势。

要确定铁路货运的目标市场，同样必须首先对货运市场进行细分。铁路货物运输主要是为各类型企业服务的，为他们进行原材料、半成品或产成品的运输，因此货运市场属于生产者市场的范畴，应依据生产者市场细分的标准进行细分。

知识点 1　货运市场细分

货运市场细分，是指运输企业根据货主运输需求、行为差异性以及货物性质、运输需求条件的差异，将货物运输整体市场分为若干个货主群的过程。货运市场可以进行细分，是因为货主的运输需求及货物的运输条件具有差异性，而造成这种差异性的因素就成了货运市场细分的依据。货运市场可按照以下依据进行细分。

1.1 根据货主行业特点细分

不同行业的货主生产的产品种类有着很大的差异，对运输的要求是完全不同的。根据货主行业特点，可将货运市场细分为高附加值货物运输子市场和低附加值货物运输子市场。

1.2 根据货主生产规模大小细分

货主生产规模的大小是货运市场细分的重要依据。生产规模大的货主数量虽然不多，但其对货运业务的需求量大，货物发送量占货物总发送量的比例相对较大，且稳定；生产规模小的货主，虽然发送量小，但生产和销售具有较强的灵活性和机动性，且这类企业数量多，发展快，不容小视。因此，根据货主生产规模，可将货运市场分为大规模货主子市场、中等规模货主子市场和小规模货主子市场，也可称之为大宗货物运输子市场、中等批量货物运输子市场和零星货物运输子市场。

1.3 根据货物的运输距离细分

根据货物运输距离不同，可以将货运市场分为长途货物运输子市场、中途货物运输子市场和短途货物运输子市场。

1.4 根据货物对运输条件要求细分

货物的品类不同，对运输条件的要求就不相同。按这一因素可将货运市场分为普通货物运输子市场和特殊货物运输子市场。特殊货物运输子市场又可细分为危险货物运输子市场、鲜活货物运输子市场和阔大货物运输子市场。

1.5 根据地理位置细分

我国资源丰富但分布不均，因此不同地区运输的货物类别差异较大。根据地理位置的不同，可将货运市场分为东北货物运输子市场、东南货物运输子市场、中部货物运输子市场、西北货物运输子市场和西南货物运输子市场。

1.6 货物运输时效性因素

不同运输目的的货主，对运输时效性的要求有所不同。根据时效性因素，可将货运市场细分为快速货物运输子市场、中等速度货物运输子市场和慢速货物运输子市场。

总的来说，货运市场具体可划分为如表 4-2 所示的若干个细分子市场。

表 4-2 铁路货物运输市场细分表

细分标准	细分市场	细分标准	细分市场
行业特点	高附加值货物运输、低附加值货物运输	运输条件	普通货物、危险货物、鲜活货物、阔大货物
生产规模	大规模、中等规模、小规模	地理位置	东北、华东、华北、中南、西北和西南
运输距离	长途货运、中途货运、短途货运	时效性	快速运输、中等速度运输、慢速运输

知识点 2 铁路货运目标市场

在确定铁路货运目标市场时，我们应做如下分析。

2.1 从产品特点看

煤炭、矿砂、矿石、粮食、化肥等行业主要运输大宗散装货物，基本完全依靠铁路；大型机械（如桥梁、变压器）的生产企业，产品的运输也基本靠铁路。这些企业是铁路货运产品的现实购买者，是我们组织货源的重点。日用百货、小商品的运输则不一定完全依靠铁路，公路、航空也同样可以承担。

2.2 从企业的生产规模看

生产规模的大小直接影响着铁路运量的大小。大型企业，比如大型厂矿、军工企业等，有大量的原材料运进和成品运出业务，而且这类企业的生产计划性强，和铁路货物运输计划性是相符合的，是我们已牢牢占领且不能丢失的一块运输市场。中型的国有企业，运输量也较大，生产也有一定的计划性，其产品和原料的运输也大多由铁路运输承担。小型的新兴企业、集体和私营企业，生产的机动性很强，和我们的运输计划相差很大。但这类企业发展很快，目前已有很大数量，有的企业运量也不小。这就要求铁路必须对货物运输计划和货运日常工作组织方法进行调整与改革，满足这些企业的运输要求，争取占有这一新的运输市场。

2.3 从运输距离看

我国石油、煤炭等能源物资的运输距离一般都较大，而且运量也大，主要依靠的是铁路运输。可见短途的货物运输主要靠机动灵活的公路，而铁路则在大宗物资的长途运输中发挥了重要作用。

2.4 从货物类别看

易腐货物要用冷藏车运输，阔大货物要使用大型特种车运输，贵重货物要使用集装箱运输。铁路应发挥大企业的优势，生产多种型号的冷藏车、长大货物车及集装箱，以满足企业对特殊货物的运输需求，占领这类货物的运输市场。

从铁路自身及其货运情况看，铁路运输车种齐、载重大、容量大、品类多、安全好，同时具有点多线长、计划性较强的特点。公路运输则凭借其价格灵活、到发方便、运送快捷、到达准时等优势占领了一部分货运市场。因此，铁路运输企业的货运目标市场应该以中长途为主，以短途为辅；以大宗稳定货源为主，以零星货物运输为辅；同时，应大力拓展特殊货物运输、集装箱运输业务和快运货物运输，不断提高市场占有份额。

知识点 3 铁路货运产品市场定位

在货物送达时间（运送速度）、办理托运和领取手续的方便程度、运价、货运安全质量、质量等方面，最能体现货运产品特色的便是运送速度和运价了。铁路货运产品市场定位如图 4-7 所示。

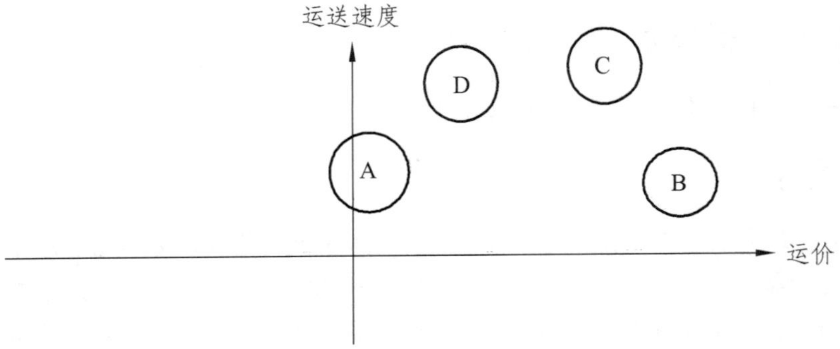

图 4-7　货运产品市场定位图

A 所代表的是大宗稳定货物的运输。这一部分货物占到铁路货运总量的 90%左右，也是公路想与铁路竞争的一部分市场。因此，这部分运价制定得要适中，基本与公路运价持平。同时，要求运输速度高于公路。

B 所代表的是阔大货物运输。阔大货物是指超长、超限和集重货物。由于这些货物在自身体积、重量和形状方面的特点，靠公路运输一般是难以完成的，企业一般靠铁路来运输。因此，阔大货物的运输价格可制定得稍高。铁路除了提供车辆外，还应加强职工培训，做好装车和运行中的安全工作。

C 所代表的是易腐货物运输。易腐货物对运输中的温度和湿度要求很高，同时必须要及时送达。运输企业必须有特殊的车辆和设备才能完成易腐货物的运输工作。

目前，公路冷藏车数量不足，且车内可调控的温度范围较小，大部分易腐货物的长距离运输还靠铁路承担，因此，易腐货物的运价也可高于普通运价。铁路企业应抓住时机，大力发展温控范围大、调温方便的单节或多节冷藏车技术以适应市场需求。

D 所代表的是成件包装货物运输。这类产品大多属于高附加值产品，主要要求运输速度快、运输质量好，运价高一些，货主也是可以理解与接受的。

典型案例

案例一　　主动求变拓市场

据《人民铁道》报道，一列满载着 3 200 吨煤炭的集装箱专列从中国铁路西安局集团有限公司管内的梅家坪站驶出，开往云南省水目山站。这是今年（2022 年）以来，西安局集团公司陕西国铁物流有限责任公司主动求变、适应市场，成功吸引陕西省黄陵县佳宏煤炭运销有限公司投资，共同建设和联合经营煤炭集装箱集运基地，促进货运上量的又一成功案例，预计该项目年收入将达到 800 万元。

陕西作为煤炭资源大省，一直是陕西国铁物流有限责任公司货运经营的重点。他们打破传统观念，大力实施“调结构、增白货、强合作”战略，不断优化货源结构，持续推动“公转铁”运输，用优质服务吸引客户、拓展货源。

2022 年 2 月下旬，该公司营销员许磊在走访陕西省汉中市略阳县砂石骨料企业时，了解到甘肃省徽县平达矿业有限公司经理文国平正在为运货发愁：“受疫情影响，公路运输受阻，导致货物交付困难，最近我们找了多家同行，力求找到可靠的物流渠道。”

不经意的一句话，让许磊意识到这是个争取货源的好机会。他立即联系汉中车务段白水江站“牵线搭桥”，为客户测算运费，制订运输方案。“我们之前没走过铁路运输，具体手续怎么办？”文国平对铁路货运预付运费、装卸、运输规章等都不熟悉。

“你们只需回去把货物准备好，其他手续我们来办。”许磊的话让文国平吃了颗定心丸。许磊以“客户专员”的身份与文国平建立了业务联系，承诺随时受理需求、答复疑问，帮助该公司提报首批装车需求和后续阶段计划，并现场指导利用铁路 95306 货运电子商务平台查询运价、了解运输信息、通过电子银行预付铁路运费等操作。

服务还有升级版。许磊积极与汉中车务段联系，协调装卸机力、人力，想方设法地争取到略阳县交通部门、防疫部门对汽车运输的上货许可。很快，满载砂石骨料的 5 辆车便顺利发出。

截至目前，陕西国铁物流有限责任公司开发的“公转铁”砂石骨料运输业务，累计发运 4 714 车、29.7 万吨，取得收益 59.5 万元，实现了该项业务经营零的突破。

了解客户所需，实现客户所盼，是主动求变力促货运上量的关键。今年 1 月份，陕西国铁物流有限责任公司举办客户座谈会，西安利沛商贸公司客户代表说：“如果醍醐站发送量再增加 1 倍，我们的运量就能增加 20 万吨以上。”

作为铁路老客户，西安利沛商贸公司每年有 300 万吨煤炭通过陕西国铁物流有限责任公司发送。为打破运输瓶颈，陕西国铁物流有限责任公司创新经营方式，与西安利沛商贸公司共同投资筹建醍醐站物流基地，进一步提升货物发送能力。

西安局集团公司管内的杨桥畔、洛阳村、曹家伙场等站专用线装车作业量时有变化。陕西国铁物流有限责任公司针对实际，组织营销项目组与陕煤榆中销售有限公司、陕西延长石油矿业有限公司、陕煤宝鸡华海工贸有限公司建立“需求必通、存量必通、货期必通、进度必通”联络制度，根据企业需求、专用线能力合理配车，先后争取到 1 500 辆 C 型敞车自备车，并为客户定制了靖边北站发往江陵站的个性化物流循环运输线路，帮助企业统筹优化货物到发能力。（来源：人民铁道报/2022/06/20/第 2 版）

案例二　南宁局集团公司把握市场规律提升运输质量

据《人民铁道》报道，中国铁路南宁局集团有限公司深入学习贯彻中国国家铁路集团有限公司工作会议精神，结合当前面临的新形势、新任务、新挑战，坚持稳中求进，全面抓好疫情防控常态化背景下的运输工作，不断提升客货运输质量。

南宁局集团公司科学把握市场规律，完善运力安排机制，精准投放符合市场需求的客运产品；利用科技手段和智能化工具提升“一日一图”质量，深入推进车、时、价相协调的市场化定价机制，实施分区段差异化浮动策略。他们以开行“八桂文旅号”旅游列车为牵引，加强新型客运产品设计，积极引流上线；抓住南崇铁路建设这一契机，深化空铁联运合作，探索“铁路+”交通合作新业态；持续推进“厕所革命”，加快车站无障碍设施改造，打造高质量在途服务平台，着力改善旅客出行体验。

南宁局集团公司把集装箱运输作为实现货运增量的重点，紧盯大宗散货和中小批量白货散货，推进集装化规模化运输；加强货源组织，引导货源向图定班列聚集，扩大西部陆海新通道班列、中越跨境班列开行规模；用好新版 95306 系统，以改革创新提升货运服务质量。（人民铁道报/2022/

01/12 日/第 1 版）

案例三　　深挖潜能拓市场　“移动冷库”惠民生

据《人民铁道》报道，“欢迎你们，咱们的‘移动冷库’来得太是时候了！”阿克苏红旗坡园艺农场的潘经理热情洋溢地说。7 月 20 日，中铁特货物流股份有限公司首批“移动冷库”车厢抵达新疆阿克苏市温宿县爱疆农场和塔格拉克牧场。经过紧张的接线调试，车厢所有设备运转良好，正常投入使用。

中铁特货公司积极服务“三农”，致力于打通生鲜农产品产地“最初一公里”和城市末端“最后一公里”，推出“移动冷库”特色产品，在推动乡村振兴中挺起铁脊梁、贡献铁力量。他们以 30 年来稳定运营的铁路机械冷藏车为基础，打造方便灵活、安全节能、易于维护的优质箱式冷鲜仓储装备，可用于储存肉类、水果、蔬菜、水产品、乳制品、速冻食品等各类冷冻、冷藏、保温货物，为满足客户和普通百姓的储存需求提供了新的市场化解决方案。

首批“移动冷库”车厢由原 B22 型机械保温车改造而成，单节长 18 米、宽 2.56 米、高 2.3 米，装货面积为 46 平方米，有效容积达 105 立方米，载重 46 吨，可将温度控制在零下 22 摄氏度至零上 14 摄氏度。为方便农户管理，“移动冷库”车厢还采用了物联网技术，兼具本地和远程智能监控、数字化温湿度实时显示和数据存储等功能，可为货物储存的安全与质量提供全过程保障。平日里，车厢就停在田间地头，农户采摘下的苹果、吊干杏、沙棘果等新鲜水果可直接入库冷藏，静待果商上门收购，不再需要零散装车运输至城市销售，大大降低了运输成本。

目前，多组“移动冷库”车厢已在河南漯河、安阳、新乡以及新疆阿克苏等地投入使用。（来源：人民铁道报/2022 /07/25 /第 2 版）

课后习题

一、名词解释

1. 市场细分：
2. 目标市场：
3. 无差异性营销策略：
4. 差异性营销策略：
5. 集中性营销策略：

二、填空题

1. 市场细分的核心是消费者需求和消费行为的________________。

2. 消费者市场细分的标准有________________、________________、________________和________________四大类

3. 企业选择目标市场有五种形式，请根据下列图示分别填入相应内容

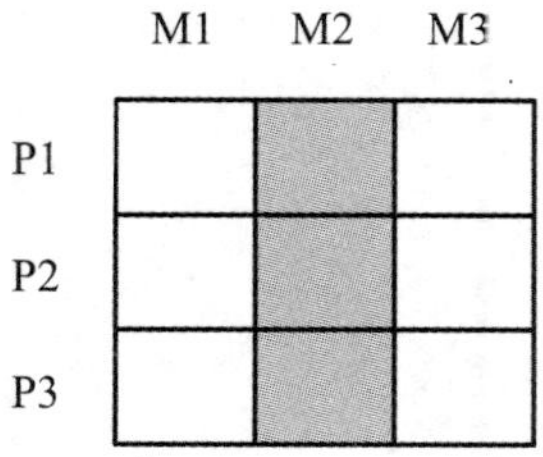

(　　　　　)

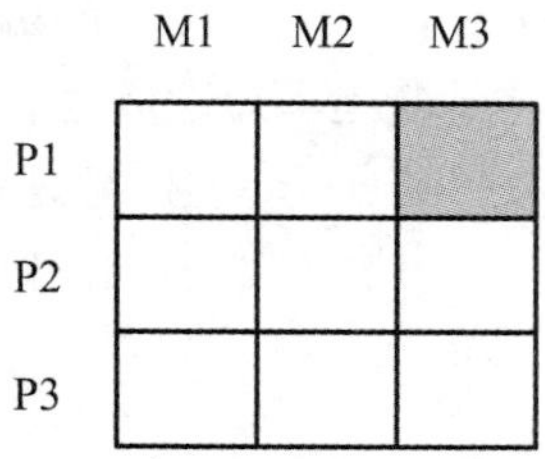

(　　　　　)

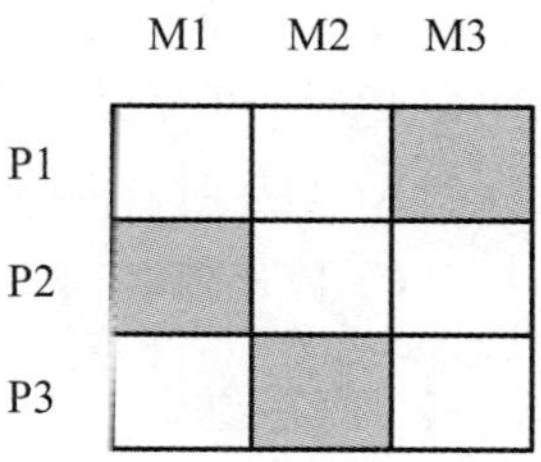

(　　　　　)

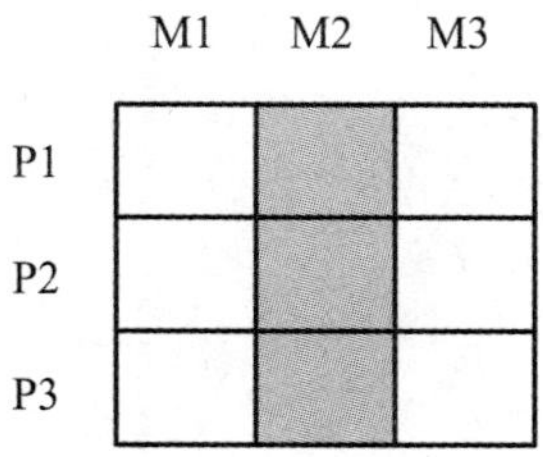

(　　　　　)

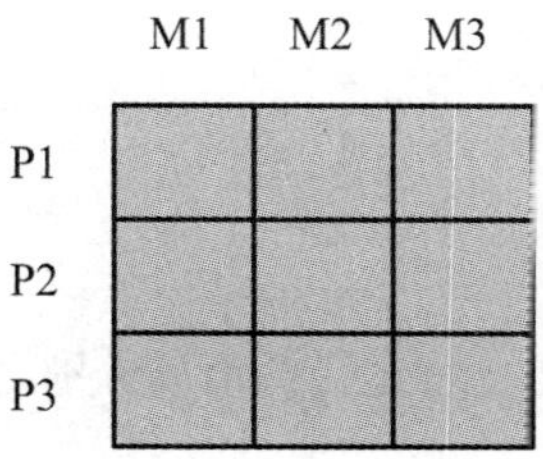

(　　　　　)

4. 企业根据目标市场确定的营销策略有三种，即__________________营销策略、__________________营销策略和__________________营销策略。

5. 客运市场细分的标准有____________因素、____________因素、____________因素、地理位置因素、____________因素和____________因素等。

6. 根据旅客行程不同，可将客运市场细分为____________客运子市场、____________客运子市场、____________客运子市场和____________客运子市场。

7. 货运市场细分的标准有____________因素、____________因素、____________因素、____________因素、____________因素和____________因素。

8. 根据货运市场细分中的时效性因素，可将货运市场细分为________________子市场、________________子市场和________________子市场。

三、选择题

1. 下列消费者的细分因素中不属于心理因素的是（　　）。

A. 价值观念　　B. 生活格调　　C. 品牌忠诚　　D. 购买动机

2. 企业选取若干个具有良好盈利潜力和结构吸引力，而且符合企业的目标和资源的细分市场作为目标市场，而且每一细分市场和其他细分市场间联系较少，这是（　　）。

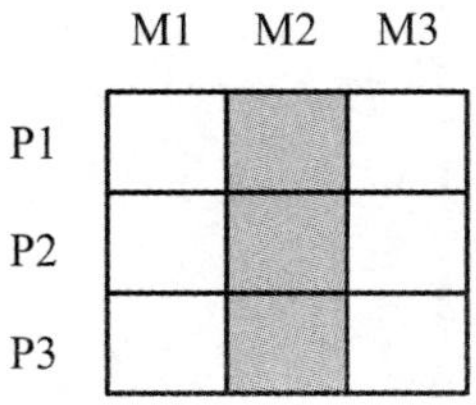

A

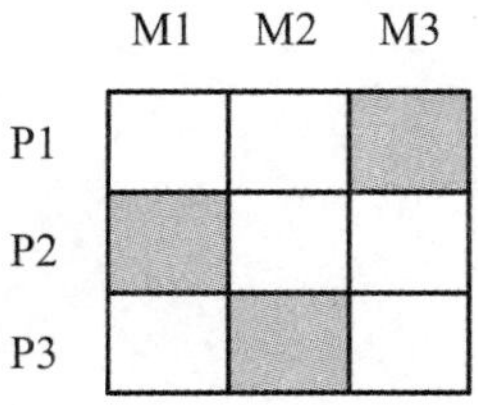

B

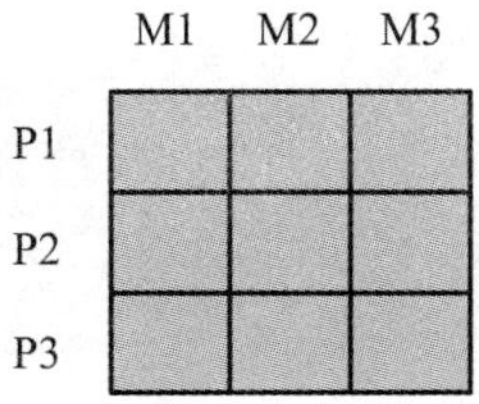

C

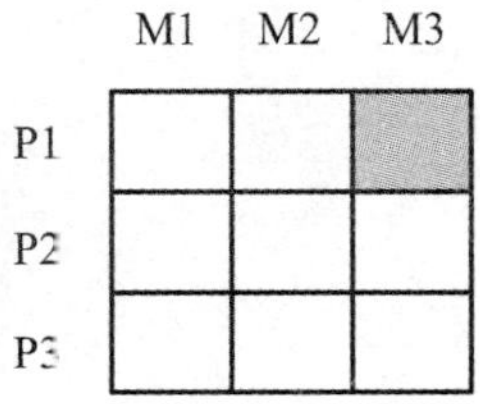

D

3. 市场细分是在（　　）基础上进行的。
   A. 调查研究　　B. 市场定位　　C. 市场预测　　D. 目标市场选择
4. 货运市场可分为长途货运、中途货运和短途货运子市场，这种分类根据的是（　　）。
   A. 货运时效性因素　　B. 地理位置因素
   C. 位移因素　　D. 运输距离因素

三、简答题

1. 简述市场细分对企业的作用。

2. 简述铁路客运、货运目标市场分别是什么。

3. 简述目标市场策略，并画出相应示意图。

四、论述题

1. 请回答铁路中长途客运产品应如何进行市场定位？画出定位图。

2. 请回答铁路货运产品应如何进行市场定位？画出定位图。

项目 5　铁路运输产品策略

◆**项目学习目标：**

1. 能够正确理解整体产品概念。
2. 能够准确掌握生命周期的概念及各阶段特点。
3. 能够正确理解品牌的含义及作用。
4. 能够准确掌握铁路客、货运产品的特点。
5. 能够灵活运用铁路客、货运产品策略。

◆**课程思政目标：**

1. 通过“高铁”的品牌，教育引导学生增强工匠精神、爱国情怀和民族自豪感。
2. 教育引导学生树立爱岗敬业和主人翁意识。

项目引入

中欧班列是指按照固定车次、线路等条件开行，往来于中国与欧洲及一带一路沿线各国的集装箱国际铁路联运班列。铺划了西中东 3 条通道中欧班列运行线：西部通道由我国中西部经阿拉山口（霍尔果斯）出境，中部通道由我国华北地区经二连浩特出境，东部通道由我国东南部沿海地区经满洲里（绥芬河）出境。2011 年 3 月，首趟中欧班列从重庆发出开往德国杜伊斯堡，开启了中欧班列创新发展的序章。

2021 年 6 月 22 日，外交部发言人赵立坚在主持例行记者会答记者问：中欧班列开行十周年。10 年来，中欧班列开行累计突破 4 万列，合计货值超过 2 000 亿美元，打通 73 条运行线路，通达欧洲 22 个国家的 160 多个城市。10 年来，中欧班列开创了亚欧陆路运输新篇章，铸就了沿线国家互利共赢的桥梁纽带。

2021 年 8 月 6 日上午，随着载有 2 000 余吨农副产品和汽车配件的中欧班列从内蒙古自治区鄂尔多斯市伊金霍洛旗札萨克物流园区缓缓驶出，标志着鄂尔多斯市首次开行中欧班列，而这趟开往俄罗斯莫斯科的中欧班列，也成为内蒙古中西部地区开行的第 9 条中欧班列线路。

目前，中欧班列已成为“一带一路”建设的标志性成果，被喻为“一带一路”上的“钢铁驼队”。中欧班列为中国铁路货物运输做出的杰出贡献是不可估量的，成为了中国铁路货物运输在国际货运中的耀眼名片，打造了中国铁路货运的品牌形象。

中国铁路在打造“中欧班列”这一品牌产品的过程中，是如何分析产品、设计产品、打造品牌的呢？

任务 1 产品策略概述

企业开展市场营销活动的目标是满足客户的需求，而客户需求的满足只能是通过提供相应的产品来实现，由此可见，产品因素既是市场营销组合中最重要的因素，也是最基本的因素。因此，产品策略是整个营销策略的中心，是营销策略组合的基石。

知识点 1 整体产品概念

在现代市场营销学中，产品概念有着非常广泛的外延和极其深刻的内涵。传统观念中常把产品的定义局限在产品特定的物质形态和具体用途上。而市场营销学认为，产品是由劳动创造出来的，是能够满足人们一定欲望和需求的物品和劳务的总称。在这里，产品不仅仅是一个具有使用价值的物品或无形的劳务，它也包含了其他非物质形态的利益和需求的满足。因此我们说，产品是一个整体的概念，顾客不仅要享用产品的使用价值，而且要享受其具有非物质形态的利益满足。产品的整体概念包含如图 5-1 所示三个层次的。

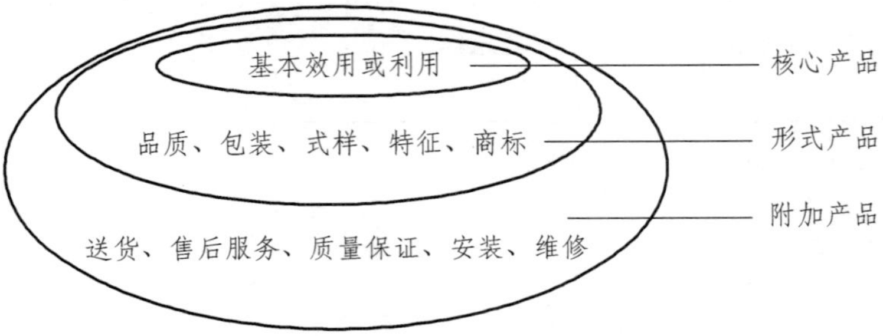

图 5-1 整体产品概念

1.1 核心产品

核心产品是指产品能够提供给顾客的最基本效用或利益。从根本上说，每一种产品实质上都是为解决某一问题而提供服务的。人们购买某种产品不是为了获得产品本身，而是为了获得满足需求的效用或利益。例如，人们购买食品，就是为了获得充饥需求的满足，人们购买铁路运输产品就是为了获得位移需求的满足。因此铁路运输企业产品实质为旅客或货物的有效空间位移。

1.2 形式产品

形式产品是核心产品借以实现的形式。形式产品由五部分特征组成：品质、式样、特征、商标及包装。铁路运输产品是非物质形态产品，主要借助其形式产品实现，其形式产品包括列车类型、价格（票价或运价）设施等。产品的基本效用必须通过特定形式才能实现，因此，市场营销人员必须努力追求更加完善的外在形式才能更好地满足顾客的需求。

1.3 附加产品

附加产品是指企业为用户提供的附加服务。主要包括售前服务、售后服务等。附加产品的概念来源于对市场需求的深入认识。附加产品不仅是产品整体概念中满足消费者需求的重要组成部分，也是影响购买的重要因素。在核心产品与形式产品相近的情况下，消费者选择哪个企业的产品，主要是取决于附加产品所提供的利益。

综上所述，市场营销中的产品是包含了三个层次的整体产品，三个层次缺一不可。随着人们消费水平的不断提高，产品整体意识也在不断增强，企业必须树立整体产品概念，在提供产品核心效用，完善外在形式的前提下，更要提供产品的附加利益，这样才能更好地满足消费者的需求，提升产品竞争力。

知识点 2 产品的分类

在现代市场营销观念下，根据内容的不同可将产品分为不同的类型。

2.1 按照产品是否有形可分为有形产品和无形产品

2.1.1 有形产品

有形产品是具有实物形态的，能够看得见、摸得着、可仓储、可运输的实物产品。如食物、衣服等。

2.1.2 无形产品

无形产品也就是我们通常所说的劳务，是指为赢利目的而出售的一种活动或一种利益，但不存在所有权的转移。如运输、医疗等。

2.2 按照产品之间的销售关系可分为独立品、互补品、条件品和替代品

2.2.1 独立品

独立品是指一种产品的销售状况不受其他任何产品销售影响，与其他产品不存在任何关系的产品。

2.2.2 互补品

互补品是指一种产品的销售的增加（或减少）会引起另外一种产品销售量的增加（或减少），两种产品互为补充。例如汽车和汽油、旅游产品和运输产品。

2.2.3 条件品

条件品是指一种产品的购买是以另外一种产品的前期购买为前提的，也就是说购买者只有购买了一种产品后才可能购买另一种产品。如计算机硬件设备与软件。

2.2.4 替代品

替代品是指一种产品销售量增加（或减少）会引起另一种产品销量的减少（或增加），即两种产品的销售是竞争关系。例如铁路运输产品与公路运输产品。

知识点 3 产品的生命周期

市场上的任何一种产品都不是经久不衰的，随着时间的推移以及受市场需求情况变化等因素

的影响，每一种产品都会经历一个或长或短的生命周期。

3.1 产品生命周期的含义

所谓产品生命周期是指某产品从投入市场开始到最后被市场所淘汰为止所经历的市场生命循环的过程。产品只有经过研究开发、试销，然后进入市场，它的市场生命周期才算开始。产品退出市场，则标志着生命周期的结束。一个完成的产品生命周期包含投入期、成长期、成熟期、衰退期四个阶段。

产品生命周期各阶段的划分是以产品销售额和利润额的变化为标志的。以时间为横轴，以销售额（或利润）为纵轴，在坐标图上表现为一条卧倒的曲线。如图 5-2 所示。

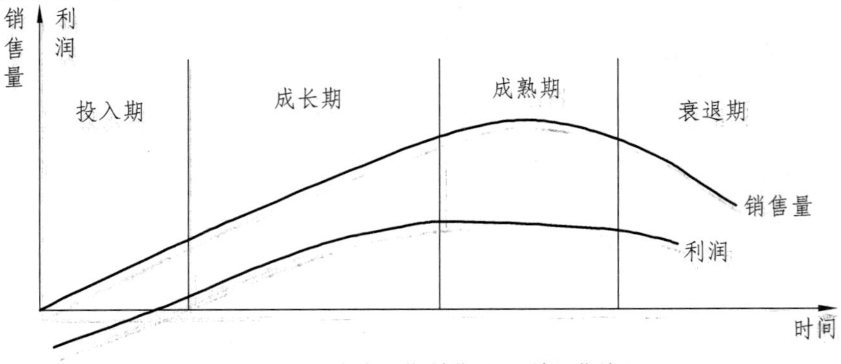

图 5-2 产品生命周期销售量及利润曲线图

产品生命周期的曲线是一条理论上的曲线，实际情况并非完全如此。由于受到市场各类因素的影响，有的产品可能一上市就夭折，有的产品经历一个产品生命周期后由于营销方面的努力又出现了较好的销售势头。另外产品生命周期是就整个市场和整个行业而言的，和产品的使用寿命不同，我们在理解这一概念时一定要加以区分。

产品生命周期是市场营销管理中一个重要的概念。正确分析产品生命周期有助于企业制定相应的市场营销策略，利于企业产品的更新换代和结构性调整，使企业在激烈的市场竞争中立于不败之地。

3.2 产品生命周期各阶段特征及营销策略

在产品生命周期的不同阶段会呈现出不同的特征，企业要想取得经济效益，就必须根据这些特征采取不同的营销策略。

3.2.1 投入期

投入期是指新产品进入市场后销售额缓慢增长的最初阶段。

（1）投入期的特点。

由于产品刚刚投放市场，消费者并不熟悉，因此销量较小、销售额上升缓慢；此时企业为了让产品快速在市场站稳脚跟，会投入大量广告及促销费用，因此利润多为负值。

（2）投入期的营销策略。

根据产品投入期的特点，企业应努力做到在合适的时机有针对性地投放产品，设法把销售力量投入到最有可能的购买者身上，使市场尽快接受该产品，因此这一时期的营销策略重点要突出一个“短”字，企业应尽量缩短投入期。这一时期企业采用的主要策略有以下几种：

① 快速获取策略，即以高价高促销费用推出新产品。高价是为了快速收回投资，高促销费用是为了迅速打开市场。这一策略适合于产品特色突出，有较大需求潜力，目标顾客有较强求新心理，在了解产品后愿意支付高价，竞争者还未意识到该产品潜在市场的情况。

② 缓慢获取策略，即以高价低促销费用推出新产品。目的在于以尽可能低的费用开支攫取最大利润。采用这一策略的市场条件是：市场规模有限，消费者大多已知晓产品，目标顾客愿意支付高价购买，潜在竞争威胁不大的情况。

③ 快速渗透策略，即以低价高促销费用推出新产品。这一策略可以先发制人，以最快的速度进入市场，迅速占领市场份额。然后再随着销量和产量的扩大，降低单位成本，取得规模效益。这一策略适用于：市场规模大，消费者不甚了解产品且对价格敏感，潜在竞争激烈，产品的单位成本可随生产规模和销售量扩大而降低的市场情况。

④ 缓慢渗透策略，即以低价低促销费用推出新品。低价可以扩大销售，低促销费用可以降低营销成本。采用这一策略的市场条件是：市场容量大，产品在市场上有较高知名度，消费者对价格敏感，潜在竞争威胁大的情况。

3.2.2 成长期

成长期是指产品销量在市场上迅速增长的发展阶段。

（1）成长期的特点。

产品被消费者所熟知，销量迅速上升，企业利润迅速增长达到高峰；随着销售量的增加，企业生产规模逐步扩大，产品的批量生产使成本和平均促销费用相应下降；由于利润的诱导，使大批竞争者进入，市场竞争加剧。

（2）成长期的营销策略。

针对成长期的特点，企业的在该阶段采用的营销策略应突出一个“快”字，即加快销量增长，延长获取利润的时间，可采取的策略有：

① 不断提高产品质量。如增加新的功能，改变产品款式，发展新的型号，发掘新的用途等。对产品加以改进，可以提高产品的竞争能力，满足更广泛的顾客需求，吸引更多消费者购买。

② 改变广告宣传重点。把广告宣传的重点从介绍产品转移到树立企业形象，建立品牌知名度上，打造名牌产品，维系老顾客，吸引更多新顾客。

③ 寻找新的细分市场。通过市场细分，找到尚未满足的细分市场，根据其需要组织生产，迅速开辟新市场，进一步扩大产品销售。

④ 适当降价。在适当时间可采取降价策略，以激发那些对价格敏感的消费者产生购买动机并最终采取购买行动，从而提升销量。

3.2.3 成熟期

成熟期是指产品销售量在市场上达到最高峰的饱和阶段。

（1）成熟期的特点。

产品进入成熟期以后，市场需求量趋向饱和；销售增长率减缓，出现供过于求的态势；市场竞争非常激烈，各品牌、款式的产品不断涌现，出现价格战；企业利润缓慢下降。

（2）成熟期的营销策略。

针对成熟期的特点，企业的营销策略重点应突出一个“改”字，采用主动出击的方法，使成熟期延长或使生命周期再循环。这一阶段可采取的营销策略有：

① 市场改良策略。这一策略主要是发现产品的新用途，对产品进行重新定位，开发新的目标市场，寻求新用户或改变推销方式，以使产品销量得以扩大。

② 产品改良策略。这是通过产品自身的调整来满足顾客不同的需求，从而吸引不同顾客购买。整体产品概念中任何一个层次的改良都可视为新产品的再推出，如提升产品质量，改变产品包装，增加附加服务等。

③ 市场营销组合改良策略。即通过对市场营销组合因素的重新调整组合，刺激销量的回升，例如降价、提升促销水平、增加销售网点等。

3.2.4 衰退期

衰退期是指产品销量在市场上不断下降的老化阶段。

（1）衰退期的特点。

这一时期，产品销售量急剧下降，企业获利越来越少甚至为零；竞争者推出新产品，市场需求转移，企业原产品需求量和销售量迅速下降；利润的减少使得一些企业停止该产品生产以至被迫退出市场。

（2）衰退期的营销策略。

面对衰退期的产品，企业必须进行认真研究，决定采用什么样的营销策略，在什么样的时间适时退出市场。这一阶段的营销策略应突出一个“转”字，通常有以下策略可以选择：

① 维持经营策略。继续沿用以前的营销策略，按照原来的细分市场，采用原来的促销组合继续经营，直到产品最终退出市场为止。

② 集中力量策略。把企业的优质资源和能力都集中在最有利的细分市场或产品上，从中获利。这样既能缩短企业退出市场的时间，同时又为企业带来了更大的获利空间。

③ 收缩经营策略。将无希望的消费群体抛弃掉，从而大幅降低促销费用以增加利润。这一策略虽然可能导致产品在市场上的衰退加速，但企业却可以从品牌忠诚客户中榨取利润。这种策略往往作为产品完全退出市场前的过渡措施。

④ 放弃经营策略。对于衰退非常迅速的产品，企业应果断采取放弃经营的策略，既可采取完全放弃的方式，即将产品完全转移出市场或停止该产品的生产；也可采用逐步放弃策略，使其所占用的资源逐步转向其他产品。

知识点 4 产品的品牌策略

4.1 品牌的含义与作用

4.1.1 品牌的含义

品牌是指生产企业给自己的产品规定的商业名称，是一个名字、术语、符号、标记、图案或他们的组合，借以辨认某一销售者或某群销售者的产品或服务，并使之同竞争对手产品和服务区分开来。

品牌是一个集合概念，它包括品牌名称、品牌标志和商标三部分。

（1）品牌名称是指品牌中可以用语言、文字、数字表达的，即可以通过听觉识别的部分。

（2）品牌标志是指品牌中可通过视觉被识别，但不能用语言称呼的部分，多以符号标志、图案设计来表示。

（3）商标是指经过注册登记受法律保护的品牌或品牌中的一部分。未经注册的品牌不是商标，不受法律保护，因此可以说，所有的商标都是品牌，但并不是所有品牌都是商标。

4.1.2 品牌的作用

（1）品牌有利于企业的广告宣传和营销管理。

例如在广告宣传时就需要品牌，以突出和简化广告内容。

（2）品牌有利于维护企业和消费者的经济利益。

对于企业而言有注册商标的品牌具有排他性，有助于保护产品特色，保护企业经济利益；对于消费者而言，消费者可按品牌快速区分商品，保护消费者利益。

（3）品牌有利于消费者辨识和选购商品或服务，以获得稳定的购买利益。

（4）品牌有利于提高产品质量和维护企业形象。

品牌是企业无形资产，其在消费者心目中的良好印象是通过日积月累的努力获取的，因此，企业为了能创造名牌产品，会恪守对消费者利益的承诺，统一质量标准，从而维护并不断提升品牌形象。

4.2 品牌策略

企业的品牌策略是指企业如何合理地使用品牌、商标，发挥其积极作用，以达到一定的营销目的。品牌策略是增强企业市场竞争力，提升经济利益的一项重要策略。

4.2.1 品牌化策略

这是有关品牌的第一决策，是指企业决定是否给产品建立一个品牌。一般来讲，现代企业都实行这一策略，主要原因是品牌的建立可以为企业带来相应的利益。

4.2.2 品牌使用者策略

当企业决定给自己的产品使用品牌后，对于是使用本企业的品牌还是经销商的品牌，一般情况下企业有三种选择：① 企业使用自己的品牌；② 使用中间商品牌；③ 企业品牌与经销商品牌并用。

4.2.3 品牌名称策略

品牌名称策略是指企业决定所有的产品使用同一个或几个品牌，还是不同的产品分别使用不用的品牌。在这个问题上有四种可供选择的策略：① 个别品牌策略，即企业决定其各种不同的产品分别使用不同的品牌名称。② 统一品牌策略，企业决定其所有的产品统一使用一个品牌名称。③ 分类品牌策略，即对每个产品线分别使用不同的品牌。④ 企业名称与个别品牌名称并用，即企业决定其各种不同产品分别使用不同的品牌名称，而且在各种产品的品牌名称前面还冠以企业名称。

4.2.4 品牌延伸策略

品牌延伸策略是指企业利用其成功品牌的声誉来推出新产品或改良产品。企业采取这一策略可节省推广费用，使新产品能够顺利快速地进入市场，从而提高企业的经济效益。

4.2.5 多品牌策略

多品牌策略是指企业决定同时经营两种或两种以上相互竞争的品牌。这种策略是宝洁公司首创的。采用多品牌策略能以差异化的产品满足不同客户的需求，从而确立该产品的市场定位。例如宝洁公司的多品牌策略。

宝洁公司是一家美国的企业。它的经营特点：一是种类多，从香皂、牙膏、漱口水、洗发水到咖啡、橙汁、蛋糕粉，从卫生纸、化妆棉到感冒药、胃药，横跨了清洁用品、食品、纸制品、药品等多种行业；二是许多产品大都是一种产品多个牌子。以洗发水为例，就有“飘柔”“潘婷”“海飞丝”3 种品牌。要问世界上哪个公司的牌子最多，恐怕非宝洁公司莫属。

（1）寻找差异。

宝洁公司经营的多种品牌策略不是把一种产品简单地贴上几种商标，而是追求同类产品不同品牌之间的差异，从而形成每个品牌的鲜明个性。这样，每个品牌便有了自己的发展空间，市场就不会重叠。以洗衣粉为例，宝洁公司设计了汰渍（TIDE）、奇尔（CHEER）、格尼（GAIN）等 9 种品牌的洗衣粉。他们认为，不同的顾客希望从产品中获得不同的利益组合。有些人认为洗涤和漂洗能力最重要，有些人则认为使织物柔软最重要，有人希望洗衣粉具有气味芬芳、碱性温和的特征。于是就利用洗衣粉的 9 个细分市场，设计了 9 种不同的品牌。

宝洁公司就像一个技艺高超的厨师，把洗衣粉这一看似简单的产品，加以不同的“佐料”，烹调出多种可口的“大菜”。不但从功能、价格上加以区别，还从心理上加以划分，赋予不同品牌不同的个性。通过这种多品牌策略，宝洁公司已占领了美国越来越多的洗涤剂市场，目前市场份额已达到 55%，这是单个品牌无法达到的。

（2）制造“卖点”。

宝洁公司的多品牌策略如果从市场细分上讲是寻找差异的话，那么从营销组合的角度看是找准了“卖点”。以宝洁在中国推出的洗发水为例，“海飞丝”的个性在于去头屑，“潘婷”的个性在于对头发的营养保健，而“飘柔”的个性则是使头发光滑柔顺。在中国市场上推出的产品广告更是出手不凡：“头屑去无踪，秀发更干净”的广告语在消费者心目中树立起“海飞丝”去头屑的概念；“含丝质润发素，洗发护发一次完成，令头发飘逸柔顺”的广告语，再配以少女甩动如丝般头发的画面，深化了消费者对“飘柔”飘逸柔顺效果的印象；“潘婷”，用了杏黄色的包装，给人以营养丰富的视觉效果。

宝洁公司多品牌策略的成功之处，不仅因为宝洁公司善于在一般人认为没有缝隙的产品市场上寻找到差异，生产出个性鲜明的商品，更值得称道的是能成功地运用营销组合的理论，成功地将这种差异推销给消费者，并取得他们的认同，进而让他们心甘情愿地为之掏腰包。

知识点 5 新产品开发

5.1 新产品的概念

市场营销学中使用的新产品的概念与科技领域的新产品不同，它并不是站在纯技术角度理解的，它是指产品只要在功能上或形态上得到改进与原有产品产生差异，并为顾客带来新的利益，都可视作新产品。因此新产品可分四个基本类型：全新产品、换代产品、改进新产品和模仿新产品。

5.2 新产品开发方式

企业在进行新产品开发时，一是要保证所开发的新产品有特色、有新意，否则就不能被称为新产品；二是所开发的新产品要有充足的市场，得到消费者认可并被大量购买；三是企业在开发新产品时要有相应的生产能力和销售能力，保证新产品顺利进入市场销售。

新产品开发的上述要求可采用不同的方式来实现。常见的新产品开发方式如下。

5.2.1 企业独立研制新产品

即企业依靠自己的科技力量独立设计制造出具有特色、技术上有重大突破的新产品。这种方式难度较大，开发的时间较长，只有资金雄厚且拥有自己科研机构的大企业才能使用。

5.2.2 实行技术引进

即企业从外部引进新技术来开发新产品。这种方式缩短了开发时间，节省了费用，比较适合研究能力弱但制造能力强的企业。

5.2.3 引进和研制相结合

即企业充分利用自己的技术力量，对引进的技术进行消化、吸收和创新，在此技术上开发新产品。这种方法投资少、见效快，还有利于促进企业的技术进步，比较适合有一定技术力量的企业。

5.2.4 协作研制

就是企业与企业、企业与科研单位或高校之间进行协作来开发新产品。这种方式能够充分利用社会科研力量来弥补企业技术力量的不足，适合于大多数企业，现已被广泛应用。

5.3 新产品开发程序

新产品的开发风险很大，关系到企业的生存和发展，为把风险降到最低，新产品开发必须按照科学的程序进行，如图 5-3 所示。

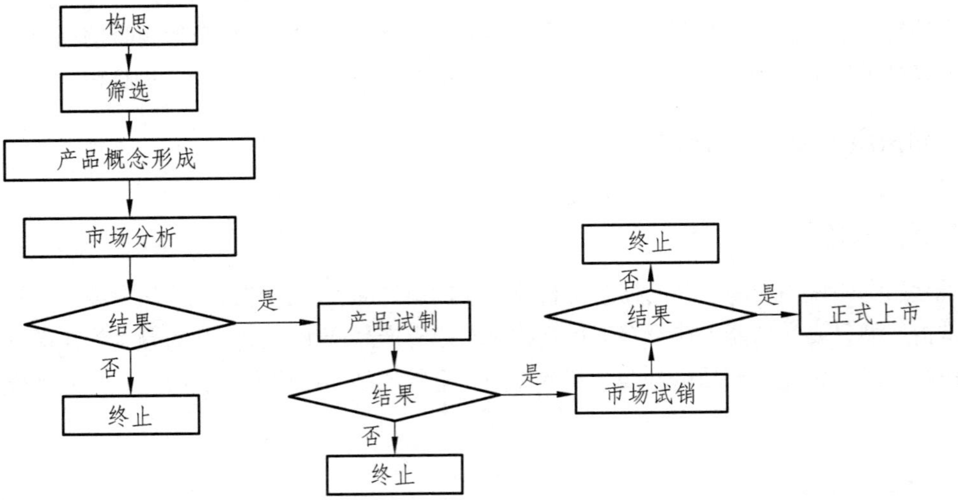

图 5-3 新产品开发程序

5.3.1 构思

构思是开发新产品的创意和设想，主要来源于企业的内部和外部。如消费者的需求、竞争对手的产品、中间商的建议、企业内部人员的建议以及科技的进步等。虽然并不是所有的构思都能变成产品，但仍要集思广益为新产品的开发提供更多机会。

5.3.2 筛选

筛选是根据企业目标和能力对新产品的构思进行的“择优”过程，目的在于尽早地发现和放弃错误的构思，以便企业集中有限的力量进行产品的开发。

5.3.3 产品概念的形成

即把选定的构思转变为更加具体、明确的产品概念，用文字、图像等对产品构思予以清晰阐述，使之形成客户能够理解和接受的产品。一个产品构思可能形成多个产品概念。

5.3.4 市场分析

市场分析主要包括技术可行性分析和经济效益分析。经济效益分析主要是对估计的销售量、生产成本、销售费用、预期利润等进行的预测与综合分析。

5.3.5 产品试制

产品试制是指由技术部门把经过市场分析后的抽象构思变成现实产品的过程。这是关键的一个阶段，在这个阶段，企业不仅要制造出样品，还要设计好包装、商标，以及进一步核查新产品中出现的问题。

5.3.6 市场试销

市场试销是新产品正式上市之前先投放到有代表性的小范围市场上进行试销，旨在检验消费者对新产品的反应，在此基础上再决定是否大规模进行生产。

5.3.7 正式上市

正式上市是对经过试销获得成功的产品或试销后根据消费者意见进行改进的新产品进行大批量的生产和全面的上市。从此时开始，新产品开始进入到生命周期的投入期阶段。

任务 2 铁路客运产品策略

随着经济的发展，人口的流动性越来越大，铁路运输市场上客运产品需求不断增加，旅客运输作为铁路运输中的一个重要组成部分，其产品质量及产品策略对于铁路运输市场的影响深远。

知识点 1 铁路客运整体产品概念

铁路客运产品也是产品的一部分，因此我们也应从产品整体概念出发进行理解，包含如图 5-4 所示的三个层次。

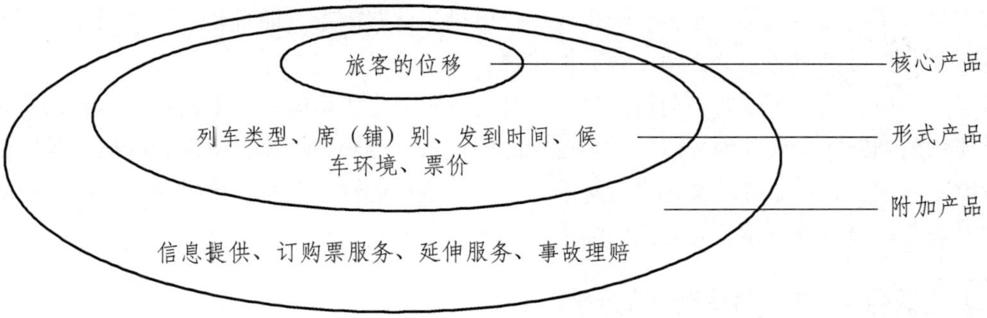

图 5-4 铁路客运整体产品概念

1.1 核心产品

核心产品在铁路整体产品中占有主要位置，它代表满足旅客位移需求的核心价值，旅客选择铁路作为出行方式时首先考虑的就是发生位移的快速性、安全性等因素。

1.2 形式产品

形式产品包括列车型号、运营工作组织及运送服务质量、乘坐车次及席别等内容，旅客可以通过形式产品的好坏评估和判断铁路的感受效用。

1.3 附加产品

这是旅客购买铁路核心产品获得的附加服务和利益，包括售前服务、售后服务、信息服务和各种延伸服务。

知识点 2 铁路客运产品的特点

2.1 铁路客运产品的主要服务对象是旅客，其次是行李、包裹和邮件

铁路客运产品主要是以提供劳务的形式为旅客服务。

2.2 铁路客运产品是无形产品

铁路客运产品的核心产品是旅客的空间位移，它被旅客本身所消耗，其使用价值具有不确定性，创造的社会经济效益远大于自身的经济效益。

2.3 铁路客运产品具有易逝性

旅客位移的生产和消费过程是同时进行的，产品不能储存，不能调拨。

2.4 铁路旅客运输在时间上具有较大的波动性

年、季、月、周、日甚至一日中的不同时段都会出现急剧的起伏变化。

2.5 旅客在旅行中有不同的物质文化生活需求

如饮食、照明、温度等。旅客运输企业不仅应满足这些需求，而且还应积极创造、改善良好的旅行环境并提供优质的服务，使旅客心情愉悦。

客运产品质量的好坏主要是通过旅客在享受客运服务过程中的评价来衡量的。那么旅客对客运产品质量的判断除了位移服务以外，客运产品的安全、准确、迅速、便捷和舒适度等质量特征也是影响旅客评价客运服务质量优劣的标准，因此，铁路运输企业应在提供顾客核心效用的同时努力提升服务质量，满足旅客各方面的需求。

知识点 3 铁路客运产品的分类

不同类别的铁路客运产品主要是通过列车种类的不同体现出来的。

3.1 按列车运行速度分

按照列车运行速度的不同可以分为高速动车组旅客列车、普通动车组列车、直达特快旅客列车、特快旅客列车、快速旅客列车、普通旅客列车等。

（1）高速动车组旅客列车，在设计时速为 300 千米或 350 千米的线路上运行时，列车运行速度在 250 千米/小时及以上。

（2）普通动车组列车，列车运行速度为 200 ~ 250 千米/小时。

（3）直达特快旅客列车，列车运行速度最高可达 160 千米/小时。

（4）特快旅客列车，区间运行速度最高可达 120 千米/小时。

（5）快速旅客列车，一般区间运行速度为 100 千米/小时。

（6）普通旅客列车，列车的运行速度一般为 100 千米/小时以下，属于经济型的旅客列车。

3.2 按列车的环境及服务分

按照列车的环境及服务不同可以分为普通列车、优质优价列车、双优普通混编列车。

（1）普通列车，编组车辆大多数采用22型的车辆，也称为“绿皮车”，只满足对最基本的乘车条件的保证，服务于中低收入的旅客，票价采用基本票价。

（2）优质优价列车，即“双优列车”。这种列车采用新型空调车辆，发到时间较好，运行速度较快，票价加成30%～50%，主要面向中等以上收入的旅客。

（3）双优普通混编列车，在列车编组中既挂有普通车，又挂有双优车，满足不同层次旅客需求的混编方法。

知识点4 铁路客运产品的延伸服务

客运产品的延伸服务是指实现旅客“位移”全过程中提供的附加服务和利益。即位移前的服务、位移中的服务和位移后的服务，具体包括以下内容。

4.1 位移前的延伸服务

位移前的延伸服务是指旅客在购票之前所接受的服务，包括问询、购票、候车、行包托运等方面的服务。

（1）开设多种售票形式，为旅客提供更便捷的购票服务。如在开展网络售票的基础上，12306购票官网根据旅客需求，自2017年1月8日起，把原来的8点、10点、12点、15点四个时间节点放票改为15个节点放票，即：8点～18点，其间每小时或每半小时均有部分新票起售。同时，互联网和电话订票预售期延长至60天。旅客也可以通过电话订票、利用自动售票机购票，或在车站及代售点进行车票的预订及购买。

（2）增加多种客票类型。在发售客票过程中，可根据旅客需求发售联程车票、往返票等。

（3）提供舒适、整洁的候车环境及便捷服务。在候车过程中可以为旅客提供餐饮、娱乐、购物等方便条件，如特产超市、餐饮中心、便利充电设备等。铁路总公司深化铁路运输服务供给侧结构性改革，充分发挥“互联网+”优势，自2017年7月17日起，计划在各省会及计划单列市所在地的27个主要高铁客运站，推出动车组列车互联网订餐服务，凡乘坐G、D字头的动车组列车出行旅客，可通过12306网站、手机App等方式预定所乘列车餐车供应的餐食或沿途供餐站供应的社会品牌餐食。

4.2 位移中的延伸服务

位移中的延伸服务主要是指铁路运输企业在列车上提供给旅客的各种服务和旅行生活所需的保障条件。做好位移中的延伸服务，首先要提升客运服务人员的服务质量，同时也在列车上开展形式多样的服务，如先上车后补票，满足未及时购买车票的旅客需求；销售各地土特产品、满足旅客需求的同时也为企业增加收入；列车提供小件贵重物品寄存等服务，以保证旅客的财产安全等；或在列车上设立医疗救护站，处理旅客在列车上的突发状况，为旅客出行提供保障。

4.3 位移后的延伸服务

为以后的延伸服务主要是指旅客到达目的地以后，铁路运输企业为旅客提供的延伸服务。如旅客到站以后可为旅客提供住宿、导游、购物等服务以及为返程或继续旅行的旅客提供售票服务；再如有些车站通过开通绿色转乘通道，为旅客的接续出行提供方便。

总之，客运产品的延伸服务，项目可以多种多样。铁路运输企业可以根据目标市场需求的特点和市场竞争的需要，增加附加的服务内容，创造各种特色服务和差异化服务，提高企业竞争力。

知识点 5 铁路客运产品策略

铁路客运产品策略是运输企业市场营销策略的中心环节，运输企业只有提供旅客接受、偏爱的旅客运输产品，才能赢得旅客和市场的选择，求得生存和发展。

正确实施客运产品策略，首先要提高服务产品的核心质量，主要是要加大硬件投入，确保旅客位移的安全、准点。其次要增强形式服务特色，以高速度、高舒适度、便捷性、合理价格使本企业有着与其他客运企业不同的特色。同时，还要拓宽附加服务领域，以优质服务取胜。

5.1 客运新产品开发策略

旅客对客运产品的需求是不断变化的，铁路客运企业只有不断创新，不断开发新的客运产品，才能满足市场的需求。经过近几年的铁路建设，截止到 2021 年年底，全国铁路营业里程已达到 15 万千米，其中高铁营业里程超过 4 万千米。铁路客车技术含量和速度也有了很大的提升，这就为全面优化客运产品结构提供了更好的条件和更大的空间。

2007 年 4 月 18 日 5 时 38 分，时速可达 200 千米的“和谐号”动车组 D460 次列车从上海站出发驶往苏州。这是中国第一列正式开行的动车组，也拉开了全国铁路第六次大面积提速的序幕。

动车组列车的开行开启了中国铁路速度时代的新篇章，既缩短了列车运行时间，也拉动了城市间的经济往来，为各地经济合作交流提供了一条便捷通道。例如 2014 年 9 月 25 日南宁至北京的高速动车 G422/1 次正式开行，南宁与北京相距约 2 500 千米，而列车全程运行时间仅需 13.5 小时，较现行列车时间缩短了一半，首次将两地时空距离带入“当日达”时代，具有划时代的重大意义。此外，还将进一步促进南宁与北京及沿线城市的经济、文化和社会交流，进一步扩大广西沿海、沿边、沿江的区位优势，为广西成为中国辐射东盟的“桥头堡”，打造西南、中南地区战略新支点提供快速便捷的交通条件。南宁北京两地间首次实现“当日到达”。该动车组的开行，为南宁与区外的经济社会合作交流提供了一条快捷通道。

5.2 客运服务旅客满意策略

客运服务是典型的服务业，服务营销的特点决定了客运营销的最终目的是顾客满意。从某种意义上说，能使顾客满意的企业是不可战胜的。这样的企业一方面满足原有顾客的需求，使其坚定“品牌忠诚度”，另一方面吸引其他顾客，提高他们的“品牌转换率”。旅客满意度的提高可以通过以下渠道完成。

5.2.1 进一步提高旅客列车速度

由于社会经济的发展和生活节奏的加快，人们在旅行时对时间的要求越来越高，提高速度是一种社会需求，是现代运输质量的核心，是各种现代交通方式能占有更多市场份额、使旅客满意的关键因素。在价格不变的情况下，谁的速度快，谁就拥有在旅客运输市场的一大优势，谁就增加了旅客的满意度。因此，提速应成为铁路技术发展的重大策略。中国铁路的六次提速，就是基于旅客对速度的需求，使旅客列车更能满足现代快节奏的生活方式，节约出行时间。

5.2.2 方便旅客出行

要提高铁路客运竞争能力，提高旅客的满意度，就必须改善旅客运输的便利性，这样才能真正提高铁路客运满意度。

（1）优化列车到发时刻。

安排旅客列车运行时，必须把便利旅客旅行放在重要位置，并作为编制客车方案图的基本出发点之一。如直通旅客列车最好在晚间发车，但不得迟于 0 时，终到时间在白天或早晨，但不宜早于 7 时，通过沿途主要城市的时间点尽可能安排在白天。如有两对以上时，应考虑其间隔均衡。

在联接几个铁路方向的大型客运站应尽量缩短旅客中转换乘的停留时间，使各方向旅客列车到发时刻有良好的衔接。如有困难时，应照顾主要的中转直通客流方向，区段内各中间站产生的直通客流，一般先由管内旅客列车运送到直通旅客快车停车站，然后再转由直通旅客快车运送，到达区段内中间站的直通客流反之。为了减少这部分旅客在换乘站的停留时间，在管内旅客列车对数较多时，最好在直通旅客快车经过较大车站前后，各开行一次管内旅客列车，当管内旅客列车较少时，管内旅客列车与直通旅客快车的运行衔接相配合，以照顾主要客流为原则。

（2）合理安排各种档次的列车。

不同档次的旅客列车运行速度不同，停靠地点不同，售票限制不同，运输价格不同，各有各的特点，能够满足不同旅客的要求，铁路运输企业要认真研究，制定出合理的不同档次的旅客列车开行方案。

（3）开辟换乘快捷通道。

为了方便旅客换乘，在各枢纽站或大车站可开辟换乘快捷通道，持有联乘车票的旅客无需再经历出站、进站、安检、候车等一系列繁琐过程，通过换乘快捷通道便可直接中转乘车，节省旅客出行的时间。

（4）采用网络化技术提供便捷服务。

随着“互联网+”时代的到来，网络技术已经触及生活的各个角落，铁路运输企业更应把握好这一契机，利用互联网技术为旅客出行提供方便快捷的服务。如铁路运输企业利用铁路客票发售和预订系统（TRS）实行联网售票，方便旅客随时随地购买、改签车票；利用自动检票系统，对电子车票进行快速检票，节省了人工检票时间；利用旅客服务系统（PSS）为旅客提供全方位信息服务，实现客运车站信息自动广播、导向、监控、查询、求助、应急、寄存等功能。

5.2.3 提高旅客列车舒适度和服务水平

要想提高旅客列车的乘坐舒适度，一方面要对既有列车进行改造，增加车厢活动空间，让车厢坐席、卧铺、卧具、卫生设施及车厢气候环境尽可能向世界先进水平靠拢；另一方面要改进和开发设计新型车辆，车辆设施要达到国际水平。2017 年 7 月 1 日晚，随着 D311 次列车从北京南站准点驶出，开往上海站，我国新型卧铺动车组正式上线投入运营。该卧铺动车组铺位纵向布置，每个铺位都是“包间”。上下每个铺位都有独立车窗，每个铺位还有单独的茶桌、充电插座、拉帘，满足了旅客对于乘坐舒适性、私密性和多样化功能的需求，是一种全新的乘车体验。

提高客运服务水平，可以采取服务作业标准化和服务语言、动作规范化等措施，以增强铁路客运对市场的吸引力。客运服务水平取决于客运职工素质（包括教育程度、业务能力）和客运职工的精神面貌。因此，在客运服务中，应讲究仪表和语言艺术，根据旅客旅行心理需求，提供各种优质服务，减轻旅客旅行疲劳，使旅客对旅行产生亲切感、温馨感、舒适感。为达到此目的，铁路运输企业主要需在加大硬件设施投入的基础上，加快改善服务软件环境的力度和步伐。例如，为了提高客运服务质量，长春站确立“人性化追求，亲情式服务”理念，实行“十个一”品牌服务：即“迎宾第一岗”形象大使礼仪服务，“一体化”老幼病残孕候车室爱心服务，“一次性救助”感动服务，“一条龙”助残上门服务，“一定有回音”投诉绿色通道承诺服务，“一展英姿”女子检票队流畅服务，“春城第一班”贵宾室温馨服务，“一米线”售票窗口有序服务，“窗口售票一张不占”的售票透明式服务，“一口情”广播人文服务。

5.3 客运产品品牌策略

随着社会的进步和发展，旅客对客运需求的差异性越来越大。为了满足不同层次旅客的需求，铁路应大力发展品牌客运产品，使其获得应有的市场份额和社会信誉，带动铁路客运系列产品的发展。例如广西铁旅北海路海大酒店在经营文化建设中突出“品质+特色”创建思路，创新理念、逆向营销，依托北海冬季温暖如春的气候，推出“候鸟计划”反季度假产品，以经济实惠的价格、优质贴心的服务和完善齐备的硬件环境，成功吸引了全国各地尤其是北方和江浙的游客到北海过冬。至今已累计接待“养生候鸟”38 万人次，彻底改变了过去酒店“夏季旺、冬季淡，过冬年利耗大半”的经营困境。

在建立铁路客运品牌策略时，应着重树立铁路客运产品与其他客运产品的区别，发挥铁路客运的优势，帮助旅客识别所需要的客运产品，树立铁路客运企业的服务形象，形成客运品牌的特色服务。

5.3.1 高速动车组列车

高速动车组列车已经以其速度快、安全性和舒适度高、准时性好、低能耗、低成本等优点，树立了高速安全的品牌形象。近些年来，各铁路局不断推出高速铁路新产品，满足各类旅客需求，高速动车组列车是我国铁路旅客运输发展的方向，以此作为铁路客运品牌产品无可厚非。

例如，广州铁路局广九客运段推出的武广高铁，是世界上第一条里程最长、运营速度最高的长大客运专线。武广高铁全长 1 069 千米，全线共设 15 个办理客运业务的车站，运营时速 350 千米，武汉至广州全程最短运行时间为 2 小时 58 分。武广高铁 CRH3 列车由 8 节车厢（重联 16 节车厢）组成，定员 556 人。列车设有婴儿护理桌、残疾人厕所、影视和音乐播放系统等人性化服务设施，每节车厢设有电茶炉，座位座椅可以下躺和 180 度旋转。列车全程禁止吸烟。推行“人性化、无干扰、引导式、自助式”的列车服务，力求做到“有需求就有服务，无需求则无干扰”“旅客动、我勤动，旅客静、我少动”，为旅客提供安全、便捷、舒适、满意的旅行服务。

5.3.2 城际动车组列车

城际动车组旅客列车是在城际客运专线上运行，以“公交化”模式组织的短途旅客列车，列车开行最高速度达到 250～350 千米/小时。具有代表性的“京津”城际列车，公交化运行特点明显，最小发车间隔仅 5 分钟，其他时段间隔不超过 25 分钟。使得北京至天津滨海新区形成运行时间不超过 1 小时的快速通道。

5.3.3 假日旅游列车

随着人们收入水平的增加和旅游设施的开发，旅游客流的比重不断攀升，深入了解全国各地旅游景点的旅游市场行情，开发旅游热点列车或旅游专列，在国庆、五一、春节和寒暑假等旅游旺季适时推出直达省内外旅游点或旅游城市的假日旅游列车， 实行吃、住、游、玩一条龙服务，通过多样化的广告加大宣传力度，引导人们旅游消费。乌鲁木齐铁路局从 2017 年 7 月 1 日起，开行乌鲁木齐至敦煌“相约敦煌”旅游列车，列车途经兰新线、敦格线运行，单程距离 1 144 千米，停靠乌鲁木齐、乌鲁木齐南、吐鲁番、哈密、柳园、敦煌等站。该条线路贯通了乌鲁木齐—吐鲁番—敦煌旅游圈，结束了新疆到敦煌的游客乘火车不能直达的历史，标志着敦煌正式融入新疆铁路“坐着火车游新疆”一站直达旅游网络。

5.3.4 国际旅客列车

随着国家“一带一路”建设发展步伐的加快，中国铁路也为世界铁路作出了很大的贡献，在国际旅客列车中形成了方便、快捷的品牌产品。如中哈两国第二条铁路客运通道的开通，既是两国深化合作的又一例证，也是“一带一路”建设向纵深发展的重要标志。

中国新疆乌鲁木齐经霍尔果斯铁路口岸至哈萨克斯坦阿斯塔纳的 9001 次国际旅客列车是霍尔果斯铁路口岸开出的首趟国际旅客列车，也是继阿拉山口铁路口岸之后，中哈两国开通的第二条铁路客运通道。列车经停阿拉木图、萨雷沙甘、卡拉干达等站，最终抵达阿斯塔纳，由乌鲁木齐经霍尔果斯口岸到哈萨克斯坦阿拉木图的单程运行时间比经阿拉山口口岸节省 8 小时左右。这趟列车采用了换乘的方式，旅客到哈方口岸下车，按照车票的原车厢号、原铺位转乘另一趟车就可以了，既节省了时间，也非常方便、安全。

任务 3 铁路货运产品策略

知识点 1 铁路货运产品整体概念

铁路货运产品是指一切能满足货主欲望、需求和利益的部分，货运产品的核心部分是货物的位移，形式部分是运送货物的不同形式，附加部分是货主在货物运送过程中得到的附加服务或利益。铁路货运整体产品如图 5-5 所示。

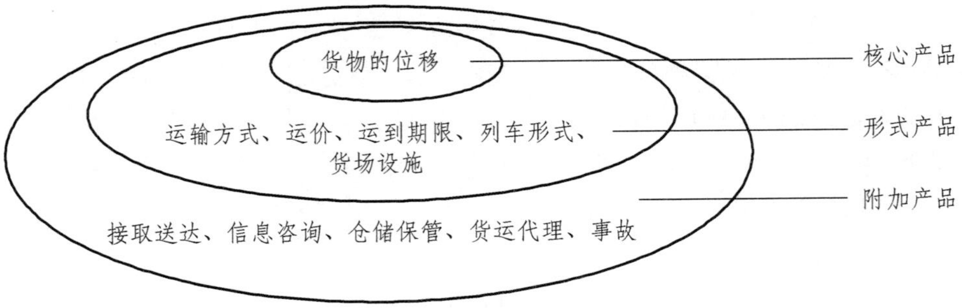

图 5-5 铁路货运整体产品概念

知识点 2 铁路货运产品的特点

2.1 铁路货运的准确性和连续性强

铁路运输几乎不受气候影响，一年四季可以不分昼夜地进行定期的、有规律的、准确的运转。

2.2 运输量比较大

铁路一列货物列车一般能运送 3 000 ~ 5 000 吨的货物，远远高于航空运输和公路运输。

2.3 铁路货运成本较低

铁路货运费用仅为公路运输费用的几分之一到十几分之一，运输耗油约是公路运输的二十分之一。

2.4 铁路货运安全可靠

铁路运输风险远比其他运输方式小得多。

知识点 3 铁路货运产品的分类

通过铁路运输的货物有成百上千种，货主企业的运量情况、对运能的要求各不相同，另外不同类型的货物也要求不同的运输车辆。我们根据这些不同标准把货物运输分为不同的类型。

3.1 按货物的承运方式不同划分

3.1.1 随到随运

中小企业托运人托运货物是随机的，到站和所需车辆都是在托运时提出。对这些企业的货物，车站应和调度部门协商，及时解决配空车辆，做到随时承运。整车、零担和集装箱运输均可采用随到随运的方式。

3.1.2 按计划承运

大型企业的生产有极强的计划性，运输量大。对于这些企业，要求其提前提报运输计划。同时，对大宗稳定货源的运输，也应事先提出运输计划，以参照运能，均衡安排。

3.1.3 预约运输

对阔大货物、鲜活货物的运输，因为需要特定的车辆，需要托运人和铁路预约，铁路应及时拨配车辆，批复运输要求。

3.2 按运送速度不同划分

（1）按普通货物列车（或称慢运速度）办理的货物运输。
（2）按快运货物列车（或称快运速度）办理的货物运输。
（3）按客运速度办理的货物运输。

3.3 按铁路与其他行业的联合运输方式划分

可分为国铁与地铁间运输、国际铁路货物联运、铁路与水路货物联运、铁路与公路货物联运、铁路军事运输等。

知识点 4 货运产品的延伸服务

铁路货运产品的延伸服务可以向发送前和发送后延伸，以拓展货运产品的服务领域。

4.1 发送前的延伸服务

发送前的延伸服务主要有：电话受理，上门服务；为货主提供各类咨询服务；上门接收货物；代办托运手续等。

4.2 到达后的延伸服务

到达后的延伸服务主要包括：货物送达到收货人仓库；为货主提供货物的仓储和保管服务等。

货运产品的延伸服务既可以是上述项目中的一个，亦可以是几项的组合。延伸服务的项目没有固定模式，可根据车站、货主及货物的情况选择开展。下面几种货运服务延伸形式可更好地为货主提供服务。

（1）开展全程化物流服务。

由于铁路运输的局限性，铁路货运产品只能现实“站到站”运输，因此铁路运输企业应该与第三方物流企业合作，利用物流企业运输能力实现“门到门”“桌到桌”服务，为货主提供更为便利的货物接取、送达业务。

（2）开展货物仓储业务。

车站可以在运量不大的时候，利用富余的仓库设备，对到达货物长期仓储保管。这样既方便了无仓库的货主，也提高了车站仓库的利用率。

（3）开展全面信息服务。

铁路货运产品应打造高质量货运形象，利用现代发达的通信设备及互联网优势，为货主提供更多的信息化服务。例如借助通信设备平台，提供电话咨询、实行业务受理，利用现有货运电子商务平台，提供产品介绍、货车预订、运费计算等售前服务，提供网上业务受理、承运、交付及运单追踪等售中服务及货到通知、意见投诉等售后服务。

知识点5 铁路货运产品策略

5.1 货运新产品开发策略

5.1.1 利用网络平台，开行大宗货运运输直达班列

利用现有的大宗货物服务网络平台，为客户提供大宗商品线上交易、预约功能，实现大宗货运产品的现代化物流服务。运输企业借助网络平台了解客户需求，根据货主需求，实行线上线下相结合的方式，根据预约需求组织开行大宗货运运输直达班列。为大宗货物运输货主提供方便快捷的服务。

5.1.2 开行零散货物快运列车，实行便民服务

零散货物快运列车可按照定点（固定办理点）、定时（固定站停时间）、定线（固定运行线）、定编组（固定列车编组）、定价（按一口价方式固定站到站、站到门、门到站、门到门运价）的原则，为零散货物或小批量货物货主提供服务。零散货物快运列车的开行，打破客运、货运界限，打破行包、零担界限，以零担运输价格为基础，实行允许范围内的价格浮动，更广泛地为货主提供优质服务。

5.1.3 开行固定线路，欠轴运行的快运直达列车

由于货流随时都会发生变化，快运直达列车很难兼顾满轴编组和始发正点两方面的要求，为了逐步提高铁路货运的市场占有率，避免货物延时送达，赢得货主信誉，铁路可以实行快运列车的欠轴运行。为了避免列车欠轴运行的损失，应在运力资源较充足的铁路局组织开行这种列车。

5.1.4 开行阶梯接续班列

这种班列相当于小编组、高密度货物列车，能够解决货源不足和长运距牵引定数不等的问题。

5.1.5 开行季节性快运直达列车

对运输安全、质量和时效性要求高的物资，如鲜活、土特、农副产品及各种季节性日用商品，以及有特殊需求的急需物资，快速调集足够的运力，临时增开快运直达列车。

5.1.6 开行集装箱快运班列

集装箱运输由于其包装固定、安全性好，适合对轻质、高附加值货物进行多式联运，易于实现“门到门”运输等优点，是目前实现货物快速运输需求应用最广泛的运输方式，也是世界各国大力发展的运输方式。

5.1.7 开行城际夕发朝至货运班列

城际货运班列是指运行于两座城市之间的小编组、高密度快速货物列车。将城际班列与阶梯班列、管内集结货流的班列联系在一起，以扩大短途运输量。

此外，可根据客户需求和运送时限要求开行客货混编列车，运送高附加值货物。

5.2 现有货运产品优化策略

5.2.1 大力推进班列包租运行

发车局进行招标包线，承包单位对班列进行整列包租或成组包租，由此出现货源的多样化组织形式。实践表明，承包班列的运行质量总体好于非承包专列。因此可以建立承包方组织货源、保证路方收入，路方组织运输、保证运输质量的包租运输机制；建立承包方满轴交费，路方可欠轴开行，保证正点运行的机制，密切班列与市场的联系。

5.2.2 改善运输组织，发展多式联运

现行班列的车流集结时间和车列高密度开行间的矛盾比较突出，对此可采取管内班列线与跨局班列线紧密衔接的运行模式，也可以与其他运输方式合作，组织公铁、海铁多式联运和国际联运，实现一票到底的门到门服务。

5.3 货运产品品牌策略

货运的品牌策略既可以以列车为中心，也可以以货站（货场）为中心，具体有以下几种形式。

5.3.1 名牌货物列车

货物列车在消费者心目中的印象是“大、粗、黑、慢”，而想要创品牌，就要改变这种印象。铁路企业为了发展货物列车品牌形象，推出一系列名牌货车，如集装箱班列、“五定”班列、行包专列等，都与普通货物列车有所不同。

名牌货物列车中具有代表性的“五定”班列即为定点、定线、定车次、定时、定价的货运快运列车，它使货运班列客车化，价格收费公开化，承诺服务规范化。“五定”班列自开行以来，受到托运人的欢迎，几乎趟趟满载，因此，曾是铁路货运参与竞争的拳头产品。

为了更好地满足零散货物快运市场需求，发挥铁路运输优势，降低社会物流成本，改变铁路货物运输只服务于大宗货源的老旧印象，国铁集团推出零散货运快速列车，满足零散货物和小批量货物的跨省运输需求，为货主提供更多方便。零散货物快运也可实行“敞开收货”，构建散货运输绿色通道。“散货快运”紧贴市场需求，定时定点、安全可靠、价格实惠、方便快捷、全天候运行，通过与第三方物流公司的合作，还可提供“门到门”“门到站”“站到站”“站到门”等多种运输方式。铁路部门根据客户需求发展多种延伸服务，使“零散货物快速列车”成为激烈市场竞争中的明星产品。

在开行名牌货运列车时，可采用行包专列的办法，改变列车的外部形象，让人有耳目一新的感觉。同时还可根据货运列车自身特点或途经地区的特点，给列车一个新颖的品牌命名，如“长三角货物快运列车”，这些举措都有助于提升列车的产品形象，提高广告和宣传效果。

5.3.2 名牌货场

货运产品的本质是服务，货运服务都是在货场中完成的。因此，货场形象与服务质量的高低直接影响到产品的质量。

在网络化、智能化飞速发展的时代，名牌货场要借助信息化手段，运用现代化管理办法及智能化技术设备，提高工作效率和服务质量，保证货物安全，做到服务文明化、管理科学化、作业

标准化、设备先进化。同时要注意突出货场的形象设计，提升品牌质量。如，名牌货场要大力发展货运电子商务，建设和完善货运信息系统，建立货场智能化管理，将货物入库、仓储、运输、多联运输等信息，通过网络平台实现管理。同时要实行电子支付手段，实现网上支付功能，支持多种支付方式。

5.3.3 国际货运列车——中欧班列

中欧班列是由中国铁路总公司组织的，按照固定车次、线路、班期和全程运行时刻开行，运行于中国与欧洲以及“一带一路”沿线国家间的集装箱铁路国际联运列车，通过加强中欧班列的运行组织，打造“快捷准时、安全稳定、绿色环保”的铁路国际联运货物运输品牌。按照“六统一”，即：统一品牌标志、统一运输组织、统一全程价格、统一服务标准、统一经营团队、统一协调平台，强化机制和装备保障的原则，努力提升中欧班列运行品质，确保按图正点运行，优化完善中欧班列客户服务中心工作流程和制度办法，为客户提供良好的信息查询、信息定制及推送、投诉建议受理等服务；优化完善中欧班列单证中心工作流程和质量标准，努力为客户提供优质的国际联运单证预审、制单和打单等相关服务；全面敞开为各地政府和企业服务，逐步扩大中欧班列市场。截至 2021 年 6 月，中欧班列开行总量已超过 4 万列，累计货值超过 2 000 亿美元，73 条运行线路通达欧洲 22 个国家的 160 多个城市，构建了一条全天候、大运量、绿色低碳的陆上运输新通道。中欧班列是“一带一路”的重要组成部分，为沿线数亿民众送去实惠，开创了亚欧陆路运输新篇章，铸就了沿线国家互利共赢的桥梁纽带。

典型案例

案例一　　旅游专列，玩出五一新花样

4 月 24 日，Y576/5 次缓缓从井冈山站驶往瑞金，这是中国铁路南昌局集团有限公司今年开行的第 18 趟红色旅游专列。开行红色专列，将江西福建两省的红色旅游目的地串联起来。

坐着火车赏美景吃美食也成为了假期出游的新方式。随着我国铁路线网的加密，越来越多高铁列车的上线开行，搭乘高铁旅行成为越来越多人的选择。一车多游、车随人走、景随车移……旅游专列以其独特的魅力吸引着众多的游客。窗外是流动的美丽风景，车内是舒适的休闲空间，这便是理想的旅途。

北京市郊怀密线开行“漫越花海，畅游京郊”主题专列，以其沿线芬芳花海出名，被誉为“开往春天的列车”，每年吸引着国内大量游客前去赏景；贵州梵净山开行今年首趟旅游专列，带领游客感受奇峰怪石美景；南昌铁路局结合建党 100 周年的契机，大力开展“红色文化”旅游，开行“红色”专列。

这是铁路部门与地方充分合作的产物，通过推进“铁路+旅游”合作，开行丰富多彩的旅游专列，充分利用当地独具特色的旅游资源，优化旅游线路和产品设计，统筹调配旅游列车车底，优先安排“旅游专利”开行，充分发挥企业自身优势，进一步释放客流运力，为当地旅游经济发展助力。

随着旅游专列的进一步发展，列车不再是简单的交通工具，而变成旅游的一部分。旅游专列既可以是旅途中的一道风景，也是游客旅途中温馨舒适的家。车上配备独立卫生间，增设淋浴酒吧、娱乐、会议等功能，提高服务品质。专列上可举办形式多样的活动，丰富游客旅行体验。针对中老年游客，融入理疗休闲、文化体验、地方特色、书法摄影等多种内容，活跃旅游行程。针对学生游客，开辟“高铁上的研学课堂”，利用列车在途时间实现全流程研学。（来源：铁路之家/2021/05/01）

案例二　冠名高铁品牌专列从银川站出发

据《人民铁道》报道，7 月 19 日 9 时 05 分，伴随着一声风笛长鸣，首趟 G3189 次“环县羊羔肉”冠名高铁品牌专列从银川站出发，向杭州东站疾驰而去。

开行这趟高铁列车，是中国铁路兰州局集团有限公司聚焦“四保”目标任务、助力增运增收的一次生动实践，也是助力乡村振兴、促进陇东革命老区经济社会发展的具体行动。

甘肃环县地处陕甘宁三省交界处，有“中国羊谷善美环州”等美誉。近年来，环县构建起政、企、研、社、村、户、服“七位一体”的产业联合体，形成了“十乡百村万户”的规模养殖体系，走出了“引育繁推一体化、种养加销一条龙”的羊产业高质量发展新路子。2021 年年末，该县羊只饲养量达到 315 万只，产值突破 50 亿元，农民人均来自羊产业的收入达到 6 000 元以上。

“环县羊羔肉”是国家地理标志产品，荣获全国十佳羊肉品牌第一名，入选全国绿色农业十佳畜牧地标品牌。

2020 年 12 月 26 日银西高铁的开通，不仅改变了高铁沿线百姓的出行方式，而且为沿线旅游资源开发、绿色产业发展及百姓就业带来机遇，银西高铁成了环县羊产业发展的“新引擎”。据统计，银西高铁开通一年多来，环县境内 3 个高铁站共发送旅客超 60 万人次，环县接待游客 165 万人次，实现旅游收入 7.5 亿元，其中环县环州古城—中国羊肉养生城开园不到一年，就接待游客超过 90 万人次，实现收入超过 1.4 亿元。

经济发展，交通先行。此次冠名高铁品牌专列，是当地搭乘“中国速度”实现品牌赋能、助力地方经济发展的重要实践，是地方政府与铁路企业强强联合的又一次大胆尝试。此次品牌专列以车身彩贴、车内座椅头巾、海报、显示屏、语音播报等多种形式，全方位、立体式地进行品牌传播。

据了解，这趟冠名高铁品牌专列往返于银川和杭州，途经环县、庆阳、西安、郑州、合肥、湖州等城市。飞驰的列车犹如一张流动的名片，以日行千里的“中国速度”，让“环县羊羔肉”品牌在各地叫响。（来源：人民铁道报/2022/07/25/第 2 版）

案例三　开行多趟专列 带动旅游经济

据《人民铁道》报道，2022 年 7 月 9 日，两列载着 700 多名旅客的旅游专列从乌鲁木齐站发车，分别驶往南疆和北疆方向。今年暑运期间，多趟旅游专列奔驰在新疆千里铁道线上，方便旅客旅游、探亲出行，助力新疆旅游业复苏发展。

中国铁路乌鲁木齐局集团有限公司积极服务新疆维吾尔自治区“旅游兴疆”战略，持续擦亮“坐着火车游新疆”客运服务品牌。他们依托南北疆旅游资源，持续丰富“环游北疆”“畅览南疆”“新东方快车”等旅游专列产品，全年计划开行旅游专列 102 列，充分发挥旅游专列对新疆旅游经济的带动作用，进一步激活新疆旅游市场。随着若和铁路开通运营，世界首条环沙漠铁路全线贯通。以此为契机，新疆铁路旅游发展集团有限公司计划在 7 月下旬至 10 月下旬组织开行“缘满南疆”旅游专列，为游客提供新的旅游产品。

乌鲁木齐局集团公司大力推动“旅游+铁路”融合发展，让“坐着火车游新疆”成为更多游客“快进慢游”的新选择。他们提前对铁路新线的旅游线路和旅游景区进行调研，精心设计旅游专列线路；充分利用新疆12个主要旅游节点城市的旅游市场观测站，动态对接地方文旅部门、旅行社、热门景区，详细掌握旅游市场情况，按需安排运能，精准满足旅客出行需求。（来源：人民铁道报/2022/07/14日/第1版）

课后习题

一、名词解释

1. 核心产品：
2. 形式产品：
3. 附加产品：
4. 产品生命周期：
5. 品牌：

二、填空题

1. 市场营销中整体产品概念分为__________、__________和__________三个层次。
2. 按产品是否有形可将产品分为__________和__________两种，铁路运输产品属于__________。
3. 一个完整的产品生命周期包括__________、__________、__________和__________四个阶段。
4. 新产品可分为四个基本类型，即__________、__________、__________、和__________
5. 铁路客运的主要服务对象是__________，其次还有__________。
6. 客运产品的延伸服务包括__________、__________和__________三个过程。
7. 铁路货运产品的延伸服务包括__________和__________。

三、单项选择题

1. 按照产品之间的销售关系，自行车、电动车、汽车属于（　　）。
   A. 独立品　　B. 互补品　　C. 条件品　　D. 替代品
2. 列车的品牌是（　　）。
   A. 核心产品　　B. 形式产品　　C. 附加产品
3. 产品生命周期的成熟期的策略应突出一个（　　）字。
   A. 短　　B. 快　　C. 改　　D. 转

4. 在产品生命周期的投入期可采取低定价、低促销的策略，我们称该策略为（　　）。

A. 快速获取策略　B. 缓慢获取策略　C. 快速渗透策略　D. 缓慢渗透策略

5. 在产品生命周期的投入期，市场规模非常大，竞争激烈，消费者对产品不了解，但对高价敏感时，我们可采取（　　）。

A. 快速渗透策略　B. 缓慢渗透策略　C. 快速获取策略　D. 缓慢获取策略

6. 美国通用汽车公司所生产的轿车，分别冠以“别克”“雪佛兰”，该企业采用了（　　）策略。

A. 统一品牌　B. 个别品牌　C. 分类品牌

7. 受法律保护的商标，只能是（　　）的商标。

A. 自行设计　B. 社会公众　C. 经过注册　D. 名牌产品

8. 为候车旅客提供书刊杂志是客运整体产品的（　　）部分。

A. 核心　B. 形式　C. 附加

四、简答题

1. 简述品牌的作用。

2. 简述新产品开发的方式。

3. 简述铁路客运产品的特点。

4. 简述铁路货运产品的特点。

5. 分析铁路客运整体产品概念。

6. 分析铁路货运整体产品概念。

五、论述题

1. 简述产品生命周期各阶段的特点以及策略。

2. 如何实施有效的客运产品策略?

项目 6　铁路运输价格策略

◆项目学习目标：

1. 熟悉并掌握运价的含义及不同形式的运价结构。
2. 能够正确描述影响铁路运价的因素。
3. 能够正确理解定价目标。
4. 能够正确描述成本控制的有效途径。
5. 能够正确理解新产品的定价策略。
6. 掌握铁路客货运产品价格策略，并能够灵活应用。

◆课程思政目标：

1. 教育引导学生树立法治观念，提高运用法治思维解决问题的意识。
2. 教育学生树立正确的价值观，诚实守信。

项目引入

定期票和计次票都是铁路部门推出的新型票制产品， 2020 年年底在成渝高铁、京沪高铁试行推出。所谓的定期票、计次票，其实跟公交、地铁的月卡有点相似，持有者可以在约定期限内，在指定的始发站、终点站之间，多次乘坐规定类型的火车，既不用买票，又可以随意选择车次，也就是可以根据自己的时间规划出行，通俗来讲，就是赶上哪趟车就可以乘坐哪趟车。

2021 年 4 月厦深高铁开始推广灵活便捷、经济实惠的定期票、计次票，同时对动车组列车公布票价进行优化调整，根据市场需求，区分季节、时段、席别、区段等，实行灵活的定价机制，各站间执行票价将以公布票价为上限，构建多档次、有升有降的票价体系，为旅客出行提供更多选择。

请思考：新型票制产品的推广是否能够体现铁路部门适应市场新变化，满足旅客多样化需求的服务理念?

铁路运输产品价格 （简称运价） 是铁路运输企业市场营销组合的一个重要变数，也是最复杂、最敏感的一个市场因素。对于铁路运输企业来说，铁路运价关系到其收益，是其经济活动的生命线；对于旅客或货主来说，铁路运价是影响其运输需求产生以及运输决策的重要因素。尽管非价格因素在铁路运输市场中对消费者购买抉择的影响日趋上升，但是价格依然是决定铁路运输市场份额的最根本因素。运价是运输业主要的经济杠杆，运价制度运用得当与否，关系到国家和广大消费者的利益，同时，也关系到企业的经济效益和发展前途。近年来，随着我国交通基础设施和运输装备的不断改善，原来过分依赖铁路的运输市场结构已转变为多种运输方式并举的格局。

因此在一定距离内，不同运输方式的不同产品一直存在着“替代”现象，在运输产品可相互替代的条件下，价格的竞争优势显得尤为重要。

任务 1 价格策略概述

知识点 1 价格的含义

价格是商品价值在市场交换中的货币表现。一般商品价格是由生产该商品所消耗的生产成本、缴纳的税金、合理的利润及流通费用四个要素构成。用公式可表示为：

商品价格 = 生产成本 + 流通费用 + 利润 + 税金

知识点 2 铁路运输价格的含义及特点

2.1 铁路运输价格的含义

铁路运输价格是铁路运输产品的销售价格，是运输产品价值的货币表现，简称铁路运价，包括客运运价和货运运价。铁路运价既是国家运价政策的体现，也是铁路劳务价值的具体体现。

2.2 运输价格的特点

由于运输产品不是有形产品，其生产过程与消费过程是同时发生的，因而运输价格不同于一般工农业产品的价格，其特点如下。

2.2.1 运价与距离关系密切

运输价格的制定以运输成本为主要依据，运输成本是随着运输距离的延长而增加的，而平均运输成本随着运输距离的变化表现出递远递减的特征，因而运价会因运输距离的不同而有差别，如长途和短途，每个里程段的运价又是各不相同的。

2.2.2 运价只有销售价格一种形式

由于运输产品的消费过程与运输产品的生产过程是同步进行的，所以表现在运价上只有单一的销售价格形式，不像有形的工农业产品因流通环节不同，会形成不同的价格形式，如出厂价、批发价、零售价等。

2.2.3 运价种类繁多

运输对象不同，运输需求不同，需要提供的运输条件和运输产品也不同。由于不同运输产品的生产过程是在不同时间、不同地点、不同线路上完成的，故而其使用价值具有时间、空间上的不可替代性。由于不同旅客或货主对运输产品的服务质量需求不同，使得产生了多种能够满足市场需求的运输产品，这就决定了必须实行适应各种需要的多种运价。

知识点 3 运价种类及结构

3.1 运价的种类

根据不同的划分标准，运价可分为不同的种类。

3.1.1 根据运输对象不同

运价可分为客运运价、货运运价、行李包裹运价。

3.1.2 根据运输方式不同

运价可分为铁路运价、公路运价、水运运价、航空运价、管道运价和由多种运输方式联合运输的联运运价。

3.1.3 根据适用的范围不同

运价可分为普通运价、特定运价和优待运价。普通运价是运价的基本形式；特定运价是普通运价的补充形式，适用于一定货物、一定地区、一定线路等；优待运价属于优惠折扣，如旅客运输中的学生票、季节性优惠票，货物运输中某些返空方向的货物和重去空回的容器等。

3.1.4 根据货物的运输种类不同

运价可分为整车货物运价、零担货物运价和集装箱货物运价。

3.1.5 根据运价费率的计算方法不同

运价可分为计时运价、计程运价、包车（包机）运价。

3.2 运价结构

运价结构是指运价体系各部分构成及其相互关系，一般有以下几种形式。

3.2.1 根据距离不同的差别运价结构

（1）里程式运价结构。

这是根据运输里程而制定的运价结构体系。按运输作业过程，运输支出划分为始发到达作业费、中转作业费和运行作业费三个部分。随着运距的增加，运输总支出也在增加。但是随着运距成比例增加的只是中转作业费和运行作业费，而始发到达作业费是不会随运距的增加而发生变化的。因此，运距越长，分摊到单位运输里程的始发到达作业费就越少，运输成本也就越低。根据这种特点，运输企业可以实行按距离递远递减的差别运价结构。

（2）邮票式运价结构。

邮票式运价结构是在一定区域范围内，对运输对象就像贴邮票那样，不论运输距离长短，制定相同的运价，收取同样的运费。这种运价把所有人和所有的地方置于同等基础之上，可以消除对人和地方的差别待遇，运价表可以极度简化，因而大大有利于托运人和运输企业，运输邮件是纯粹的邮票式运价形式。市内客运中的公共汽车，地铁和市郊列车等都采用此种运价结构。

（3）基点式运价结构。

基点运价是把某一车站作为基点，运费总额是发送站到基点的运费加上由基点到终点站的运费。许多运价的特点是都有一基点运价，并将它与其他地点的运价间建立一定的关系。基点式运价结构是不同运输方式以及不同运输线路之间竞争的结果。这种运价结构最普通的办法是，按规定超过或低于基点运价的差数来制定运价，所以这种运价结构又被称为“差数运价系统”。

（4）成组运价结构。

成组运价结构又称为区域共同运价结构，它是将某一区域内发送站或到达站集合成组，在一个组内的所有各站都采用同一运价。通常较远的组比较近的组适用较高的运价。

3.2.2 根据运输对象不同的差别运价结构

主要包括按货种类别和按客运类别的差别运价结构。

（1）按货种类别的差别运价结构。

这是指对承运的不同货物制定高低不同的运价。所以采用这种运价结构，主要是因为不同种类货物本身性质的差异决定了它们运输成本的差异。例如，不同类型的货物在性质、体积、比重、包装等方面不同，它们要求使用的车辆、运输服务条件也会不同，因而在运输成本上存在较大差异。

按货种不同的差别运价是通过货物分类和确定级差来实现的。我国现行运价体制，铁路采用分号制，公路和水运则采用分级制、它们分别将货物运价划分为若干号或若干等级，每一个运行号、运价等级都规定一个基本运价率，各类货物根据自己对应的运行号或运行等级来确定运价率。

（2）按客运类别的差别运价结构。

不同运输方式旅客运输在运输设备、旅行速度上差别较大，而同一种运输方式旅客运输由于所使用的设备、提供的运输服务不同，旅客所享受的舒适度也大不相同，因此，票价也存在明显差异。比如，铁路旅客运输中普通旅客列车车票、普通动车组车票、高速动车组车票价格不同；水运的客船分一至五等舱，票价不同；航空运输飞机分头等舱与经济舱，票价也不同。

知识点 4 影响铁路运价的因素

影响铁路运价的因素很多，有企业内部因素，也有企业外部因素；既有主观的因素，也有客观的因素。概括起来，大体上分为产品成本、市场需求、竞争因素和其他因素四个方面。

4.1 铁路运输成本

马克思主义理论告诉人们，商品的价值是构成价格的基础。商品的价值由 C+V+M（即不变资本+可变资本+剩余价值）构成。C+V 是在生产过程中物化劳动转移的价值和劳动者为自己创造的价值，M 是劳动者为社会创造的价值。显然，对企业的定价来说，成本是一个关键因素。企业产品定价以成本为最低界限，产品价格只有高于成本，企业才能补偿生产上的耗费，从而获得一定盈利。但这并不排斥在一段时期在个别产品上，价格低于成本。

铁路运输成本是铁路运输企业在生产经营过程中发生的各种耗费，是铁路营运生产过程中活劳动和物化劳动耗费的货币表现，包括运营成本、管理费用、财务费用。铁路运输企业为了维持运营以及扩大再生产，必须通过制定合理的运输价格带来一定的利润，因此运输成本是运输企业制定价格时的最低界限。其中运营成本是运输成本的主要部分，包括与正常运营相关的运输工具折旧费、燃料费、修理费等各项费用；管理费用是指铁路运输企业为管理和组织运营生产活动的各项费用，包括企业各项经费、劳动保险费等；财务费用是指铁路运输企业为筹集资金而发生的费用，包括企业运营期间的利息支出、汇兑净损失等财务费用。

目前，铁路运价基本是国家确定的指导价格，在价格基本固定的情况下，控制成本或降低生产成本和流通费用既是铁路运输企业主要的获利途径，也是铁路运输企业参与运输市场竞争的关键因素。

4.2 运输市场需求

产品价格除受成本影响外，还受市场需求的影响。当商品的市场需求大于供给时，价格应高一些；当商品的市场需求小于供给时，价格应低一些。同时价格变动也会影响市场需求总量，从而影响销售量，进而影响企业目标的实现，因此，企业制定价格时必须了解价格变动对市场需求的影响程度。

4.2.1 需求价格弹性的含义

市场商品需求量对于价格变动做出反应的敏感程度通常用需求价格弹性系数（*Ed*）来表示，即需求量变化的百分比与价格变化的百分比的比值。公示表示如下：

需求价格弹性系数=需求量变动率/价格变动率

$$Ed=(\triangle Q/Q)/(\triangle P/P)$$

由于供求规律的作用，价格和需求量是呈相反方向变化的，价格下跌，需求量增加；价格上升，需求量减少。由于需求量和价格的相对变化量符号相反，所以需求价格弹性系数总是负数。

需求价格弹性系数的正负，所表示的仅仅是有关变量变化的方向性关系，而其绝对值的大小则表示了变化程度的大小，故而我们常用把负号略去，取其绝对值。当我们说某产品的需求价格弹性大，即指其绝对值大。

（1）需求价格弹性系数>1 时，需求量对于价格变动的反应比较敏感，即需求量变动的幅度大于价格变动的幅度，表示需求富有弹性或需求弹性大。例如奢侈品、有较多替代品的商品。

（2）需求价格弹性系数弹性=1 时，需求量变动的幅度等于价格变动的幅度，称为需求单一弹性。必须指出，这只是一种理论上的可能性，市场上很少出现这样的情况。

（3）需求价格弹性系数<1 时，需求量对于价格变动的反应不太敏感，需求量变动的幅度小于价格变动的幅度，表示需求缺乏弹性或需求弹性低。这类产品的弹性小，例如生活必需品。

4.2.2 影响需求价格弹性的因素

（1）商品的可替代性。

可替代性是指商品的替代品数量多少。通常一种商品的可替代品越多，相似程度越高，那么这种商品的需求价格弹性就大；反之则该商品的需求价格弹性就越小。因为一旦这种商品价格上涨，甚至是微小的上涨，消费者往往会舍弃这种商品，而去选购它的替代品，从而引起较大需求量的变化。

（2）商品的重要性。

一般来说，生活必需品的需求价格弹性较小，非必需品的需求价格弹性较大。因为人们生活的基本必需品，即使价格上涨，还得照样买，例如我们生活必需的油盐酱醋等调味品，它们的需求价格弹性就小或缺乏弹性；而一些比非必需的高档商品，像贵重首饰、高档服装等，只有当消费者购买力提高之后才买得起，其需求弹性就大。

（3）商品的用途。

一般来说。一种商品的用途越多，它的需求弹性就越大，反之就缺乏弹性。任何商品的不同用途都有一定的排列顺序。如果一种商品价格上升，消费者会缩减其需求，把购买力用于更重要的用途上，使购买数量减少，而随着价格的降低，会增加其购买数量。

（4）对商品的考察时间。

考察时间越短，商品的需求弹性就越小；考察时间越长，商品的需求弹性就越大。这是因为在较长的时间内，消费者更有可能找到替代品，替代品多了，它的需求价格弹性就必然会增加。

4.2.3 铁路运输产品需求价格弹性

旅客运输需求中生产性旅行（如商务、公务、探亲）需求的价格弹性较小，消费性旅行（旅游、打工等）需求的价格弹性较大，消费性旅行需求受收入水平高低的影响，人均收入高的地区由于运输费用占收入的比例小，价格弹性小一些，而低收入地区，运价的变动对旅行者的影响要大些，故价格弹性大。

以我国铁路旅客票价为例。我国铁路票价自 1952 年实行全国统一定价后，20 多年来一直维持在低运价水平上。直至 20 世纪 80 年代初，旅客运价才开始上调。1982 年的旅客运价上调，由于调整幅度很小，对客运量未产生什么影响，次年客运量继续保持增长。1988 年 9 月旅客客票价格再次上调至平均每人每千米 0.04 元，上调幅度达 112.8%。这次调价对客运量产生了明显的影响，全国各路局客运量次月开始下降。而且从 1989 年至 1991 年铁路客运出现连续三年的大滑坡，从 12.159 亿人下降到 9.42 亿人。虽然客票调价不是引起这次客运量下降的唯一原因，但不可否认，客票调价对这次客运量下降产生了重要的影响。1995 年 10 月，铁路客运价又进行了一次调整，上调幅度 51.8%，运价上调后立即引起客运量下降。从几次调价可以看出，客运票价的调整对客运需求的影响确实很大。经济学理论及相关研究也证明，当铁路运价上升 10%时，铁路客（货）运量下降幅度会超过 10%，即铁路运输产品的需求价格弹性系数>1。由于价格因素流失的客源或货源会选择其他交通运输方式的运输产品，而这些运输产品也就成为了铁路运输产品的替代品。

货物运输需求的需求价格弹性往往与货物价值有关，价值小的需求价格弹性较大；价值大的弹性较小。需求价格弹性的大小还与货物的季节性以及市场状况有关。当某种货物急于上市销售或不宜久存时，其运价弹性小，货主情愿选择运价高速度快的运输方式，而不去选择运价低、速度慢的运输方式。

4.3 运输市场竞争

市场竞争也是影响价格制定的重要因素。根据竞争的程度不同，企业定价策略会有所不同。按照市场竞争程度不同，可以分为完全竞争、不完全竞争与完全垄断三种情况。

4.3.1 完全竞争

所谓完全竞争也称自由竞争，它是一种理想化了的极端情况。在完全竞争条件下，买者和卖者都大量存在，产品都是同质的，不存在质量与功能上的差异，企业自由地选择产品生产，买卖双方能充分地获得市场情报。在这种情况下，无论是买方还是卖方都不能对产品价格进行影响，只能在市场既定价格下从事生产和交易。

4.3.2 不完全竞争

它介于完全竞争与完全垄断之间，它是现实中存在的典型的市场竞争状况。不完全竞争条件下，有两个以上的买者或卖者，少数买者或卖者对价格和交易数量起着较大的影响作用，买卖各方获得的市场信息是不充分的，它们的活动受到一定的限制，而且它们提供的同类商品有差异，因此，它们之间存在着一定程度的竞争。在不完全竞争的情况下，企业的定价策略有比较大的回旋余地，它既要考虑竞争对象的价格策略，也要考虑本企业定价策略对竞争态势的影响。

4.3.3 完全垄断

它是完全竞争的反面，是指一种商品的供应完全由独家控制，形成独占市场。在完全垄断竞争情况下，交易的数量与价格由垄断者单方面决定。完全垄断在现实中也很少见。

企业的价格策略，要受到竞争状况的影响。完全竞争与完全垄断是竞争的两个极端，中间状况是不完全竞争。在不完全竞争条件下，竞争的强度对企业的价格策略有重要影响。所以，企业首先要了解竞争的强度。竞争的强度主要取决于产品制作技术的难易，是否有专利保护，供求形势以及具体的竞争格局。其次，要了解竞争对手的价格策略以及竞争对手的实力。最后，还要了解、分析本企业在竞争中的地位。

不同的运输市场结构决定了其拥有不同的竞争程度，而运输价格的适当调整可以促使铁路运输更好地参与区域间的市场竞争，所以在制定铁路运输价格时必须根据市场结构情况将竞争因素考虑进去。

4.4 国家政策

铁路运价是国民经济价格体系的重要组成部分，它不仅关系着铁路本身的经济效益和国家资金的积累，而且也影响到国民经济各部门的发展。从法律依据上看，我国的《价格法》与《铁路法》均规定铁路运输价格应由政府及相关部门制定，经营者可以根据市场情况在基准价的合理范围内进行票价浮动。因此，旅客票价和货物、行包的运价率以及各种运输杂费的收费项目均由国家相关部门拟定，报国务院批准。

政府通过上调运价或采取浮动机制调整运价，一方面，能够促使铁路运价形成机制越来越贴近市场，充分发挥铁路网发达、运输资源丰富、运输成本低、全天候的优势；另一方面，铁路运输企业能根据运输市场需求，利用灵活的调价空间，通过在运能紧张的区域线路适度上浮运价、在运能宽松的区域线路下浮运价从而增加运价弹性，不断增强铁路运输企业的市场竞争力，有利于吸引更多的货源，改善这些企业的运输与经营。

可见，国家政策对铁路运价的影响，不但能够加快铁路运价与运输市场接轨，特别在部分线路、附加值较高的物流领域，还能够促进铁路与公路等运输方式形成较充分的有效竞争，进一步完善铁路运输市场价格形成机制，不断推动运输市场的健康发展。

知识点 5 铁路运输产品的定价目标与成本控制

5.1 定价目标

定价目标是指企业通过制定特定水平的价格以实现其预期目的。定价目标的确定必须服从于企业营销总目标，并与其他营销目标相协调。具体的定价目标可分为以下几种。

5.1.1 将获取利润作为定价目标

获取利润是企业从事生产经营活动的最终目标，具体可通过产品定价来实现。获取利润目标一般分为以下三种。

（1）以获取投资收益为定价目标。

投资收益定价目标是指使企业实现在一定时期内能够收回投资并能获取预期的投资报酬的一种定价目标。采用这种定价目标的企业，一般是根据投资额规定的收益率，计算出单位产品的利润额，再加上产品成本后作为销售价格。但必须注意两个问题：第一，要确定适度的投资收益率。一般来说，投资收益率应该高于同期的银行存款利息率。但不可过高，否则消费者难以接受。第二，企业生产经营的必须是畅销产品。与竞争对手相比，产品具有明显的优势。在实际经济生活中，一些实力雄厚、竞争力强的大型企业常采用这种定价目标，如美国的通用汽车公司、杜邦公司等。

（2）以获取合理利润为定价目标。

合理利润定价目标是指企业为避免不必要的价格竞争，以适中、稳定的价格获得长期利润的一种定价目标。采用这种定价目标的企业，往往是为了减少风险、保护自己，或限于力量不足，只能在补偿正常情况下的平均成本的基础上，加上适度利润作为产品价格。条件是企业必须拥有充分的后备资源，并打算长期经营。临时性的企业一般不宜采用这种定价目标。

（3）以获取最大利润为定价目标。

最大利润定价目标是指企业追求在一定时期内获得最高利润额的一种定价目标。利润额最大化取决于合理价格所推动的销售规模，因而追求最大利润的定价目标并不意味着企业要制定最高单价。最大利润既有长期和短期之分，又有企业全部产品和单个产品之别。有远见的企业经营者，都着眼于追求长期利润的最大化。当然并不排除在某种特定时期及情况下，对其产品制定高价以获取短期最大利润。还有一些多品种经营的企业，经常使用组合定价策略，即有些产品的价格定得比较低，有时甚至低于成本以招徕顾客，借以带动其他产品的销售，从而使企业利润最大化。

5.1.2 将保持和提高企业的市场占有率作为定价目标

即把保持和提高企业的市场占有率（或市场份额）作为一定时期的定价目标。市场占有率是一个企业经营状况和企业产品在市场上竞争能力的直接反映，关系到企业的兴衰存亡。较高的市场占有率，可以保证企业产品的销路，巩固企业的市场地位，从而使企业的利润稳步增长。

5.1.3 将应付竞争作为定价目标

企业对竞争者的行为都十分敏感，尤其是价格的变动状况更甚。在市场竞争日趋激烈的形势下，企业在实际定价前，都要广泛收集资料，仔细研究竞争对手的产品价格情况，以竞争者的价格为基础，或者与其保持一致，或者稍有变化，并不有意与之竞争，而是希望在竞争不太激烈的条件下，求得企业的生存与发展。

5.1.4 将保持价格稳定作为定价目标

这是以保持价格相对稳定而获得利润为目标的定价。稳定的价格通常是大多数企业获得一定目标收益的必要条件，市场价格越稳定，经营风险也就越小。稳定价格目标的实质即是通过该行业中的大企业或占主导地位的企业率先制定一个较长期的稳定价格，其他企业的价格与之保持一定的比例，避免不必要的价格波动。按这种目标定价，可以使市场价格在一个较长的时期内相对稳定，减少企业之间因价格竞争而发生的损失。

5.1.5 将维护企业形象作为定价目标

企业形象是企业的无形资产与财富，良好的企业形象是企业成功地运用了市场营销组合策略取得了消费者的信任后，长期积累的结果。以维护企业形象为定价目标，是指企业定价时，首先要考虑价格水平是否被目标消费者所接受，是否与他们的期望价格水平相接近，是否有利于企业整体策略的稳定实施。例如，有些企业的产品以物美价廉著称；有些企业的产品则以高档优质称雄。其次，企业定价时也要兼顾协作企业或中间商的利益，依靠他们的合作求得生存和发展。再次，企业定价要依照社会和职业的道德规范，不能因贪图厚利而侵害消费者的利益。最后，企业在定价时还要符合国家宏观经济发展目标，遵守政策指导和法律约束。

5.2 成本控制

产品成本是产品价格的最低限度，成本是影响产品定价的一个重要因素，因而成本控制是所有企业都必须面对的一个重要管理课题。

5.2.1 成本控制的概念

所谓成本控制，是企业根据一定时期预先建立的成本管理目标，由成本控制主体在其职权范围内，在生产耗费发生以前和成本控制过程中，对各种影响成本的因素和条件采取的一系列预防和调节措施，以保证成本管理目标实现的管理行为。

5.2.2 成本控制的基础工作

成本控制的起点，或者说成本控制过程的平台就是成本控制的基础工作。成本控制不从基础工作做起，成本控制的效果和成功可能性将受到大大影响。

（1）定额制定。

定额是企业在一定生产技术水平和组织条件下，人力、物力、财力等各种资源的消耗达到的数量界限，主要有材料定额和工时定额。成本控制主要是制定消耗定额，只有制定出消耗定额，才能在成本控制中起作用。工时定额的制定主要依据各地区收入水平、企业工资战略、人力资源状况等因素。

（2）标准化工作。

标准化工作是现代企业管理的基本要求，它是企业正常运行的基本保证，它促使企业的生产经营活动和各项管理工作达到合理化、规范化、高效化，是成本控制成功的基本前提。在成本控制过程中，尤其要重视计量标准化、价格标准化、质量标准化和数据标准化。

（3）制度建设。

在市场经济中，企业运行的基本保证，一是制度，二是文化，制度建设是根本，文化建设是补充。没有制度建设，就不能固化成本控制运行，就不能保证成本控制质量。成本控制中最重要的制度是定额管理制度、预算管理制度、费用审报制度等。

5.2.3 铁路运输企业成本控制途径

铁路运营成本很高，主要原因是冗员、浪费、效率低等，降低成本的潜力很大。因此，铁路运输企业必须从以下几方面入手加强成本控制，降低成本。

第一，要改进技术，改善铁路运输组织，改造铁路运输设施、设备。例如，铁路信息技术的进步和运行速度的提高都为铁路运输企业降低成本提供了技术保证。

第二，要精打细算，厉行节约，严格控制成本支出。这是铁路运输企业降低成本，提高运输市场竞争力的关键。

第三，要把成本控制的重心下放到基层，认真落实到生产各环节。要进一步完善督促考核机制，保证站段成本责任目标的有效落实。

知识点 6 新产品的定价策略

在产品生命周期的各个阶段中，处于投入期的新产品的定价策略，是一个十分重要的问题。

在激烈的运输市场竞争中，铁路运输企业为增强自身的竞争优势，提高自身的竞争能力，在不断改善原有运输产品的基础上，还必须不断研究。开发一些铁路运输新产品。例如根据旅客需求，开行旅游列车、动车组列车、高速动车组列车、学生专列、农民工专列等；在开好站对站班列的基础上，开行集结时间短、货源稳定的技术站间的“五定”班列，并扩大开行范围，形成全路“五定”班列网络等。

对这些铁路运输新产品采取何种定价策略，是一个不能忽视的问题。它关系到增强铁路运输新产品在运输市场竞争中对顾客的吸引力，影响新产品的市场占有份额。

常见的新产品定价策略有以下两种。

6.1 撇脂定价策略

撇脂定价策略是指在产品生命周期的最初阶段，把产品的价格定得很高，以攫取最大利润，仿佛从鲜奶中撇取奶油。企业所以能这样做，是因为有些购买者主观认为某些商品具有很高的价值。从市场营销实践看，当市场有足够的购买者，他们的需求缺乏弹性，即使把价格定得很高，市场需求也不会大量减少。高价使需求减少了一些，因而产量也会减少一些，单位成本因此增加一些，但这不致抵消高价所带来的利益。在高价情况下，仍然独家经营，别无竞争者。有专利保护的产品就是如此。某种产品的价格定得很高，使人们产生这种产品是高档产品的印象。

撇脂定价策略的主要特点体现在以下几个方面：

首先，撇脂定价可以使企业在新产品上市后的短时间里取得利润最大化；其次，高价格可以提升产品本身的身价，激起消费者的购买欲望，满足更多消费者求新、求名等的购买动机；最后，高价格可以控制市场的成长速度，使当时的生产力足以应付市场需求，减缓供求矛盾。另外，高价格也为产品今后的价格调整预留出了足够的空间。

6.2 渗透定价策略

渗透定价策略即企业把它的新产品的价格定得相对较低，以吸引大量顾客，提高市场占有率。从市场营销的实践角度看，企业采取渗透定价需具备以下条件：市场需求显得对价格极为敏感，因此，低价会刺激市场需求迅速增长；企业的生产成本和经营费用会随着生产经营经验的增加而下降；低价不会引起实际和潜在的竞争。

渗透定价策略的主要特点体现在以下几个方面：

首先，渗透定价策略可以使新产品上市后迅速进入市场，占领较大市场份额；其次，低价对于那些对价格较敏感的消费者有着很强的刺激作用，激发求廉消费动机的消费者的购买欲望；最后，产品在打开市场以后，企业的生产成本和经营费用会随着生产经营经验的增加而下降，从而进一步做到薄利多销。

任务 2 铁路客运价格策略

知识点 1 铁路客运产品价格概述

铁路客运产品的价格又称客运运费。客运运费由客运运价与客运杂费组成，客运运价包括旅客票价和行李、包裹运价。旅客票价包括客票票价和附加票票价两部分，客票票价分为硬座、软座客票票价；附加票票价分为加快、卧铺、空调票票价。

铁路旅客票价，是指铁路旅客运输产品的销售价格，以每人每千米的票价率为基础，按照旅客旅行的距离和不同的列车设备条件，通过递远递减的办法确定。具体票价以国务院铁路主管部门公布的票价表为准。

铁路行李、包裹运价，是根据运输条件，并参照铁路零担货物运价和民航等其他运输工具的行李、包裹运价而制定的。原则上，行李、包裹的运价应高于铁路零担货物运价，低于民航行李、包裹运价。行李运价率为硬座客票票价率的 1%，即每 100 千克·公里的行李运价率等于 1 人·公里的硬座客票基本票价率。包裹运价率是以三类包裹运价率为基数，其他各类包裹运价率按三类包裹的运价率加成或减成的比例确定。行李、包裹运价是根据规定的运价区段，以每千克每千米的运价率乘以通过递减后而确定的计价里程，再乘以 5 千克，即得 5 千克为单位的运价基数。其他重量的运价，则以 5 千克的运价基数推算。

客运杂费是指在铁路运输过程中，除去旅客车票票价、行李包裹运价以外，铁路运输企业向旅客、托运人、收货人提供的辅助作业、劳务及物耗等所收的费用。客运杂费的收费项目和收费标准由国务院铁路主管部门制定。

知识点 2 票价的管理权限

2.1 普通列车票价管理权限

《铁路客运运价规则》规定：国家铁路的旅客票价率和行李、包裹运价率由国务院铁路主管部门拟定，报国务院批准。客运杂费由国务院铁路主管部门规定。经国务院铁路主管部门和国家物价主管部门同意，特殊区间段可实行特殊运价。在国务院批准的价格内，经国家物价主管部门同意，国务院铁路主管部门可根据运输市场的需求实行浮动价格；对在铁路局内运行的旅客列车的票、运价，可根据具体情况，赋予铁路局自行浮动的权力。

2.2 普通动车组票价管理权限

普通动车组票价由国铁集团决定，折扣票价由铁路运输企业决定，并在公布前 3 天报国铁集团总公司备案，但下列情况铁路运输企业要在公布前 10 天报国铁集团备案：

（1）跨局开行的动车组列车。

（2）折扣率低于 6 折时。

（3）铁路运输企业之间意见有分歧时。

2.3 高速动车组票价管理权限

高速动车组票价由各高速铁路（客运专线）公司提出申请，由国铁集团报国家发改委批准试行。

知识点 3 铁路客运产品价格策略

近年来，随着我国交通基础设施和运输装备的不断改善，在一定距离内不同运输方式的不同产品存在着“替代”的现象。如何让旅客在多种运输方式面前选择铁路，价格因素起到的作用举足轻重。正确实施价格策略，一方面可以使旅客觉得铁路运输方便、安全、快捷、经济实惠；另一方面又可以实现铁路运输企业效益最大化。定价过低，连成本都保不住，那么运量越大亏损的越多，就要亏本；定价过高，则抑制了市场需求，造成客源流失，最终造成市场占有份额的下降，会将客流拱手相让。

我国铁路旅客运输票价主要采取“成本加成定价法”，票价组成主要包括基本票价、各里程递减票价和各种杂费，基本票价率、杂费率受政府严格管制。

20 世纪 90 年代初起，我国政府就开始了放松价格管制的积极探索，允许广州铁路（集团）公司在春运期间实行价格上浮制度，打破了铁路运价完全刚性的历史。1995 年铁路旅客票价基准率由 3.861 分/人公里提高到 5.861 分/人公里，同时适当调整不同席别的比价关系，理顺了递远递减率。1997 年《关于高等级软座快速列车票价问题的复函》（计价管〔1997〕1068 号）规定旅行速度在 110 km/h 以上的二等车软座客票基准价为 0.280 5 元/人公里，在 110 km/h 以下的二等车软座客票基准价为 0.233 0 元/人公里。在此基础上，一等车、特等车软座客票基准价分别上浮 20% 和 50%。 2002 年颁布的《关于公布部分旅客列车票价实行政府指导价执行方案的通知》（计价格〔2002〕107 号）允许铁路旅客票价在春运、暑运和“黄金周”期间根据实际情况适当浮动。但是，自 1995 年至今，铁路客运基准票价率一直没有再作过调整。

为应对市场竞争，铁路运输企业可采取的定价策略有以下几种。

3.1 实行季节运价

为了适应运输季节变化的特点，缓解供需矛盾，在需求旺季，适当提高运价，在需求淡季，适当降低运价。

3.2 实行优质优价

铁路运输企业为适应旅客对运输的许多高标准、高要求，推出了许多优质产品，如在时间上、速度上、舒适度和便利性上，在服务方式上都有很大改善的快速列车、特快列车及动车组列车等优质列车。按照价值规律，为了补偿成本，也为了鼓励提高服务质量，应该实行优质优价。

3.3 实行协议运价

在一定范围内，铁路局可与旅客实行协议运价，供需见面，共同商议，达成一个双方都能长期接受，互惠互利的合理价格，既固定了客源，又有了固定收入。

3.4 实行浮动运价

铁路局可在国家批准的范围内，决定具体运价的上下浮动水平，如在春运、暑运和节假日期间上浮运价、对热门车次和紧缺座别上浮票价等。这样，既可以增加铁路局的收入，又可以调整高峰期运量，实现均衡运输。2001～2007 年，铁路春运票价浮动的具体做法是：大年三十至正月初二下浮 15%，以此为中心，向前 7 天和向后 15 天上浮 15%。这样起到了合理分流、“削峰平谷”的作用，在运量总量上升的情况下，客流涨落平缓，同时，铁路的经济效益也得到了提高，充分发挥了价格杠杆的作用。

3.5 实行优惠折扣运价

当德国铁路推出新的票价系统时，由于部分票价偏高，导致客源流失。为了更好地吸引客流，德铁推出了多种票价优惠政策：

一是提前购票的优惠。提前一周买非高峰期的往返票，可优惠 50%，提前三天买往返票、固定车次，可优惠 25%。

二是非高峰期的票价优惠。由于很多人家庭和工作地在不同的城市，周末需往返乘车，所以铁路周一、周五、周日的客流量非常大，车厢基本满员，而平时车厢则很空。德铁在非高峰期实行非常优惠的票价，促使部分旅客调整出行日期，缓解高峰期的客流压力。

三是乘坐次数的优惠。旅客乘坐德铁列车次数累计一定数量时会获得优惠卡，在任何地方买票都可以打折，并且可在国内 40 多个城市免费乘坐当地的公共交通。

借鉴德国铁路的经验，铁路运输企业也可以在定价权限范围内实行折扣优惠运价。如对团体旅客可按其购票人数规定一定的折扣比例，购票越多，折扣比例越大；对家庭旅游票、日票、周票、月票和年票等提供各种优惠；对购买往返票、回程票和定期票的旅客也同样给予优惠等。

任务 3 铁路货运价格策略

知识点 1 铁路货运产品价格构成

铁路货物运输费用是对铁路运输企业所提供的各项生产服务消耗的补偿，包括车站费用、运行费用、服务费用和额外占用铁路设备的费用等。铁路货物运输费用由铁路运输企业使用货票和运费杂费收据核收。

货物运费分为整车货物运费、零担货物和集装箱货物的运费、托运人自备或租用铁路机车车辆运输货物的运费、货物快运费、冷藏车运费、自备货车装备物品及集装用具的回送费。

杂费包括货运营运杂费、延期使用运输设备、违约及委托服务费用以及租、占用运输设备费用等。

知识点 2 铁路货运运价机制现状

2.1 政府定价机制

我国铁路货物运输价格实行以货物品类区分，以运输距离、车辆载重为基础的运输价格体系，国家对铁路实行政府定价。20 世纪 90 年代中后期，随着民航、公路、水运及管道运输的迅速发展，为提升铁路在综合运输市场中的竞争力，国家逐步放松了铁路客货运输价格的直接管制，以政府定价为基础，允许铁路运输企业视运营情况对个别线路实行运价下浮政策。

自 1997 年以来，铁路普货的基价共进行 11 次提价，形成了“补丁”式的运价体系。2014 年 8 月 19 日，国务院办公厅公布《国务院关于改革铁路投融资体制加快推进铁路建设的意见》，提出“将铁路货运价格由政府定价改为政府指导价，增加运价弹性”。2014 年 2 月 20 日《关于调整铁路货物运价有关问题的通知》（发改价格〔2014〕210 号）规定，铁路货物运价由政府定价改为政府指导价，赋予铁路运输企业根据市场需求和竞争情况调整价格的权限。国铁普通运营线以国家规定的统一运价为上限（执行特殊运价的国铁线路及国铁控股合资铁路以国家规定的运价或浮动上限价为上限），铁路运输企业可以根据市场供求自主确定具体运价水平。2014 年 4 月 1 日，国家发展和改革委员会公布的《关于包神、准池铁路货物运价有关问题的通知》称，准池铁路开通运营后，货物运价实行市场调节，由铁路运输企业与用户、投资方协商确定具体运价水平。这是国内放开铁路运输价格的首次尝试，表明我国铁路在运价改革方面迈出实质性的一步。

2.2 货物运价浮动机制

1998 年《关于调整铁路货运价格规范铁路收费秩序的通知》（计电〔1998〕31 号）规定对货运回空方向运输、与高速公路平行已经形成竞争路段的客货运输，允许铁路根据市场情况变化实行下浮运价，我国铁路货运也开始放松全路严格统一的价格管制。

2015 年 1 月 30 日《关于调整铁路货运价格进一步完善价格形成机制的通知》（发改价格〔2015〕183 号）规定，建立运价上下浮动机制，允许上浮不超过 10%，下浮不限，为适应运输市场发展，进一步推动铁路货运价格市场化，铁路运输企业可以根据市场供求状况自主确定具体运价水平。这是我国首次允许国铁货物运价实行上浮，提高了铁路应对市场的灵活性，增加了运价弹性，铁路运价改革在完善运价形成机制方面又取得关键性进展。

2.3 “门到门”运输一口价机制

铁路“门到门”运输一口价是指货物从托运人指定上门取货地点装车开始，接运至发站、运输至到站、送达卸货至收货人指定到门收货地点为止的全过程运输服务中发生的费用。门到门一口价包括“门到门”运输服务全过程中按规定收取的所有费用。

铁路实施“门到门”全程物流运输服务后，国铁集团为方便客户，规范收费行为，拓展铁路货运市场，发布了《铁路“门到门”运输一口价实施办法（暂行）》（铁总运〔2013〕40 号），从收费制度上实行全程“一个主体”“一口价”“一张票”的收费管理规定，对运输服务收入实行统一管理。

随着我国产业结构的不断优化，将在运输品类、运输距离、运输结构等诸多方面发生巨大变化，铁路大宗货物运输总量将持续下滑，高附加值产品运输将日益提高，运输方式的交叉将越来越深入，铁路应及时将运输能力的建设、运行机制的调整和产业结构与布局优化等有机结合，形成科学的价格管理体制与机制，全方位开启市场化经营格局。

知识点 3 铁路货运产品价格策略

基于目前的铁路运价的现状，铁路自身必须不断强化意识、改变观念，建立适应市场经济体制的运价新体制。因此，在进行铁路货物运输定价时，必须实施以下策略。

3.1 阶梯定价策略

主要指针对不同货物运量实行不同的运价，不同的运量享受不同的阶梯运价优惠。对煤炭、石油、粮食、棉花等与经济发展和人民生活水平关系密切，或铁路与其他运输方式相比优势明显的大宗货物运输，实行政府指导价，即对经营性大宗货物 （如煤、矿石、建材等）实行基准价，允许在基准价基础上有一定的上下浮动范围。以实际运输成本为依据，合理制定基准价和浮动幅度，基准价主要根据运输成本、利润和税金来确定，上下浮动幅度则主要参考当前的供求状况、运输替代品价格等因素，以此控制价格水平变动对社会经济生活的影响。而其他大宗货物，如钢材、木材等，可给予相应的价格折扣，以鼓励货主与铁路企业建立长期稳定的合作关系，减少企业的经营风险。

3.2 区域定价策略

由于全国统一的货运价格体系对市场供需反应不敏感，导致铁路拓展货运市场缺乏优势。为此，铁路可以根据不同地区的经济发展水平、货源分布和特点、运能紧张程度、运输市场竞争的激烈程度等实际情况采取不同的价格策略。针对不同的区域，确定不同的运价水平，或围绕一定的基础价格上下浮动，通过更大范围的区域价格联动机制，保持铁路在货运市场竞争中的主导地位。

3.3 季节定价策略

根据不同季节的货源特点、运输的旺季淡季时间、货物的品类等差异情况，采取不同的定价策略：旺季上调运价，平衡货物运输能力；淡季下浮运价，吸引货源数量上升。例如，农副产品、鲜果蔬菜、日常用品（空调、电风扇等）、化肥等季节性较强的货物，在运输淡季时给予一定的价格折扣，能刺激货主需求，有利于运输企业的均衡运输组织工作。

3.4 协议定价策略

协议定价是指为增强市场竞争力，铁路运输企业与一定时期内有连续稳定货物发送需求的大客户或一次运量较大的客户，对按实际重量计费的货物协商确定价格。通过签订运输协议或物流总包合同确定运价、运量、权责等内容，不仅能够较好地适应市场变化，还能与客户建立合作共赢的关系，稳定货源、提升效益。

3.5 代理折扣策略

铁路运输企业通过运输代理将众多的货主和铁路联系起来，组织大量稳定的货源，把小批量的货物集中为成组货物。如运输代理集中办理复杂的运输手续，为货主提供门到门的优质服务等，通过运输代理对货主实行全程一口价策略，从而给货运代理商一定的价格折扣。

3.6 回程方向定价策略

建立和完善往返收费方法，最大限度地减少空车无效走行和占用股道的费用。可以根据车流情况，对排空方向的车辆进行顺路装车运输，以优惠价格吸引货源。回空运价可以由国铁集团或铁路局集团公司核定价格底线，在此基础上允许价格根据市场情况进行浮动，既能有效地弥补空车成本支出，也可以增加铁路运量，实现运输资源的有效利用。

国家实行铁路政府指导价格政策，允许国铁货物运价建立上下浮动机制，提高了铁路应对市场的灵活性，极大地促进了铁路走向市场，为完善市场化运价形成机制、提高铁路的市场竞争力提供了重要制度保障。铁路运价市场化改革任重道远，为充分发挥铁路在综合交通运输体系中的骨干作用，铁路运价应着眼于铁路在交通运输市场整体的竞争效率，尽可能引入市场竞争机制，形成各种运输方式合理的运价比价关系，从而加快完善铁路运输市场的价格形成机制。

典型案例

案例一 厦深高铁全线提质推出定期票、计次票等新服务

据《人民铁道》报道，为适应市场需求，回应广大旅客期盼，经过为期 1 年多的技术升级，厦深高铁将于 2021 年 4 月 10 日起实现达标提质，厦深两地最快旅行时间被压缩至 2.5 小时，推出定期票、计次票等新型票制产品，实施灵活折扣、有升有降的市场化票价机制，进一步提升旅客出行体验，更好地服务粤港澳大湾区发展。

厦深高铁连接厦门、潮州、汕头、深圳等沿海重要城市，全长 514 千米，自 2013 年开通运营以来，客流需求旺盛，人员往来密集，较好地服务了沿线经济社会发展和满足了广大旅客的便捷

出行。为进一步发挥高铁辐射带动作用、提高运行品质，2019 年以来，铁路部门开展了厦深高铁达标提质工作，同时推出多项服务新举措。厦深高铁已具备按时速 250 千米运行的条件。

厦深高铁将按时速 250 千米达速运行，对列车运行时刻进行优化调整，在厦门北至深圳北之间开行最快 2.5 小时可通达列车，同时在潮汕至深圳、广州间安排开行高品质城际列车。

借鉴京沪、成渝高铁的试点成功经验，进一步推广计次票、定期票等灵活便捷、经济实惠、灵敏反映市场需求的新型票制产品，更好满足商务、通勤旅客快捷出行的需要。

围绕旅客出行更加畅通便捷，深入推进站车设备设施优化，重点对厦深高铁沿途主要车站实施商务座服务提质工程，为旅客提供专用安检通道、专属候车区、专人引导进出站等服务。

在提高服务质量的同时，自 4 月 10 日起，铁路部门将对厦深高铁动车组列车公布票价进行优化调整，根据市场需求，区分季节、时段、席别、区段等，实行灵活定价机制，各站间执行票价将以公布票价为上限，构建多档次、有升有降的票价体系，为旅客出行提供更多选择。厦深高铁达速运营初期，厦门北至深圳北间二等座最低票价 125 元、最高票价 219 元，具体以售票时 12306 网站公布结果为准。（来源：人民铁道报/2021/03/01/第 1 版）

案例二　　广揽货源干劲足 龙江铁路创佳绩

据《人民铁道》报道，梳理今年上半年的集装箱运输工作成绩单，中国铁路哈尔滨局集团有限公司两级货运营销中心人员充满喜悦。虽然营销过程曲折，但是持续攀升的发送量和运输占比让大伙儿的干劲儿都很足。

2022 年以来，全国多地疫情反弹，公路运输受阻，让部分依赖公路运输的企业产销链条受到较大影响。哈尔滨局集团公司抢抓机会，运用“公转铁+散改集+价格政策”策略，成功吸引货源增量。

黑龙江紫金铜业有限公司生产的阴极铜，亿丰焦化有限公司、宝泰隆煤化工股份有限公司、鲁龙矿业有限责任公司等企业生产的焦炭，都是价格高、市场波动快、对运到时限要求高的产品。虽然过去铁路营销人员一直努力争揽，但企业始终选择公路运输。今年以来，这些企业的公路供货渠道受阻，哈尔滨局集团公司迅速行动，动员货主尝试铁路集装箱运输，承诺最大限度减少在途时间，成功吸引企业选择铁路运输。

3 月，了解到黑龙江省九三农垦恒顺粮贸有限公司的 3 000 吨糙米欲通过公路发运，哈尔滨局集团公司营销人员多次登门走访，宣传铁路运输安全、运量大、运距长、受地理条件限制小等优势。对于货主提出的铁路发运增加短驳运输环节以及灌袋装运增加袋装运输成本等问题，哈尔滨局集团公司指派营销人员“一对一”为企业对接短驳汽运物流公司，并量身定制敞顶箱运输方案。一系列“对症药方”，终于让企业选择铁路运输。

张维屯站是哈尔滨局集团公司绥化车务段管内的四等站，位于黑龙江省绥化地区北部重要的大豆集散地和粮食及深加二产品交易市场。为争取更多铁路运输份额，营销人员积极走访每年拥有 100 万吨玉米深加工能力、产品外运比例高的绥化象屿金谷生化科技有限公司。营销人员积极帮助企业合理确定运价下浮比例、设计运输方案，得到了企业的认可。如今，该企业产品通过铁路外运的占比达 95%以上，用户黏性越来越高。

近期，受疫情影响，集装箱货源向铁路回流明显。哈尔滨局集团公司持续提升集装箱运输效率，抢抓窗口期增运上量，加大“大点箱”排空力度，组织新香坊、富拉尔基等站及时排空，组织牡丹江、佳木斯、让湖路等站充分利用货场堆存能力，最大限度卸箱，释放空车运力，组织哈尔滨南、三间房站发挥编组站作用，编组开行到中国铁路沈阳局集团有限公司整列直达列车以及跨二、三个路网编组站的远程直达列车，加快分界口交车速度。

今年上半年，哈尔滨局集团公司集装箱发送量完成 1 373 万吨，同比增加 320 万吨，创历史同期最高；集装箱运输占货物运输总量比重达 12.9%，货物运输结构得到进一步优化。（来源：人民铁道报/2022/7/24/第 2 版）

课后习题

一、名词解释

1. 价格：
2. 铁路运输价格：
3. 定价目标：
4. 成本控制：

二、填空题

1. 一般商品的价格由该商品所消耗的__________、缴纳的__________和合理的__________及__________四个要素构成。

2. 铁路运输价格包括__________和__________。

3. 按运输对象不同的差别运价结构包括__________和__________的差别运价结构。

4. 影响铁路运价的因素概括起来有__________、__________、__________和__________四个方面。

5. 按照市场竞争程度，可以将市场竞争分为__________、__________与__________三种情况。

6. 成本控制的基础工作包括__________、__________和__________。

7. 客运运费由__________与__________组成，客运运价包括__________和__________。

三、单项选择题

1. 城市中运行的公交车、地铁采用的是（　　）。

A. 成组运价结构　　B. 基点式运价结构　　C. 邮票式运价结构

2. 火车卧铺上、中、下铺价格不同，这属于（　　）。

A. 促销定价　　B. 心理定价　　C. 折扣定价　　D. 差别定价

3. 铁路运输企业在运输淡季实行价格优惠，这种定价策略属于（　　）。
   A. 实行季节运价　B. 实行浮动运价　C. 实行优惠折扣　D. 实行协议运价

四、简答题

1. 简要说明影响铁路运价的因素。

2. 铁路运输企业的定价目标有哪些？

3. 简述撇脂定价策略的优缺点。

4. 简述渗透定价策略的优缺点。

五、讨论题

铁路运输企业应该如何有效地进行成本控制？

项目七　铁路运输分销渠道策略

◆项目学习目标：

1. 能够正确理解分销渠道的含义及功能。
2. 能够准确理解中间商作用及业务范围。
3. 能够熟练掌握分销渠道设计的步骤内容。
4. 能够正确理解铁路运输产品分销渠道的特点。
5. 能够灵活运用铁路运输分销渠道策略。

◆课程思政目标：

1. 引导学生提升文明、公正、法治意识，积极践行社会主义核心价值观。
2. 树立以客户为中心的服务理念，强化学生的服务意识。

项目引入

哈尔滨铁路局运输代理中心牢固树立“把企业交给市场、把权力交给用户”的经营理念，积极探索“互联网+营销”，学习并借鉴淘宝网、京东商城的运营模式及管理经验，成功创建了全路首家网上“火车头商城”。该“商城”在互联网、局域网同步上线，采用“商对客”的 B2C 运营模式，实现线上订购、线下配送等一条龙服务，为哈局各单位物资采购、市场营销搭建电商平台。自成立以来，已有 275 户签约供应商长期入驻，并建成了 5 家线下实体店，进一步拓宽了经营创效渠道。

请思考：哈尔滨铁路局为什么要在原有销售渠道基础上搭建电商平台，积极探索和拓展“互联网+营销”的新型销售渠道呢？这一新渠道是否能够给哈尔滨铁路局创造更多的经济效益呢？在渠道搭建过程中哈尔滨铁路局是如何选择合作企业的？渠道搭建完成后又将如何对这一渠道进行管理呢？

任务 1　分销渠道概述

在现代市场经济条件下，企业提供的产品或服务，必须经过一定的通道才能在适当的时间、地点以合适的价格传递到消费者手中，满足消费者的需求，实现企业的营销目标。分销渠道作为企业营销策略的重要组成部分， 不但可以使企业的产品尽快进入市场， 节约人力物力，提高营销效率， 而且可以通过代理商的规模经营，提高产品的市场占有率和竞争力。

知识点 1 分销渠道的含义

1.1 分销渠道的含义

分销渠道又称产品销售渠道或产品流通渠道。它是指某种产品或服务在从生产者向消费者转移的过程中所经过的路线。它是由位于分销渠道起点的生产者和终点的消费者以及中间商组成的。其中中间商就是取得商品所有权或帮助所有权转移的组织或个人。

1.2 分销渠道的功能

1.2.1 销售功能

这是分销渠道具有的最直接、最基本也是最有效的功能。企业通过分销渠道销售自己的产品，实现企业经营目标，获取利润。

1.2.2 信息功能

分销渠道中的成员通过市场调研收集和整理消费者、竞争者及市场营销相关环境的信息资料，并通过各种途径与分销渠道中的其他成员进行信息传递与分享。

1.2.3 接洽功能

分销渠道成员为生产企业寻找、物色潜在购买者，并与其接触，进行有效沟通，从而实现交易活动。

1.2.4 谈判功能

谈判即代表买方或卖方进行有关产品的价格和其他交易条件的谈判，以促成最终协议的签订，以实现产品或劳务所有权的转移。

1.2.5 物流功能

分销渠道承担着商品在流通环节的仓储、运输等物流功能。

1.2.6 分装功能

分销渠道成员要按买方的要求调整供应物，它包括诸如制造、分等、分类和包装等活动。

1.2.7 融资功能

渠道也是一个融资的通道，无论是制造商品还是销售商品，都需要投入资金，以完成商品所有权的转移和实体流转的任务。

1.2.8 风险承担功能

承担风险是指在商品流通的过程中，随着商品所有权的转移，市场风险在渠道成员之间的转换和分担。渠道成员在执行渠道任务的过程中应承担有关风险。

前四项主要是促成交易，后四项则是辅助交易完成。这些任务交给中间商来执行，比生产者自己承担更节省费用、降低成本，能更好地满足目标市场的需求。

知识点 2 分销渠道的类型

分销渠道按照不同的分类标准可以划分为很多类型。

2.1 按照是否使用中间商划分

2.1.1 直接渠道

直接渠道是指生产企业在分销过程中不通过任何中间商，直接将产品提供给消费者。采用直接渠道的优点：

（1）企业直接与消费者接触，可以及时了解他们的需求及市场动态，使企业与消费者之间的关系更密切了，对提升产品质量，扩大产品销售有很大的帮助。

（2）采用直接渠道企业也可以面对消费者需求迅速作出反应，及时准确地满足消费者需求，从而提升企业形象，提高企业竞争能力。

但直接渠道也存在不足：如企业的工作量大，效率低下；企业要建立自己的销售部门，投入大量的人力、物力、财力，成本高，费用大，稳定性差等。对于铁路运输企业来说，由于受到人员、资金等因素的限制，因此只有大宗稳定的客源和货源或有特种运输需求的货物是采用直接渠道来完成的。

2.1.2 间接渠道

间接渠道是指企业通过一个以上的中间商向消费者提供产品或劳务的分销渠道。对于大部分消费品来讲，间接渠道是主要的分销渠道。其优点是：

（1）可以减少企业的销售人员，节约费用。

（2）企业可以借助中间商丰富的经验和广泛的关系网，提升产品分销效率和分销覆盖面。

（3）企业销售对象稳定，便于组织均衡生产。

但是，由于中间商的存在，间接渠道容易使企业无法真正了解市场需求信息，有一定的市场风险；另外由于企业对中间商大多实行价格折扣和优惠政策，不仅使企业的获利减少，也使得消费者不能直接获利。对于铁路运输中零星的或分布较分散的客源和货源，采用间接渠道比较适宜。

2.2 按照分销渠道中介入的中间商层次的多少划分

2.2.1 长渠道

长渠道一般是指有两个或两个以上中间商介入的分销渠道。渠道越长，企业产品的扩展性就越大。但由于环节增多，企业与产品的控制能力和信息反馈的清晰度就差。

2.2.2 短渠道

短渠道是指企业只有一层中间商介入的分销渠道。渠道短，介入的中间商少，有利于企业控制渠道，信息反馈清晰，真实度高；既减少流通环节，也减少了中间商利润，使产品的价格更具竞争力。但短渠道使得产品的市场扩展性差，而且会耗费大量资源。

对于铁路运输企业来讲，由于运输产品的时效性强且具有不可储存性，因此，应尽量采用短渠道销售以减少不必要的中间环节，既保证了运输产品的实效性又扩大了分销网络。

2.3 按照同一层次使用中间商的多少划分

2.3.1 宽渠道

宽渠道是指企业在同一渠道层次上使用大量的同类中间商。企业采用宽渠道可以扩展分销面，扩大产品销售，同时有利于中间商竞争，提高积极性，但不易控制。而针对铁路客运产品的特点，可以采用宽渠道的方式。

2.3.2 窄渠道

窄渠道则是指企业同一层次上选用的中间商较少，对企业来说较易控制，但是分销面却受到了限制，而且企业对中间商的依赖性增强，窄渠道一般适用于专业性较强的产品或供不应求的产品。

知识点 3 中间商

3.1 中间商

3.1.1 中间商的概念

中间商是指介于生产者与消费者之间，专门从事商品由生产领域向消费领域转移业务的经济组织。

3.1.2 中间商的作用

中间商在企业的产品分销活动中起着重要的作用。由于中间商的广泛分布能使企业产品的销售达到一定的深度和广度；中间商是企业产品稳定的购买对象，形成企业产品的稳定销售；通过中间商对市场需求的组织和调配，有助于企业进行均衡生产；中间商对企业产品的批量购买，可以加速企业资金的迅速回笼，提高资金周转率和使用效率。因此，中间商对于企业来说有着非常重要的作用。

3.1.3 中间商的类型

在实际的产品分销过程中，中间商主要分为商人中间商和代理中间商。

（1）商人中间商。

商人中间商也叫经销商，是指从事商品交易业务，在商品买卖过程中拥有产品所有权的中间商。也正是因为他们拥有产品所有权，所以在买卖过程中，他们要承担经营风险。商人中间商又分为批发商和零售商。

① 批发商是指向制造商或经销单位购进商品，然后转售给零售商、产业用户或各种非营利组织，不直接服务于个人消费者的中间商。批发交易结束后，商品仍留在流通领域里。批发商销售的商品数量一般比较大，销售的频率相对较低，设点较少。

② 零售商是指把产品直接销售给最终消费者，以供消费者个人或家庭消费的中间商。零售商

处在商品流通的最终环节，直接为广大消费者服务。零售商的交易对象是最终消费者，交易结束后，商品脱离流通领域，进入消费领域。零售商销售产品的数量比较小，但销售频率高；零售商数量多，分布广。

（2）代理中间商。

代理中间商也称作代理商，是指对经营的商品不拥有所有权，只是在买卖双方之间起媒介作用，促成交易，从中赚取佣金的中间商。代理商按其和生产者业务联系的特点，可分为制造代理商、销售代理商、寄售商和经纪商等。

（3）商人中间商和代理中间商的区别。

① 商人中间商拥有所经营商品的所有权；代理商不拥有商品所有权。

② 商人中间商为了取得经营商品所有权，在购进商品前必须要预付商品资金；而代理中间商则不需要垫付资金。

③ 商人中间商购进商品与销售商品之间存在着价格差，正是这种差价形成了企业利润，代理中间商的收入来自于委托销售企业按规定支付的佣金。

3.2 铁路运输中间商

铁路运输中间商是市场中间商的一种特殊类型，是指专门为铁路运输生产者组织客流、货源，为运输生产供需双方提供中介服务，促进运输交易行为实现的运输经营者。铁路运输企业一般都会选择运输代理作为运输中间商。

3.2.1 运输代理的含义

运输代理是指以完成客货全过程位移为目的，为运输企业和运输需求者提供各种运输中介服务的行为。

在铁路运输市场营销活动中，运输代理起着非常重要的作用，他们不仅能够帮助铁路运输企业组织客流和货源；也能沟通运输生产者与需求者之间的关系，为双方提供市场信息；还能发挥其运输服务功能，根据社会对运输的需求程度而提供各种运输辅助服务。

3.2.2 运输代理的业务范围

运输代理按照业务内容的不同可分为客票代理、货运代理和运输咨询代理三类。

（1）客票代理。

铁路局为了方便旅客购票而委托代理企业利用客票发售和预订系统联网发售车票。实行客票代理后，客票业务管理权限归国铁集团。

（2）货运代理。

货运代理是指运输代理企业接受托运人、收货人的委托，以委托人的名义或者以自己的名义，为委托人办理货物运输的相关手续并收取服务报酬的形式。

货运代理的业务范围一般包括揽货、填制货物运单、托运、验货、装车、卸车、装箱、拼箱、仓储、预垫和结算运杂费、转运、送货等。

（3）运输咨询代理。

运输咨询代理是指代理人应委托人要求，提供有关运输方面的情报、资料、数据等信息，并向委托人收取一定报酬的行为。运输咨询代理可以帮助旅客和货主选择合理的运输方式和路线、核算运输成本、研究运输规章等。

3.2.3 运输代理报酬

运输代理的报酬主要包括以下两个方面的内容：

（1）向旅客和货主收取的代理费。

（2）从运输企业获得的佣金或运价折扣。

如目前各铁路局在运输支出中按不大于客票收入的 3%，支付给客票代理商代理费用。

知识点 4 分销渠道设计

分销渠道设计主要包含以下步骤和内容。

4.1 分析消费者需求

消费者需求额满足是通过分销渠道成员的活动实现的，因此在进行渠道设计之前必须要分析消费者的需求是什么，这是分销渠道设计的基础与前提。

4.2 建立企业分销渠道设计目标

分销渠道目标是指企业预期达到的顾客服务水平以及中间商应执行的职能等。企业应根据目标市场需求情况来确定分销渠道目标。分销渠道目标的建立要考虑两个条件，一是能实现企业的营销总目标，二是使渠道费用减少到最低。对于不同的细分市场，企业应确立不同的分销渠道目标。

4.3 研究影响分销渠道设计的因素

4.3.1 产品特性

产品的性质特点以及消费者对产品的要求是影响渠道选择的主要因素。例如在铁路运输中，对于易腐、易损的或阔大货物的运输产品，由于多次搬运装卸会耽误时间而增加损失的风险，亦或是搬运难度较大，因此应采用直接渠道和短渠道。对于特种货物运输或高附加值产品，因其需要专门的运输工具或产品价格昂贵，因此宜采用直接渠道。对于已经成熟的客、货运产品，由于已经被广大旅客和货主熟知，因此可采用宽渠道，以扩大产品覆盖范围。

4.3.2 市场因素

市场状况对分销渠道的制约作用主要表现在市场范围的大小、消费者集中程度以及产品市场的季节性等。如果市场范围大，企业就必须使用大量中间商，否则无法满足市场需求；如果消费者的集中程度高，则企业可采用短渠道；如果产品市场季节性强，如春运、暑运等特殊时期，企业应充分发挥中间商的作用，以便均衡生产。

4.3.3 竞争因素

企业在选择分销渠道时还应考虑竞争因素，根据实际情况采用与对手相同的分销渠道与竞争对手抗衡，争取同一市场；或采用差异化的分销渠道，避开竞争锋芒，另辟蹊径，开拓新市场。

4.3.4 企业自身条件

影响渠道选择的企业自身因素包括企业的目标、规模、资金实力、信誉、管理能力、产品组合以及企业控制渠道的愿望等。分销渠道的选择必须符合企业长期的发展总目标，结合企业自身条件进行确定，才能更好地发挥分销渠道对于企业的重要作用。

4.3.5 环境因素

社会经济形势和法律法规也是企业选择分销渠道时应考虑的因素，经济形势好时，分销渠道的选择余地大些；经济不景气时，市场需求下降，企业只能选择那些成本低的短渠道。另外国家的政策、法规也对分销渠道的选择有一定的影响，如对价格的调整、对某些产品的限制等。

4.4 设计分销渠道方案

在需求分析的基础上，企业明确了渠道目标和限制因素后，就可以设计渠道方案了。在每一个渠道方案中，都要包含中间商的选择、渠道成员的条件和责任等内容。

4.4.1 中间商的选择

中间商的选择是指企业在分销渠道中使用中间商的类型和数量。一般情况下分销渠道中，中间商数量的选择有以下三种策略。

（1）密集分销。

密集分销是指生产企业同时选择较多的经销代理商来销售产品，即使用大量的代理商组建企业的营销网络，使产品销售网点实现广泛分布，吸引更多的消费者。一般来说，日用品多采用这种分销形式。工业品中的一般原材料，小工具，标准件等也可用此分销形式。

（2）选择分销。

选择分销是指在同一目标市场上，企业在某一地区有选择地确定几个具有一定规模、有丰富市场经验的中间商为本企业推销产品，组织消费者，而不是选择所有愿意经销本企业产品的所有中间商。这种分销渠道策略有利于提高企业经营效益。一般说，消费品中的选购品和特殊品，工业品中的零配件宜采用此分销形式。

（3）独家分销。

独家分销是指企业在某一目标市场，在某一特点时间内只选择一家信用好的中间商为本企业代理产品，双方签订合同，规定中间商不得经营竞争者的产品，制造商则只对选定的经销商供货，一般说，这种策略大多是基于产品的特殊要求而实行的。此分销形式适用于消费品中的家用电器，工业品中专用机械设备，这种形式有利于双方协作，以便更好地控制市场。

4.4.2 渠道成员的条件与责任

企业的营销任务是由渠道成员共同完成的，为此，必须明确各自的参与条件和应负的责任。其主要内容包括价格政策、销售条件、区域权力和相互服务与责任。

（1）价格政策即企业要定出产品价格目录，并确定不同中间商及其任务完成情况的折扣标准，其折扣标准要使中间商感到公平合理和充分。

（2）销售条件是指付款条件和生产者保证。如对提前付款的中间商给予价格优惠或折扣。生产者保证则是指企业向中间商保证向其提供优质产品，保证产品质量。

（3）区域权力是指企业对中间商区域的划分及地区权力的明确。在这方面中间商不仅希望所在区域相关交易活动都由自己进行、企业承认自己的实绩，也希望了解其他经销商所得到的特权。

（4）相互服务与责任是指在营销活动中企业和中间商各自提供的条件和承担的责任。如铁路运输企业应负责运输中间商人员培训，而运输中间商应参与运输企业合作促销等。

4.5 评估渠道设计方案

在各种渠道方案设计完成以后，要对其进行评估，从而选出最佳方案。由于各方案的设计看起来似乎都很合理，因此评估时必须把指标量化，建立评估标准。

4.5.1 经济性标准

这是渠道评估中最重要的指标，因为最佳的分销渠道会给企业带来最大的利润。经济性标准主要包含两项指标：一是销售额指标，即分销渠道的使用能给企业带来的销售额增长幅度。哪种分销渠道的销售额指标大，就选择哪种分销渠道；二是销售费用指标，即在相同销售水平下，渠道的成本费用最低，即为最佳分销渠道。

4.5.2 可控性标准

这是衡量企业对分销渠道控制程度的指标。一般情况下直接渠道的控制性指标较高，而独立中间商的控制程度较低，而且，渠道越长，控制问题越明显。

4.5.3 适应性标准

这主要考察企业在每一种分销渠道中承担的义务与经营灵活性的关系。任何一种渠道的使用都会使企业因承担一些义务而失去部分灵活性，渠道承诺时间越长，失去的灵活性越多。因此，对于设计长期承担义务的渠道的选定，应在经济性和控制性都很优越的情况下才能决定。

任务 2　铁路运输分销渠道策略

铁路运输分销渠道是沟通铁路运输企业与旅客货主的纽带，其分销渠道的策略的正确与否关系到铁路运输企业与旅客、货主之间的交易能否顺利进行，铁路运输产品覆盖范围是否够大。因此，制定适合铁路运输企业的分销渠道策略对铁路运输企业市场营销活动有着重要的意义。

知识点 1　铁路运输分销渠道的含义

铁路运输分销渠道就是铁路运输企业和运输需求者之间的连接通道。包括运输企业、旅客和货主、运输代理商等环节，起点是铁路运输企业，终点是旅客和货主，中间环节则是为达成运输活动而进行客流、货源组织的运输代理商。铁路运输企业分销渠道模式如图 7-1 所示。

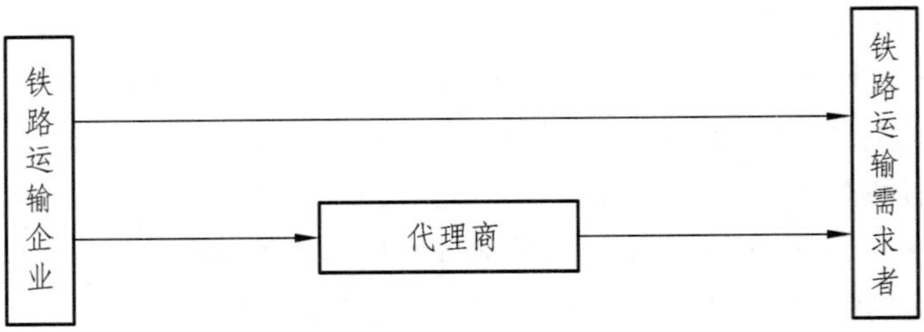

图 7-1 铁路运输产品分销渠道模式图

知识点 2 铁路运输产品分销渠道的特点

2.1 铁路运输产品的分销渠道具有前置性

这是区别铁路运输产品分销渠道与有形产品分销渠道的最根本特征。有形产品的分销渠道都是在产品生产出来以后由生产者转移至消费者。而铁路运输产品则是铁路运输企业或运输代理商先通过各种形式组织客源、货源，再实现铁路运输产品的位移，即铁路运输产品的分销渠道是在运输产品形成之前形成的。

2.2 铁路运输产品的分销渠道具有稳定性

铁路运输企业采取使用中间商的分销渠道往往会通过合同的形式确定与中间商长期稳定的合作关系，不会因为市场形式发生变化而轻易改变。这也要求铁路运输企业在设计分销渠道和选择分销渠道成员时一定要与企业的长期目标相适应。

2.3 铁路运输产品的分销渠道具有很强的时间效用

旅客和货主有位移需求时都希望得到及时的满足，因此铁路运输分销渠道在组织客运和货源时，必须及时提供各种运输服务，方便旅客购票或帮助货主办理托运手续，以最高效率满足旅客和货主的需求。

2.4 铁路运输产品的分销渠道构成具有灵活多样性

由于铁路运输企业产品自身的特点，决定了铁路运输产品的分销渠道的多样性。如对于长期稳定的大宗客流和货源，铁路运输企业可自行组织完成，而不通过任何中间商。而对于零星客流和货源，铁路运输企业可以通过中间商进行组织完成。因此，铁路运输企业可根据旅客和货主的需求不同采用灵活多样的分销渠道完成产品的分销活动。

知识点 3 铁路运输产品分销渠道的作用

3.1 分销渠道实现了铁路运输产品从铁路运输企业到旅客与货主间的转移

铁路运输产品的分销渠道起点同铁路运输企业连接，终点与旅客和货主连接，通过这条渠道，实现了铁路运输产品由生产者向消费者的转移，对于铁路运输企业来说实现了产品价值，而对于旅客和货主来说则得到了位移需求的满足。

3.2 分销渠道提高了铁路运输产品的销售效率，提升了企业效益

铁路运输企业借助分销渠道销售产品，既缩短了组织客源与货源的时间，也提高了销售效率，从而使企业的经济效益得以提升。因为，如果铁路运输企业的每一次客源及货源的组织都由企业自身来完成，不仅要有一支庞大的销售队伍，而且销售效率也极其低下，而通过中间商的介入，不仅能帮助铁路运输企业更快地组织客运与货源，简化交易过程，而且还可以减少销售费用，扩大产品销售范围，提高产品分销效率，从而提升企业的经济效益。

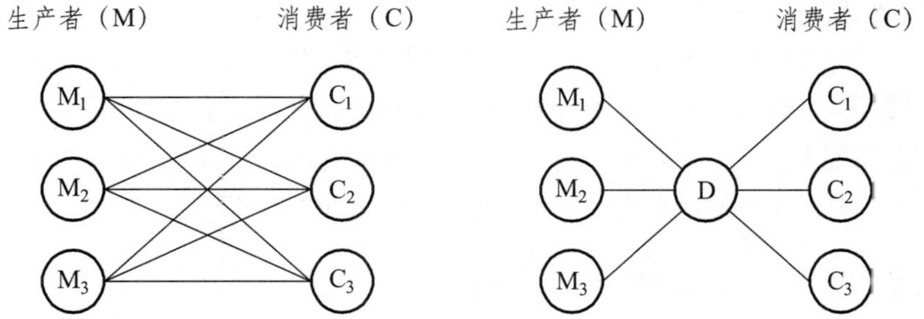

图 7-2 中间商简化交易过程示意图

3.3 分销渠道有助于铁路运输企业开展调查研究与信息收集

铁路运输企业分销渠道成员介于铁路运输企业和目标顾客中间，接触面广，并且熟悉市场，因此他们既可以帮助铁路运输企业开展市场调研活动，调查消费者的需求变动情况，也可以将消费者的需求信息及时收集汇总，反馈给铁路运输企业，有助于铁路运输企业按需求调整运输组织，满足市场需求。

3.4 分销渠道可以加速铁路运输产品进入目标市场或开拓新市场

铁路运输分销渠道的中间商都是专门从事产品分销活动的专家，他们对市场情况和目标市场特点更为熟悉，对市场需求更加了解，因此他们可以有的放矢地帮助企业完成新产品的推广活动，或凭借自我专业与经验帮助运输企业更快更准地将产品推入目标市场。

知识点 4 铁路运输分销渠道策略

铁路运输分销渠道策略主要分为客运分销渠道策略和货运分销渠道策略。

4.1 铁路客运分销渠道策略

铁路客运分销渠道策略主要分为改善和强化直接分销渠道策略以及积极开拓间接分销渠道策略两种方式。

4.1.1 改善和强化直接分销渠道策略

客运产品直接分销渠道是指车站售票窗口售票。而现在传统的售票窗口极其狭小，售票时间有限，服务态度不佳等是影响直接分销的主要障碍。要改变现状就必须彻底改变目前的工作作风

和工作态度，真正把旅客看作“上帝”，以增加透明度、增进情感交流为主，使直接分销渠道变得畅通。

（1）提供快捷周到的售票窗口服务。

一是通过改善售票人员的售票技能与服务态度，提高售票技能，就会提高售票速度，减少误差；服务态度好，则会使旅客感到温暖，对铁路产生好感。二是在客流高峰期应该多开售票窗口，延长售票时间，实行24小时不间断售票，以使旅客随时可买到车票，减少排长队等候的时间。另外，在排队区域设置一米线，使旅客之间保持安全距离，既可保证购票秩序，又可保障旅客自身安全。

（2）开展流动售票，提供上门售票服务。

除售票窗售票外，还应开展流动售票，做好上门售票服务。比如每年寒、暑假派出售票人员到各个大中专院校上门售票，既减少了售票处的售票压力，又方便了学生顺利返家，同时还可使客票销售的覆盖面更大；在一些郊区、农村或网络不发达地区，可以采用流动售票车的形式，提供上门售票服务，方便不会使用网络购票或出行有障碍的旅客购买车票。

4.1.2 开拓间接分销渠道策略

铁路客票具有明确的、统一的价格，采用直接销售或间接销售都不会影响客运产品的使用质量。一般来讲，铁路客票的间接分销渠道不宜过长，但同一层次上的中间商可多用一些，即采用短渠道与宽渠道结合的方式。

（1）拓展客运代理渠道。

客运分销渠道中的中间商主要是客运代理商，他是以完成旅客位移为目的，为运输企业和旅客提供各种运输中介服务行为的组织或个人。通过代理商，第一，可以减少旅客排队购票时间，便利需求用户。旅客只需到附近的一个客票代理点，即可买到全国各地的车票。第二，可以帮助车站组织客源，扩大铁路客运的营销能力。这种客票代理商既可以是铁路运输企业自设的客票代售点，也可以联合其他经营企业，如旅行社、宾馆、商场等进行代销。由于销售网点多，面广分散，扩大了铁路客运信息与旅客的接触面，可产生一种广告效应，更多地将潜在的客运市场需求者转为实际的消费者。

（2）提供更为灵活的购票方式。

① 利用网络信息平台提供多渠道售票方式。随着信息技术和网络技术在我国的迅速普及和广泛应用，电子商务正成为企业与外界交互的桥梁，铁路运输企业应利用好这一方便快捷的方式推行网络售票。现阶段网络售票已经走进千家万户，成为大多数旅客购票方式的首选，旅客可以通过互联网、手机App软件进行客票查询、购买、改签等服务的操作，既方便又快捷。在今后的发展过程中，铁路运输企业应利用好这一信息化手段，不仅实现了网络购票功能，甚至可以根据旅客的需求，推荐最适合的车次或转乘车次给旅客，为旅客提供天气顶报、宾馆住宿等延伸服务。

② 采用电话订票。在通信高度发达的今天，电话几乎成了每个人的必备生活用品。因此借助这一手段拓展客票销售业务，采用电话售票的方式，既方便快捷，又简单易懂，满足了广大旅客对于便捷性的要求。

③ 大力发展自动售票业务。自动售票业务是随着科技的发展而引进的一个全新客票销售方式。旅客可以在完全自助的环境下，在自动售票机上输入始发站和终到站，售票机自动显示车票

价格，自动打印客票，从而完成无人工售票业务。这种售票方式能大大减缓售票窗口压力，而且不受时间地点的限制，为铁路客票的销售带来更广阔的空间。

（3）付款方式多样化。

要实现电子商务，必须给消费者提供多种灵活方便的付款方式。比如既可以通过银联卡自动划账，也可以使用微信或支付宝支付、手机小程序支付等多种支付形式进行付款。根据互联网上消费者的特点，手机消费者占了绝大多数，因此，利用手机账户进行自动付费，成为越来越多消费者经常使用的支付方式。

（4）完善售票配套设施。

随着网络的发展，越来越多的人利用互联网、电话等方式订购车票，那么铁路运输企业应该看到这些售票方式带来的巨大便捷性，并应完善相应的配套设施。例如可以通过自动取票机完成取票业务，减少了在窗口排队等候的时间，方便了广大旅客。

总之，铁路运输企业在旅客运输分销渠道策略上应主动适应旅客的需要，在进一步强化直接分销渠道的同时，充分利用社会资源，依靠科技进步，大力拓展间接分销渠道，从源头上吸引客流，占领客运市场。

4.2 铁路货运分销渠道策略

铁路货运产品的销售以承运为标志，铁路货运分销渠道是指铁路在什么样的网络中以怎样的方式办理承运业务，因此铁路货运分销渠道策略应围绕着货运营销服务网点覆盖及货运方式办理进行设计。

4.2.1 增设货运营销服务网点

在有意向选择铁路运输的企业密集区、大型企业、高新产业开发区等地增设服务网点，扩大销售网络的覆盖范围，开办揽货点，对于运量不是很大的企业，可以采取电话预约、集中上门服务的方式。通过提供方便和服务客户争取货源，并促进和完善铁路运输网络功能的延伸。

4.2.2 建立动态的营销网络

货运的地点不都是固定的，有时因为某种特殊原因，某个集市、厂矿、乡镇会出现大批新增货源，而铁路原有的货运网点又距离较远，鞭长莫及，这时应组成临时货运营销小组，上门服务，或派出货运员，驻到该地组织货运，形成动态营销网络，确保铁路运输货运网点尽量向广向深覆盖，增加铁路运输货运竞争力。

4.2.3 大力发展联合运输

铁路网大多是以中心城市和交通枢纽为节点构建的，由于地区经济发展不均衡，以及受交通运输基础设施投资和建设规模的限制，我国目前还有许多铁路尚未通达的地区也存在一定规模的运输需求和运量生成。铁路运输企业可联合其他运输方式将各地零散货物集零为整，运到货场统一包装，编组发运，促进和完善铁路运输网络功能的延伸，最大限度地争取货源。

4.2.4 实施大客户战略

大客户战略是铁路坚持走内涵扩大再生产之路的重要举措。实施大客户策略，组织有关铁路局对新发展大客户进行业务培训，实现对新增大客户年运量、月计划、日装车、运费结算和信息服务的“五统一”管理；完善大客户信息管理，建立大客户信息资源库，以加强客户服务管理和为发展新客户奠定基础。大客户战略的实施可以借助网络化信息平台，利用大数据手段，建立大客户基础信息储备，对重点客户进行特殊化定制服务。

4.2.5 积极开展现代信息网络营销

在科技发展迅速的今天，网络已经成为了日常生活重要组成部分，同时也为铁路货运营销带来了崭新渠道。铁路货运部门可通过信息网络技术，开发不同类型的信息服务平台，如货运营销平台、铁路货物运输组织计划编制与管理平台、铁路运输集成平台等，使得铁路运输企业全程控制货运组织的各个环节，收集客户需求和反馈信息，根据货物运输的实时状态及时作出调整方案，同时也可借助信息化平台，简化办理手续、提升服务质量、降低管理成本，进而提升铁路生产效率、效益和整体市场竞争能力。

4.2.6 积极开展电子商务营销

在科技发展迅速的今天，网络已经成为了日常生活的重要组成部分。铁路运输企业借助电子商务平台开展网络营销，建立铁路货运营销系统，实现货主网上信息咨询、货运手续办理等业务。借助网络平台完善服务内容、简化办理手续、提升服务质量、降低管理成本，进而提升铁路生产效率、效益和整体市场竞争能力。

4.2.7 加快铁路货运物流化

首先铁路运输应加强与其他运输方式的合作，加速与商品集散地、大型货物配送中心、大型超市集团和批发市场的联系协作。其次通过整合货运业务，将铁路货运作业、装卸、包装、保管、仓储、流通加工、配送等业务进行整合，形成完整服务体系。最后，铁路企业还应开展多元服务，扩展服务功能。大力发展现代化的物流中心，优化生产组织，增强铁路物流供应链的柔性能力。

任务 3 铁路运输分销渠道管理

企业分销渠道管理主要是对分销渠道成员的选择、激励、评估工作，当市场情况发生变化时，企业能够及时对分销渠道加以调整以及解决分销渠道矛盾，协调分销渠道成员关系等。

知识点 1 选择铁路运输渠道成员

铁路运输企业在选择分销渠道成员时，必须在符合企业发展的总目标的情况下，根据企业自身实力和中间商特点进行选择。因为中间商既要帮助铁路运输企业完成运输产品销售活动，又代表了企业形象，因此铁路运输企业在选择中间商时要综合考评他们的经营状况、经济实力、信用评价、服务水平、盈利能力、经营管理水平、业务人员素质以及协作愿望等多方面因素。

知识点 2 激励铁路运输渠道成员

为了提高渠道成员的积极性，促使中间商尽职尽责地完成企业交予的销售任务，既可以通过有效的手段对渠道成员进行激励，也可以通过加强合作的方式对其进行持续激励。

2.1 利用有效手段激励铁路运输渠道成员

激励渠道成员的基本点是了解他们的需求和愿望，并据此采取有效的激励手段。常用的激励手段有以下几种。

2.1.1 开展销售竞赛，制定奖励机制

铁路运输企业可经常开展中间商间的销售竞赛，对于比赛取得较好成绩的中间商给予奖励。并且铁路运输企业应制定一系列的奖励机制，对于那些工作业绩突出的代理商，给予各种形式的奖励，如提高其利润水平、享受更多运价折扣等。

2.1.2 分享管理权

铁路运输企业与中间商通过合同、契约的形式联合起来，通过双方的密切合作，并由运输企业牵头，会同各中间商共同协商经营管理等问题，努力减少双方发生冲突的可能性。

2.1.3 适当的惩罚

对于工作不负责任或长期业绩不佳的中间商，铁路运输企业可以通过警告、惩罚甚至取消合作关系等方式进行惩罚。迫使其他中间商能够努力工作，起到以儆效尤的作用。

2.2 通过加强合作的方式持续激励渠道成员

2.2.1 提供适销对路的产品激励中间商

铁路运输企业要根据市场需求以及中间商的信息反馈，向中间商提供适销对路的产品，这样中间商在分销过程中才能更加顺畅，更好地满足客户需求，不但提升了中间商销售产品的信心和效率，也激发了中间商销售产品的积极性。

2.2.2 合理分配利润，加强与中间商的合作

铁路运输企业要充分利用定价策略，根据中间商的客流、货源组织情况、任务完成情况等进行综合考评，以此作为双方利益分配的标准，以此保证中间商可以得到合理的利润，并且对于销量大、完成好的中间商，可以得到更多的利润。

2.2.3 提供资金、信息、促销及经营管理方面的支持

对于有合作关系的中间商或长期合作状况良好的中间商，铁路运输企业可考虑在付款方式、付款期限上给予一定的优惠政策，如售后付款或先付部分货款、销售后结算等方式。铁路运输企业也应将自己了解到的信息及时地传递给经销商，使他们组织客运货运时做到心中有数，均衡运能分配；同时铁路运输企业也应给予经销商促销活动中的支持，包括分担广告费用等。铁路运输企业也应在一定程度上对经销商的经营管理工作进行指导和帮助，如对销售人员的培训、对企业员工的管理等。通过一系列支持活动，提高中间商的销售积极性，激励中间商更好地完成分销工作。

铁路运输企业应该通过各种激励手段来激励中间商努力工作，并加强与中间商合作伙伴关系的建立，共同促进产品的销售和企业的发展。但需要注意的是，铁路运输企业对中间商的激励要适度，以能增加渠道利润为原则。如果激励过当，尽管能刺激中间商提高兴趣，但不一定获得更高的利润，这也失去了激励的意义。

知识点 3 评估铁路运输分销渠道成员

铁路运输企业对渠道成员工作业绩的定期评估，是企业进行分销渠道管理的重要一环。通过对渠道成员的评估，可以及时掌握情况，发现问题，采取相应的补救措施，提高分销渠道效率。

铁路运输企业对中间商的评估标准，一般包括以下内容：客源和货源的组织完成情况、对客户的服务水平和服务质量、货运事故发生率、存货及交货情况、促销和合作计划的完成情况、付款及时程度等。

在评估渠道成员工作业绩时，可将各中间商的业绩按项目进行排名，横向比较完成情况，促进领先者保持业绩，落后者力争上游。但是由于各中间商所面临的环境各不相同，所销售的产品类型不同，这种排名可能有失公允，因此，在看销售业绩的绝对增长量（例如客运与货源组织完成绝对增加量）的基础上，还要运用另外两个指标，一是将中间商本期业绩与前期业绩对比，看其销售增长率；二是根据每一中间商所处的市场环境和它的实力，分别规定其可能完成的定额目标，再将其业绩与定额相比较。

企业对中间商的评估一定要保证在公平公正的情况下进行，并且要事先制定出评估标准，对于完成协议任务的，给予一定奖励，对长期表现不佳的，要采取一定惩罚措施。渠道管理者应牢记评估的主要目的是奖优罚劣，提高企业信誉。

知识点 4 铁路运输分销渠道结构调整

随着运输市场环境的和消费者需求的不断变化，企业原来选定的分销渠道经过一段时间的运作以后可能不适应企业的要求，或有些虽适应市场要求的分销渠道中也可能出现个别中间商因业绩太差而被取消资格的情况，因此，铁路运输企业必须根据实际市场情况进行分销渠道的调整。

一般来说，对分销渠道的调整分为结构性调整和功能性调整两类。结构性调整是对原有分销渠道上某些中间商层次上的增减，功能性调整是指渠道成员之间某项或某几项任务的重新分配。具体的调整方案有三种。

4.1 增减分销渠道中的个别成员

当铁路运输企业的分销渠道效率下降时，有时是因为个别中间商经营不善造成的，在这种情况下，则应考虑把这些中间商删减，有必要的话，企业还可以根据运输市场情况或竞争对手的渠道情况选择其他合适的中间商加入。铁路运输企业在决定增减中间商时，需要进行经济效益评估，以便分析增减渠道成员后是否会对企业效益造成影响，是否会影响其他中间商情绪从而给分销渠道带来不利因素，根据分析结果做好相应的防范措施，防止出现渠道矛盾。

4.2 增减某一分销渠道

当铁路运输企业通过增减某一渠道中个别中间商数量仍不能解决渠道问题时，就应考虑是否增减某一分销渠道。例如暑运期间学生客流增加，铁路运输企业就可以考虑在大中专院校集中的区域，增加学生售票代理业务，这就需要增加一条分销渠道，更好地满足学生市场的客票需求。当企业增减某一分销渠道时也应进行经济分析，看这一举措会对企业效益造成什么影响，并采取应对措施。

4.3 分销渠道整体调整

这是对原有分销渠道进行大调整，即重新设计企业分销渠道策略。例如铁路运输企业渠道从直接渠道改为间接渠道，依靠中间商力量来完成客流与货源的组织，这会给整个营销渠道带来彻底的变化，对企业整体市场营销组合也会产生深远的影响，因此这种分销渠道的调整方式是需要慎重考虑的。

知识点 5 铁路运输分销渠道冲突的协调

5.1 渠道冲突的类型

铁路运输企业的分销渠道是一个复杂的营销系统，由于该系统中各类渠道成员所处的地位不同，其目标、任务和所追求的利益也有所差别，往往会存在矛盾冲突，这是不可避免的，需要妥善地加以协调和解决。铁路运输企业渠道冲突主要分为垂直渠道冲突、水平渠道冲突和不同渠道间冲突三种类型：

5.1.1 垂直渠道冲突

垂直渠道冲突是指同一分销渠道内不同层次之间的冲突。例如运输企业与运输代理商可能就服务水平问题、运价问题、促销策略问题发生的冲突。

5.1.2 水平渠道冲突

水平渠道冲突是指同一渠道层次中各渠道成员之间的冲突。例如运输企业的代理商可能抱怨同一地区其他代理商随意运价打折，减少或增加服务项目等。

5.1.3 不同渠道冲突

不同渠道冲突是指铁路运输企业建立了两条及以上的分销渠道，在同一市场提供相同服务而引发的冲突。例如铁路运输企业开设自营网点可能会引起运输代理商的不满。

5.2 渠道冲突的协调

为了有效地解决冲突，企业必须首先考虑渠道冲突的威胁，考虑哪些冲突才是真正具有破坏性的，并结合其对本企业利润的影响采用相应的措，如图 7-3 所示。

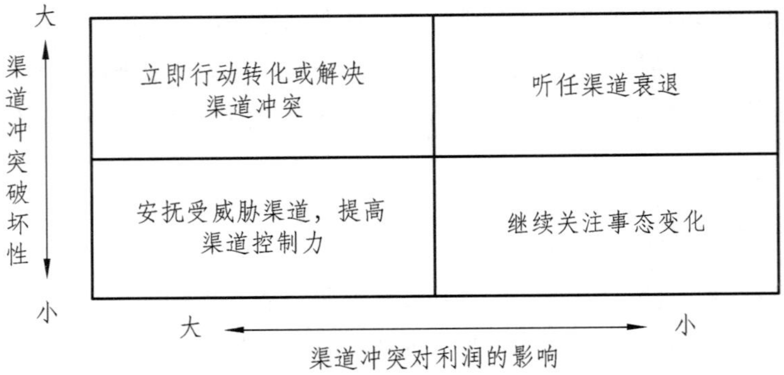

图 7-3　渠道冲突管理决策图

铁路运输企业可通过渠道管理决策图，确定真正具有破坏性的渠道冲突和应采取的相应措施。具体而言，协调渠道冲突的方法有以下四种。

5.2.1 确立和强化共同目标

尽管分销渠道成员间各自职能存在着差异，但是他们都有其共同目标，如生存、市场份额、服务质量、顾客满意度等，在渠道受到外部威胁时，分销渠道成员会更深刻地体会到实现这些目标的重要性，就会联合起来排除威胁。因此铁路运输企业要有意识地激发他们的共同目标，引导他们之间加强合作。

5.2.2 渠道间加强人员交流

这是指在两个或两个以上的渠道层次间互换人员，加强交流，促进彼此了解，在后期工作中更容易站在对方角度思考问题，化解渠道矛盾。

5.2.3 参与管理，加强合作

这是指一个组织为了赢得另一个组织的领导者支持需做的努力。包括要求对方参加董事会、内部决策会、信息咨询会等，就企业管理、产品销售等方面提出意见或建议，使他们感到其意见或建议被倾听，受到重视，体会到合作的诚意。

5.2.4 发挥行业组织作用，建立成员关系

鼓励在行业协会之间建立成员关系，这样可以使双方从更好的角度上相互理解，有助于冲突的减少或解决。例如定期的专题研讨会、培训会，在会议上可广泛交流意见，促进各方沟通合作。

典型案例

案例一　　脱网人群铁路出行更便捷

1 月 28 日，春运首日的杭州东站秩序井然。在出站口附近的 8 台健康码 ETC 智能扫码设备前，不时有老年旅客前来刷身份证查看健康码。

针对部分老年人和儿童不会使用智能机、无法出示健康码等实际情况，中国铁路上海局集团有限公司在管内大客运站投入使用健康码 ETC 智能扫码设备，5 秒内就能显示最新的健康码信息。

这是上海局集团公司加大智能化设备投用力度、温暖老年人和儿童等“脱网”人群出行路的系列举措之一。

该局集团公司在管内各大客运站开设人工服务网点，提供12306手机客户端注册等咨询、解答和引导服务；在人工售票窗口提供现金支付服务，解决了部分旅客无法通过微信、支付宝等网络支付方式购票的问题；联合地方卫生防疫部门在无锡站等部分车站进站口设置“无健康码通道”，由工作人员使用联网电脑核验旅客健康码和14天行动轨迹，脱网人群只需提供身份证信息或手机号码即可查验。

此外，该局集团公司部分车站还在站前广场等旅客必经之处放置免费口罩领取机，旅客可以用手机扫码免费领取，同时车站设置专人引导，防止老年旅客因不会使用而无法领取；在各进出站口设立多个免费防疫包发放点，日均发放3 000余个防疫包，内含口罩、酒精消毒湿巾、免洗消毒液，供旅客在旅途中使用。（来源：高铁网/2021/01/30）

案例二　保价理赔全天候“不打烊”

据《人民铁道》报道，近年来，中国铁路兰州局集团有限公司以创建“智慧兰铁”为引领，充分发挥“互联网+”的作用，不断提升保价运输的覆盖面和影响力，受到了广大企业和货主的好评。

随着互联网技术的发展和铁路装备现代化的日新月异，货物损失理赔工作按照方便、快捷的原则，由线下逐步转变为线上办理。借助互联网平台，全新上线的铁路95305“网上提赔”服务有效利用电子商务平台，使繁琐的流程变得更加简约，改变了以往客户前往营业厅办理的模式。客户通过接收货物损失短信提醒，登录铁路95306货运电子商务平台查阅货运记录等信息，即可办理货物损失理赔，并可随时随地查阅办理进度和赔付结果。

随着“网上提赔”全新改版，客户现在可以通过下载手机的铁路95306 App客户端进行办理，实现24小时“不打烊”，全天候办理业务。这样可以避免客户因未能与车站货物损失处理人员取得联系而影响办理进程，大大缩短了办理时限，提升了客户体验，赢得客户一致好评。

按照中国国家铁路集团有限公司货运部统一部署，兰州铁路局集团公司在管内的123个货运站大力推广建立货运集中受理中心。这些货运站将货运业务的需求受理、运单制票、内交付、理赔等服务职能集中到货运集中受理中心统一办理，借助铁路95306货运电子商务平台全新改版的契机，实现“一个网站、一部手机、一个窗口、一次办结”的货运全流程服务。

为精准快捷办理保价理赔，兰州局集团公司依托铁路保价运输管理系统建立集中受理窗口，货运集中受理人员可第一时间获取客户在铁路95306货运电子商务平台上提报的理赔需求，并通知相关营业室接收客户提赔资料，完成货物损失调查、货物损失责任的判定和案卷资料的收集整理工作。相关营业室及时将案卷资料上传至货运集中受理中心，由货运集中受理人员审核无误后下达赔偿通知书并支付赔款，减少客户与办理人员沟通联系的频次，避免出现保价理赔推诿扯皮的现象。

同时，兰州局集团公司坚持“先赔付，后划责”的原则，在厂矿企业和货主中聘请监督员、公布监督电话、设置介绍如何办理赔偿手续及保价赔偿期限的宣传栏，并在营业大厅设置理赔窗口，安排专人接待，确保理赔工作做到“稳、准、快”。2021年以来，兰州局集团公司编制货运记录4 981份、办理赔偿925件，赔款共计66.97万元兰州局集团公司通过建立货运集中受理中心，实现铁路95306货运电子商务平台“网上提赔”功能与铁路内部理赔业务办理的有效衔接，真正意义上实现从客户需求出发、提供全流程理赔服务，拓宽了理赔服务渠道，扭转了客户心目中理赔慢、理赔难的印象，为客户带来短时间即可完成保价理赔的服务新体验。（来源：人民铁道报/2022/6/19/第3版）

案例三　95306货运电子商务平台升级半年成效明显

据《中国铁道报》报道，中国铁路95306网站（www.95306.cn）铁路货运电子商务平台（下称铁路95306平台）整体升级半年，平台运行良好，作用日益凸显，累计网上办理货运业务1 790万单，涉及货物18亿吨，为物流保通保畅提供了有力支撑。这是继成功打造全球最大的铁路客票实时交易系统12306之后，铁路货运服务实现重大变革，至此，国铁客货运输核心业务完成数字化转型。

中国国家铁路集团有限公司积极适应我国数字经济发展要求和企业、货主服务需求，于2021年对铁路95306平台进行了整体升级改版，实现铁路货运业务全程网上办理，并同步创新货运组织模式和业务办理流程，努力让信息多跑路、企业货主少跑腿，大幅提升了铁路货运便利化程度和货主发货体验，有效推动了铁路货运提质增效。

全程网上办理，提供便捷服务。铁路95306平台整体升级后，具备7×24小时全天候网上办理功能，为客户提供运单提报流转、费用支付、领货理赔和专用线交接等全流程服务。目前，全国铁路3 649个货运营业站、8 392条专用线全部具备网上办理条件，全程通过95306网站、客户端和微信公众号办理货运业务的货主比例达81%，电子运单使用比例达97%。6 900多家企业使用电子营业执照在平台自助注册，5.5万家货主申领数字证书并通过电子签名办理业务，有效解决了受疫情影响难以线下办理货运业务和传递单据等问题，极大地方便了广大货主发货，同时每年可为货主节省往返铁路货运站的人工、交通等综合成本10亿元以上。

优化平台功能，提升货主体验。铁路95306平台整合了各类信息系统数据，建立了全国统一的货车在途轨迹数据库，实现了货物追踪和预测到达等功能，方便货主提前安排取货和开展生产经营。原本由人工负责的客户注册、费用测算缴纳等服务，均实现平台在线自动办理，大大提高了工作效率，减少了工作量和人工差错。目前，铁路95306网站日访问量达488万次；客户端活跃用户日均使用时间达72分钟，全程追踪功能日均使用超过5万次，平台受到货主欢迎和如潮好评。

推进集约经营，促进提质增效。依托铁路95306平台，将原来分散在各货运营业站的需求受理、核算制票、收费对账、发票开具、领货手续、理赔、客服等业务集中到铁路局集团公司货运受理服务中心“云端”办理，统一服务标准，作业管理更加透明规范，作业效率大幅提高。货运办理人均受理量从原来的每日45车提高到400车以上，增长788%；人均制单量从原来的每日27车提高到180车，增长560%，推动了国铁企业提质增效。货主日常发货需求，可以通过“云端”全程办理满足，如有个性化需求和深度合作意向，可以到铁路局集团公司货运受理服务中心进行面对面洽谈，国铁企业将精准制定一揽子物流解决方案，为各类市场主体提供优质运输服务。

下一步，国铁集团将持续跟踪铁路95306平台运行情况，及时收集企业和货主的需求建议，不断优化完善平台服务功能，进一步提升客户体验。（来源：人民铁道报/2022/6/10/第1版）

课后习题

一、名词解释

1. 分销渠道：
2. 中间商：
3. 铁路运输中间商：
4. 运输代理：

二、填空题

1. 分销渠道的起点是______________，终点是_____________。
2. 按同一层次使用中间商的多少可分为______________和______________。
3. 按是否使用中间商，可以将分销渠道分为____________和____________。
4. 运输代理按照业务内容不同可分为________代理、_________代理和_________代理三种。
5. 影响分销渠道设计的因素主要有产品特性、____________、____________、____________和环境因素。

三、选择题

1. 某车站在站前广场增设多个广场售票点，这属于（　　）分销渠道。

A. 延长　　B. 缩短　　C. 拓宽　　D. 缩窄

2. 长渠道的优点是（　　）。

A. 信息通畅　　B. 产品市场扩展性好

C. 价格加成小　　D. 以上都是

3. 企业使用大量的代理商组建其分销网络，使产品销售网点广泛分布，吸引更多消费者，这属于（　　）策略。

A. 选择分销　　B. 密集分销　　C. 独家分销　　D. 广泛分销

4. 铁路运输企业的代理商抱怨同一地区其他代理商随意进行运价打折，这种渠道冲突类型属于（　　）。

A. 不同渠道冲突　　B. 水平渠道冲突　　C. 垂直渠道冲突

四、简答题

1. 简述分销渠道的功能。

2. 简述商人中间商与代理中间商的区别。

3. 简述铁路运输产品分销渠道的特点。

4. 简述铁路运输产品分销渠道的作用。

5. 简述铁路运输企业如何激励渠道成员以提高其积极性。

五、讨论题

请阐述铁路运输企业客运分销渠道策略和货运分销渠道策略。

项目 8 铁路运输促销策略

◆项目学习目标：

1. 能够正确理解促销的含义。
2. 能够掌握促销的作用。
3. 能够准确理解铁路运输企业促销的特点。
4. 能够准确理解人员推销、广告、销售促进及公共关系的含义。
5. 能够掌握人员推销的程序。
6. 能够正确理解铁路运输企业开展公共关系活动的重要性。

◆课程思政目标：

1. 教育学生要诚实守信，自觉践行和遵守职业精神和职业规范。
2. 教育培养学生遵纪守法、无私奉献、开拓创新的职业品格和行为习惯。

项目引入

据新华社报道，为更好适应中老铁路老挝段沿线社会经济发展和满足企业物流需求，老中铁路有限公司日前举办中老铁路运输产品推介会，希望助力当地企业发展，做好铁路物流服务。138家中老企业通过视频连线方式参加了推介会。

中老铁路是中国“一带一路”倡议与老挝“变陆锁国为陆联国”战略对接项目。其中，老挝段北起老中边境口岸磨丁，南至老挝首都万象，全长400多千米。工程于2016年12月全面开工，计划2021年12月建成通车。

老中铁路有限公司负责人介绍了中老铁路老挝段货运站概况、铁路货物运输种类、铁路货运价格、客户发运货物操作流程及相关服务等。据悉，老挝段在运营初期仅办理集装箱货物运输，跨境货物24小时通关，可受理老挝境内、跨境货物的运输需求。

老中铁路有限公司借助中老铁路运输产品推介会的促销形式，更好地对中国铁路，货运产品国际运输产品进行了宣传，使更多的企业了解铁路运输货运产品，达到促销的目的。（新华社万象2021年11月26日电）

企业要发展得更快更好，不仅要努力开发适销对路的产品、制定具有竞争力的价格、选择合适的分销渠道，更要采用适当的促销手段以激发消费者及中间商的购买欲望，使产品及时准确地传递到目标市场中去，从而达到满足市场需求、树立企业形象、扩大产品销售及提升市场占有率的目的。

目前，我国运输市场多种运输方式并存，竞争日益激烈。铁路运输企业通过制定促销策略、开展促销活动，使铁路运输安全、准时、舒适、长途、重载、经济等优点有效传递给目标顾客，吸引更多客流与货源、取得旅客和货主信任、树立良好运输企业形象，恢复和提升铁路运输企业在运输行业中的地位、扩大市场份额，是运输企业开展促销活动的意义所在。

任务 1 促销策略概述

促销是企业整体营销活动中不可或缺的重要组成部分。企业如何将产品信息及能够给消费者带去的利益进行及时有效的传递，以实现对消费者的外部刺激，从而激发消费者的购买欲望与兴趣、增加消费者的购买需求强度、影响消费者的购买决策过程、诱导消费者的购买行为，将潜在顾客变为现实顾客，这就是促销所研究的主要内容。

知识点 1 促销的含义及作用

1.1 促销的含义

促销是促进销售的简称。从市场营销学角度看，促销是企业通过人员与非人员的方式向消费者传递有关本企业及产品信息，从而激发消费者的购买欲望、影响并促成消费者的购买行为，以达到扩大销售目的的全部活动的总称。

从这个概念出发，我们应从以下几个方面理解促销。

1.1.1 促销的实质是传播与沟通信息

在社会化大生产和商品经济条件下，一方面，生产者不可能完全清楚谁需要什么商品，何地、何时需要，何价格消费者愿意并能够接受等；另一方面，广大消费者也不可能完全清楚什么商品由谁供应，何地、何时供应，价格高低等。正因为客观上存在着这种生产者与消费者间信息分离的矛盾，企业必须通过沟通活动把生产、产品等信息传递给消费者和用户，以增进其了解、信赖并购买本企业产品，达到扩大销售的目的。在现代市场经济条件下，企业的促销活动更体现了企业主动满足市场需求、开拓市场的进取精神。

市场经济条件下，企业与消费者之间的信息传递与沟通主要有以下两种方式：一种是单向沟通，另一种是双向沟通。单向沟通即一方发出信息另一方接收信息，如商业广告、新闻报道等；双向沟通即买卖双方互相交流信息，如人员推销，企业销售人员不但把企业及产品信息传递给消费者，同时消费者也会对接收到的信息作出反馈，向销售人员提出意见与建议，销售人员听取并做好处理，实现信息的双向传递。

1.1.2 促销的目的是激发并促成消费者购买行为

研究表明，消费者在可支配收入既定的情况下，能否产生购买行为主要取决于消费者的购买欲望，根据“刺激-反应”理论，消费者购买欲望的产生又与外界的刺激与诱导密不可分。促销正是针对这一特点，通过各种传播方式把产品或劳务等相关信息传递给消费者，从而激发其购买欲望，促成其购买行为。

1.1.3 促销的方式有人员促销和非人员促销

人员促销也称直接促销，是指企业运用推销人员向消费者直接推销产品或劳务的一种促销活动，它主要适用于消费者较少且集中的情况下。非人员促销也称间接促销，是企业借助于一定的媒体手段进行产品或劳务信息的传递，以促进消费者产生欲望、发生购买行为的一系列促销活动，如广告、公共关系和营业推广等。它主要适用于消费者数量较多，并且分布分散的情况下。通常情况下企业在开展促销活动时都是运用人员促销与非人员促销相结合的方式进行的。

1.2 促销的作用

促销作为企业整体市场营销活动中不可或缺的重要组成部分，具有以下不可忽视的重要作用。

1.2.1 传递相关信息、提供市场情报

无论是在新品推出之前，还是在销售过程之中，企业均要把相关产品信息、情报传递给目标市场的消费者和中间商，而促销的实质就是传播与沟通信息，沟通生产者、中间商和消费者之间的关系。消费者或中间商在促销活动中能够更加全面地了解产品信息，使产品销售活动进行得更为顺畅，同时企业生产者也在促销活动过程中完成了对市场情报的收集、对市场需求的了解。

1.2.2 引起购买欲望，扩大产品需求

企业只有针对消费者的心理动机，通过采取灵活有效的促销活动，才能引起消费者的购买欲望，诱导或激发消费者某一方面的需求，从而达到提升产品销售量的目的。并且，企业的促销活动还能创造需求，发现新的销售市场，从而使市场需求朝着有利于企业销售的方向发展。

1.2.3 突出产品特点、强化竞争优势

市场上同类产品增多，竞争激烈，同类产品相差甚微，而对于这种差别，消费者是不易发现的，因此，企业要采取行动，宣传自己产品的不同之处，使消费者对企业本身及产品有深刻印象，充分认识到本产品能给消费者带来的利益。例如铁路运输企业可以通过促销手段强调其运输方式能给旅客与货主带来安全性高、一次运量大、经济便利等独特的利益，从而更好地吸引消费者，形成消费者对铁路运输方式的偏爱，从而强化铁路运输企业在竞争中的优势地位。

1.2.4 提高企业声誉、提升市场份额

树立良好企业形象，提升企业声誉既是一个企业在现代市场经济条件下所追求的长期目标之一，也是企业的无形资产。企业可以通过各种促销方式，提高企业的知名度与美誉度，从而扩大产品销量，稳定和提升市场份额。尤其铁路运输企业，一直是旅客和货主最青睐和信任的运输方式，在国民经济活动中占据重要地位，受到社会关注和好评，如果再运用适当的促销方式，尤其是公共关系活动对企业进行宣传，更能树立良好企业形象和企业声誉，获得社会公众更多的认可，对于提升运输企业的市场竞争能力、扩大市场占有率、提升市场份额有一定的影响。

知识点 2 铁路运输企业促销的含义及特点

2.1 铁路运输企业促销的含义

铁路运输企业促销就是铁路运输企业运用各种促销工具，向目标顾客提供有关铁路运输产品的信息或树立本企业的形象，说服目标顾客作出购买行为或影响目标顾客购买态度而进行的市场营销活动。

2.2 铁路运输企业促销的特点

由于铁路运输产品是一种非实物形态的产品，且生产与消费过程同步进行，因此铁路运输企业促销既具有企业促销的共同特点，又区别于其他实物产品的促销，具有独特性。

2.2.1 铁路运输企业促销具有企业促销的共同特点

（1）运输企业促销是在运输企业与其目标顾客或社会公众之间进行的。

（2）运输企业促销是说服性的沟通活动。

2.2.2 铁路运输企业促销的独特性

（1）铁路运输产品促销需要借助一定的有形展示。

铁路运输产品是铁路运输企业提供给旅客和货主的位移，是无形产品，不能像实物产品一样利用陈列等方式进行自我展示，因此铁路运输企业只有借助一定的有形展示手段才能把产品信息更好地传递给旅客和货主。铁路运输企业的有形展示内容包括环境、信息、价格以及所有用以帮助运输服务完成的实体设施和人员，例如运输工具、车站及货场设施、员工、旅客和运输价目表等，他们是部分服务内涵的载体，传递着铁路运输产品的信息，旅客和货主在作出购买决策之前可以通过这些有形物提供的线索来推断服务的质量。

（2）铁路运输企业的促销活动贯穿于生产和消费过程之中。

由于铁路运输产品的生产和消费不可分离，铁路运输产品具有明显的服务产品特征，通常缺乏统一的质量标准，旅客和货主在购买前难以了解产品的质量如何，他们对产品质量的判断往往来源于大众传媒或运输终了后的感受。而铁路运输产品消费过程正是旅客和货主同服务人员及设备相互作用的过程，各种服务的质量将直接影响到旅客和货主对企业服务质量的判断。因此，赢得良好口碑成为铁路运输企业促销活动的重要目标之一，而这种口碑的形成是在铁路运输产品生产和消费过程中逐步建立起来的。因此，铁路运输企业的促销活动不像有形产品一样存在于消费过程之前，而应贯穿于运输消费过程的始终。

知识点 3 促销组合及其影响因素

3.1 促销组合

企业的促销方式通常有四种，即人员推销、广告、营业推广和公共关系。由于各种促销方式都具有各自的特点，因此在促销过程中企业通常是将各种促销方式结合起来使用。

促销组合就是对以上四种促销方式的选择、运用与组合搭配。促销组合也称为促销组合策略，即企业把人员推销、广告、营业推广和公共关系等方式有目的、有计划地组合在一起，巧妙运用，以求达到最佳促销效果。促销组合策略体现了现代市场营销理论的核心思想——整体营销，使企业的全部促销活动相互配合、协调一致，最大限度地发挥整体效果，从而顺利实现企业目标。

促销组合策略从总的指导思想上可分为推动策略与拉引策略。

推动策略是企业利用人员促销方式，把产品推进分销渠道，最终“推动”到消费者手中。此策略一般采用人员促销的方式进行。

拉引策略是指企业以最终消费者作为主要促销对象，引导他们购买该产品，如果促销奏效，消费者便纷纷向中间商询问购买这种商品，中间商看到这种商品需求量大，就会向生产企业进货。拉引策略一般采用非人员促销的方式。

3.2 影响促销组合的因素

3.2.1 促销目标

促销目标是企业从事促销活动所要达到的目的。随着企业面临的市场营销环境的不断变化或在企业营销的不同阶段，要求有着不同的促销目标。因此，促销组合和促销策略的制定，要符合企业的促销目标，并且配合与遵从企业的长期目标，这样才能取得良好的促销效果。

3.2.2 产品特点

对于不同性质和特点的产品，购买者的购买目的不同，因此，必须要采用不同的促销组合和促销策略。一般来说，从事消费品营销的企业，因市场范围广而多则采用拉引策略，尤其以广告和营业推广方式促销居多；从事工业品营销的企业，因购买者批量大，市场相对集中而多采用人员推销和营业推广的方式进行促销活动；从事劳务推销的企业则多采用广告或公共关系的促销方式。铁路运输企业是社会影响力较大的企业，因此公共关系是运输企业较常用的促销方式。

3.2.3 产品生命周期

由于促销目标在产品不同生命周期阶段是不同的，因此所采用的促销组合和促销策略也不相同。当产品处于投入期时促销重点在于产品的宣传介绍，以便顾客了解、认识商品，产生购买欲望，这一阶段以广告为主，以营业推广和人员推销形式为辅。成长期产品销量上升，同时竞争者出现，这时仍需要加强广告宣传，但侧重点应转向产品特色及品牌优势，增进消费者对产品的购买兴趣，若能辅之以公共关系，则效果更加明显。在成熟期，竞争者增多，此时应加大营业推广力度，辅之以公共关系活动，形成消费者购买偏好，适当削减广告费用，只保留提示性广告。产品进入衰退期，销售量大幅下降，为减少损失，促销费用不宜过大，促销活动宜针对老顾客，维持适当的营业推广方式，仅采用提示性广告即可，并停止公共关系活动。

3.2.4 市场特点

目标市场特点是影响促销组合的重要因素之一。从市场地理范围看，如果目标市场规模较大，应多采用广告形式；反之，才以人员推销为主。从市场类型看，消费者市场因消费者多而分散，应采用广告等非人员促销形式；而对于用户较少、批量购买、成交额较大的生产者市场则应采用人员推销的形式。此外，在市场竞争条件下，促销组合的制定还要考虑到竞争者的因素，要根据竞争者的促销组合情况有针对性地变换自己的促销组合策略。

3.2.5 促销费用与预算

促销费用预算的多少，直接影响到促销方式的选择，因为各种促销方式费用差别甚大。一般来说人员推销的费用最高，广告次之，营业推广和公共关系相对较低。但它们在不同时期的促销效果是不同的。企业应在分析、比较的基础上，选择既要促销效果好、又要促销费用少的促销组合。

3.2.6 购买准备阶段

一般来说消费者的购买准备过程分为六个阶段，即知晓、认识、喜欢、偏好、确信和购买。促销组合的效果往往因为消费者所处的购买准备阶段不同而略有差异。在知晓和了解阶段，广告和公关活动起到重要作用；在认识和喜欢阶段，广告作用最大，其次是人员推销；在偏好和确信阶段，人员推销的作用又高于广告；在购买阶段主要是人员推销起到了积极的作用。

此外，企业的规模与资金情况、企业管理者运用促销方式的能力与经验等因素也都会对促销组合起到一定的影响作用。

任务 2　铁路运输企业人员推销策略

知识点 1　人员推销的含义与特点

人员推销是指企业运用推销人员直接与推销对象接触、洽谈，将产品或劳务推销给消费者，从而达成交易，实现既销售商品又满足顾客需求的一种促销方式。具有以下特点：

1.1 人员推销的优点

1.1.1 直面顾客并收集信息，实现信息的双向传递

人员推销最基本的特点就是推销人员与顾客面对面直接接触，进行信息的双向传递。人员推销过程中，一方面推销人员通过向顾客介绍产品和企业的相关信息以及同类竞争者的信息，达到招徕顾客，促进产品销售的目的；另一方面，推销人员通过与顾客接触，能够及时了解顾客对本企业及产品的评价、意见与要求，在推销过程中不断收集和反馈信息，从而指导企业改善市场营销管理工作，为企业营销决策提供依据。

1.1.2 有效地发现并接触顾客，推销过程灵活机动

由于推销人员与顾客直接接触，因而能更快更准地发现目标顾客，并根据目标顾客的特点，及时且有针对性地调整自己的推销策略，适应顾客，提供顾客需要的信息，达到产品销售的目的。

1.1.3 培养买卖双方感情，建立长期协作关系

推销人员在推销产品的过程中，通过与顾客交流意见，帮助顾客解决难题，可以培养感情，

建立起相互理解与信任的友谊关系。由此在长期保持友谊的基础上开展推销活动，有助于建立长期的买卖合作关系，稳定地销售产品。

1.1.4 迅速做出反应，促进交易的形成

由于人员推销是与顾客进行面对面的交谈，在此过程中推销人员可以随时观察顾客表现出来的兴趣与态度，并能及时发现、答复和解决顾客提出的问题，消除顾客的疑虑和不满，促成顾客尽快作出购买决定，销售成功率极高。

1.2 人员推销的缺点

1.2.1 支出较大，成本较高

由于每个推销人员直接接触的顾客数量有限，销售面窄，特别是在市场范围较大的情况下，人员推销开支较多，这就大大增加了产品销售的成本，一定程度上削弱了产品的市场竞争力。

1.2.2 对推销人员要求较高，人才难觅

人员推销效果的好坏直接决定于推销人员素质的高低。随着科技的发展，高科技含量的新产品层出不穷，这就对推销人员的素质提出了更高的要求。企业要想培养出理想的胜任其职的推销人员，不仅耗费大，而且比较困难，因此优秀的推销人才难觅。

知识点 2 人员推销的形式与策略

2.1 人员推销的形式

2.1.1 上门推销

这是最常见的人员推销形式。由推销人员携带运输产品的相关资料、价目表、货物运单或货票等单据走访顾客，推销产品。例如铁路客运部门可组织精干人员深入社区、厂矿、学校等，携带当地旅客列车时刻表、票运价表、行李运价表等资料，向公众散发，进行宣传讲解，使民众了解乘车须知，铁路客运优势等信息，推销客运产品。

2.1.2 柜台推销

又称门市推销，是指铁路运输企业在适当的地点设置固定的门市，由车站的售票员、货运员、客运员等接待进入门市的旅客或货主，并向其介绍、推荐产品。

2.1.3 会议推销

指铁路运输企业利用各种会议向与会人员宣传和介绍产品，开展推销活动。例如铁路运输企业可以派专人参加全国煤炭、钢铁等行业的订货会、交易会，对达成销售合同的煤炭或钢铁的企业推销铁路货运产品，及时根据运量安排运输计划。也可由运输企业举行推介会、新品发布会等，向企业团体或社会公众介绍铁路运输新产品、新政策，听取公众意见、收集公众需求信息，为铁路运输相关部门提供可靠详实依据，扩大铁路运输企业社会影响力。

2.2 人员推销的策略

人员推销应根据不同的销售环境、推销气氛、推销对象和推销商品，审时度势，灵活巧妙地采取不同的策略，引起顾客注意，激发顾客购买欲望，促进成交。人员推销的策略主要有以下三种。

2.2.1 试探性策略

试探性策略也称为“刺激-反应”策略。是推销人员在对顾客需求不了解或了解不充分的情况下，运用刺激手段试探性了解顾客需求，然后针对顾客的反应决定宣传的内容，激发顾客的购买欲望，引导产生购买行为。

2.2.2 针对性策略

针对性策略又称“配方-成交”策略。是指推销人员在基本了解顾客需求的前提下，有针对性地对顾客进行宣传介绍，以引起顾客的兴趣和好感，从而达到成交的目的。

2.2.3 诱导性策略

诱导性策略也可称为“诱发-满足”策略。这是一种创造性推销策略，是指推销人员运用各种能激起顾客需求的说服方法，诱发引导顾客产生购买行为。这种策略要求推销人员有较高的推销能力，善于抓住有利时机，设身处地地为顾客着想，恰如其分地介绍商品，并不失时机地促成销售。

知识点 3 人员推销的程序

3.1 寻找潜在顾客

潜在顾客即有购买需求、购买能力并有购买决策的顾客。寻找潜在顾客是人员推销的第一步。寻找潜在顾客的方法很多，可以通过个人观察、他人介绍、社团联络、展销吸引或者从报纸杂志等各种渠道寻找。

3.2 接触前的准备

即在接触目标顾客之前进行的资料收集和接触方案拟定的准备工作。主要准备的资料有：

（1）本企业及产品的资料，如企业的手册、运输产品价目表等。

（2）客户的资料，如通过事先调查了解旅客或货主的需求、常选用的运输方式、运量的大小、对价格的敏感程度等，也包括客户的职业、年龄、兴趣爱好等个人资料。

（3）竞争者的资料，如竞争对手产品的特点、价格、竞争能力、市场定位等等，一方面有助于客户进行比较选择，另一方面也是推销人员知己知彼的需要。推销人员根据自己收集准备的资料，要事先拟定好接触方案、准备好说服顾客的理由。

3.3 约见顾客

约见顾客是指推销人员事先征求顾客意见，顾客同意会见推销人员的过程。约见顾客常用的方法有电话约见、信函约见、他人介绍和当面约见。约见顾客的内容主要包括确定约见对象、明确约见事由、安排约见时间、选择会见地点等。

3.4 推销面谈

这是人员推销过程中最关键的一步。面谈主要的内容是向顾客介绍及展示产品，引起顾客兴趣，说服顾客购买。这一阶段推销人员应始终强调顾客的利益以及本企业产品能够给顾客带来的利益。

3.5 处理异议

当铁路运输企业的推销人员在开展推销活动过程中，顾客会因不理解、不同意或不感兴趣等原因提出各种反对意见，对成交造成阻碍。对此，推销人员不应马上否定顾客的意见，或者表现出反对、厌恶、不耐烦的态度，而应耐心听取顾客的反对意见，并找出反对意见的症结所在，然后有针对性地采取措施，进一步排除这些障碍。

3.6 建议成交

推销人员应善于捕捉顾客所发出的成交信号，利用建议成交的技巧，把握成交机会和分寸，达到签订运输合同的目的。

3.7 追踪服务

达成交易并不意味着推销工作的结束。推销人员还要帮助货主协调安排后续运输问题并追踪货主对本次运输活动的满意度，这样既有利于与顾客保持良好的关系，也有利于争取新顾客。

知识点 4 推销人员的素质要求

4.1 态度热忱，勇于进取

推销人员既是企业的代表，又是顾客的顾问，因此推销人员应具备高度的责任心与使命感，热爱本职工作、态度热情、任劳任怨、积极进取、耐心服务，这样才能使推销工作获得成功。

4.2 求知欲强，知识广博

广博的知识是推销人员做好推销工作的前提。具有较高素质的推销人员必须具有较强的上进心和求知欲，乐于学习各类知识，无论是产品知识，还是推销技巧，甚至是心理学知识，都是优秀的推销员应掌握的内容。

4.3 文明礼貌、善于表达

推销人员在推销产品的同时也是在推销自己。这就要求推销人员在推销过程中要注意自己的行为举止，讲究文明礼仪、待人热情、仪表端庄、谈吐文雅、谦恭有礼、口齿伶俐、善于表达，为推销获得成功创造条件。

4.4 富于应变，技巧娴熟

市场环境因素是复杂且千变万化的，推销人员必须能对各种变化反应灵敏，并有娴熟的推销技巧以应对变化的环境。在推销过程中，推销人员要善于发现顾客的需求、把握成交的时机，对于交谈过程中顾客提出的问题和疑虑，能迅速做出反应，及时调整推销策略。

知识点 5 人员推销的技巧

5.1 注意形象

铁路运输企业推销人员在推销过程中一方面代表着企业的形象，另一方面又作为顾客的朋友和伙伴，因此必须十分重视自身形象的把握。除了得体的衣着打扮，在同顾客接触的过程中也要有不卑不亢的态度，给顾客留下可亲可敬的印象；在交易活动中要做到言必行、行必果，维护自身和企业声誉，使顾客有信任感；同时应避免带有趋利行为的倾力推销，要创造公平和谐的推销环境。

5.2 善于辞令

语言是最基本的沟通工具，因此推销人员必须熟练掌握各种语言技巧。具体来说，一是要在各种场合下能找到接近顾客的话题；二是要在具体谈话中能牢牢把握谈话的方向，使之逐渐转入推销活动的正题；三是运用合适的语言、语调使顾客感到亲切自然；四是对顾客提出的异议不要轻易反驳，而是要在耐心听取后进行说服诱导。

5.3 把握时机

推销人员应能准确地把握推销时机，因地制宜地开展促销活动。一般情况下推销的最佳时机是在顾客有需求或是时间空闲、乐与人交谈的时候，此时推销会达到事半功倍的效果。

5.4 培植感情

推销人员应重视与顾客之间感情的培养，建立起长期稳定的合作关系，甚至是友谊关系，形成一批稳定的客户群体。要做到这一点就需要推销人员能够学会换位思考，站在顾客的角度上思考问题，帮助他们解决问题，超越合作关系而形成朋友关系，以强化推销过程中的“自己人效应”。

知识点 6 铁路运输企业人员推销

铁路运输企业的人员推销由售票员、承运员、列车员等向旅客和货主推销其特殊的空间位移产品。一方面通过优质服务吸引旅客、货主；另一方面还应该积极主动地向旅客、货主征询意见，以进一步提高服务质量，展现优良的服务宗旨。

6.1 铁路运输企业开展人员推销的条件

人员推销是一种昂贵的促销方式，据估算，人员推销的开支是广告开支的 5 ~ 8 倍，因此不可滥用。另外人员推销的传播面窄，营销力小，接触的顾客有限，只有在购买批量大、市场集中度高的范围内使用才能取得明显的效益。

铁路运输产品根据运输对象的不同可分为客运产品和货运产品。客运产品市场的主要服务对象是旅客，而旅客群体又具有分布范围广、需求多样性、零星购买等特点，不易采用人员推销的方式直接向目标市场推销，对于铁路运输客运产品来说，人员推销的重点应该是中间商。相较而言，货运产品市场则呈现出货主群体相对集中、一次运输量较大等特点，通过运输企业的组货人员深入企业、大型厂矿，承揽大批货源，能充分发挥人员推销的优势，更适于采用人员推销的方式。

6.2 铁路运输企业人员推销的任务

铁路运输企业推销人员作为铁路企业与旅客、货主之间联系的桥梁，主要应完成以下任务。

6.2.1 寻求目标顾客

这里所说的顾客既包括现实顾客也包括潜在顾客。对于现实顾客，如果是企业的老客户，则应注意联络感情，维系和巩固合作关系，如果其他企业顾客，则应积极争取将他们变成本企业顾客。同时，推销人员还应善于发现潜在顾客，开拓新市场。

6.2.2 信息沟通反馈

凡是消费者需要了解的信息，包括铁路运输产品价格、货车种类、到达时间、运输能力等，推销人员都应了如指掌，耐心细致地向消费者讲解。同时推销人员也应将消费者提出的意见和建议、市场行情、竞争情况等信息反馈给铁路运输企业，以便为企业预测决策提供依据。

6.2.3 完成销售任务

完成销售任务就是完成预定运力的销售。推销人员通过与目标顾客的直接接触，运用各种销售技巧，满足消费者的各种需求，最终促成成交，完成销售任务。

6.2.4 提供优质服务

推销人员不仅要实现产品的销售，还需要为消费者提供优质的服务，这也是推销人员的一项重要职能。旅客可能在车次选择、时间安排上犯愁，货主则可能在货物装卸、运转上遇到困难，推销人员应及时发现消费者的困难，帮助他们解决困难，为他们提供除销售以外的服务，这有利于树立企业形象，为企业赢得良好的口碑。

6.2.5 收集市场情报

由于推销人员直接与顾客和市场接触，是企业的一线人员，因此可以利用一切渠道，采用科学的、正当的手段收集市场情报、同行竞争者客货源组织情况、市场竞争态势和发展变化等市场情报。

6.2.6 协调安排产销

货物运输在时间、空间上存在不均衡性，有时需要推销人员按照货主的轻重缓急安排运输顺序。对暂时没有运输能力的要耐心安抚，对存在特殊困难的要尽早安排。推销人员要着眼于企业的长期利益，切忌出现运输淡季求人运输旺季不理人的现象。

任务 3 铁路运输广告策略

知识点 1 广告的含义

广告一词来源于拉丁语，是“吸引人心”或“注意与诱导”的意思。广告就其应用的含义来说，又有广义与狭义之分。广义的广告是指通过各种形式公开向公众传播预期目标信息的宣传手段，包括商业广告、公益广告、文化广告、社会广告等。狭义的广告指的是商业广告，是一种以盈利为目的，通过各种媒体迅速向目标市场服务对象传递商品或劳务信息的宣传活动。

在这里我们引用美国市场营销协会（AMA）对广告的定义：“广告是由明确的主办方在付费的基础上，采用非人员传播的形式，对观念、商品及劳务进行介绍、宣传的活动。”促销中所指的广告通常是狭义的广告。

铁路运输企业广告可以分为铁路总公司和各铁路局两级。前者主要负责宣传全路性的铁路建设及铁路运输信息。后者主要负责宣传本区域的铁路运输信息及新设服务项目等。

知识点 2 铁路运输企业广告的类型

铁路运输企业广告根据角度的不同可以分为不同的类型。

2.1 根据广告的设计内容划分

2.1.1 产品广告

产品广告是以介绍铁路运输企业推出的运输产品为主要内容的广告。主要作用在于：

① 传播产品的信息，提高旅客和货主对铁路运输产品的认知程度。

② 突出铁路运输产品特点，引导消费，刺激需求。

③ 有助于提高铁路运输产品的生动性，使信息更易被感知，增强说服力。

2.1.2 公关广告

公关广告是以介绍铁路运输企业的经营理念、技术水平、树立企业形象为主要内容的广告。它的主要作用在于：

① 树立铁路运输企业形象，提高企业知名度与美誉度。

② 有利于提高铁路运输企业的凝聚力，广泛吸引人才。

铁路运输企业广告多以公关广告为主。

2.2 根据广告的设计目标划分

2.2.1 通知广告

通知广告的主要目的是促使初步需求的产生，多运用于产品的生命周期的投入期。如铁路运输企业在调整列车运行图时，就可通过报纸、广播、电视等媒体，向旅客说明新开或调整列车的情况，纠正旅客原有印象，避免旅客因误乘而对铁路运输企业产生的不满，从而树立企业形象。

2.2.2 劝说广告

劝说广告的主要目的是劝说顾客购买自己的产品，形成品牌偏好。劝说广告多用于成长期，因此这一阶段顾客还在多种品牌中选择，没有形成品牌偏好，而劝说广告通过宣传产品特色及给顾客带来的特殊利益的满足，来培养顾客忠诚。例如铁路运输企业可以采用电视、网络等媒介，播放旅游专列的宣传视频，使具有出游需求的旅客选择铁路运输旅游品牌专列。

2.2.3 提示广告

提示广告的主要目标是提示顾客不要忘记购买自己的产品。通过重复播放或刊登加深印象，此类广告多用于产品的成熟期。

2.3 根据广告传播的区域划分

2.3.1 全国性广告

全国性广告是指采用信息传播能覆盖全国的媒体所做的广告，以此激发全国消费者对所做广告内容的兴趣与需求。例如铁路运输企业开行动车组时，国铁集团就可利用电影、电视等覆盖全国性的媒体进行产品的宣传。

2.3.2 地区性广告

地区性广告指的是采用信息传播只能覆盖一定区域的媒体所做的广告，借以刺激某些特定地区消费者对产品的需求。例如各铁路局可利用路牌、当地广播等媒体对所辖区域宣传局内运输产品。

知识点 3 铁路运输企业广告策略

铁路运输企业广告策略是铁路运输企业营销活动的重要组成部分。当今的运输市场，各运输企业不断改进产品性能、调整市场价格、拓展运输产品销售渠道，使得运输产品竞争日趋激烈。铁路运输企业产品再好、服务再有，如不大力宣传，也会导致营销活动失败。广告策略所要解决的就是铁路运输企业以何种方式、何种手段使旅客和货主直销产品、了解产品，继而产生兴趣，从而做出购买决策。

3.1 明确广告目标

铁路运输企业在制定广告策略之前，一个重要的前提就是制定明确的宣传目标，避免行动的盲目性。一般来讲，铁路运输企业的广告目标有以下几种。

3.1.1 创牌目标

创牌广告目标是以传播企业或品牌的名声从而到达一定的知名度为目的。通过广告，将企业及产品或服务品牌传播给目标受众，使消费者知道并了解这一企业和产品的存在。这类目标常出现于企业在开发新产品市场或开拓产品新市场之际，通过对产品的性能、特点、用途的宣传介绍，提高消费者对产品的认知程度，重点加强对新产品的理解，加深品牌印象。

3.1.2 保牌目标

保牌广告目标是指广告产品在市场上已经有了一定的知名度和声誉，但不时遭到竞争者广告的打压或排挤，这时，广告目标是巩固广告产品已有的市场地位，维护广告产品既有的品牌形象，保持消费者对产品的信赖。

3.1.3 竞争目标

竞争广告目标是指通过广告不断加强产品的竞争能力。其诉求重点在于宣传本企业产品与竞争产品的差异，特别是突出本产品的优异之处，并努力转变消费者对竞争产品的偏好态度，促使广告受众转而购买和使用本企业的广告产品，提升消费者对本产品的指明购买率。广告学家曾经进行过一个生动的比喻："做广告，不要只把马儿牵到河边。"意思是说，做广告不能只把消费者指到商店就算了事，还要让消费者指名购买广告商品，这才达到了广告目的。

3.1.4 公共宣传目标

公共宣传目标是指通过广告将企业有关的积极信息传递给受众，以达到塑造、提升企业正面形象的目的。公共宣传的最大特点就是潜在效益明显，每一次有利的公共宣传不一定带来产品销量的陡增，但却能强化铁路运输企业的产品在社会公众中的形象，使铁路运输企业长期受益。

3.2 决定广告预算

广告预算是企业广告计划对广告活动费用的匡算，是企业投入广告活动的资金费用使用计划。通常情况下，铁路运输企业会在新的年度开始时，根据往年的情况，结合当年的生产销售计划，制定出全年所需要的广告费的总额和广告费的使用范围。广告预算在进行广告活动中具有很重要的现实意义，广告预算多了，会造成浪费，广告预算少了，势必会影响必要的广告宣传活动，甚至影响整个销售环节，在竞争中处于不利地位。铁路运输企业在编制广告预算时应从以下四方面进行考虑。

3.2.1 预 测

铁路运输企业可通过对市场变化趋势的预测、消费者需求的预测、市场竞争性发展的预测和市场环境变化的预测，对广告任务和目标提出具体的要求，制定相应的策略，从而较合理地确定广告预算总额。

3.2.2 协 调

铁路运输企业在编制广告预算时应把广告活动和市场营销活动结合起来、以取得更好的广告效果。同时，完善广告计划，实施媒介搭配组合，使各种广告活动紧密结合，有主有次，合理地分配广告费用。

3.2.3 控 制

铁路运输企业应根据广告计划的要求，合理地、有控制地使用广告费用，及时检查广告活动的进度，发现问题，及时调整广告计划。

3.2.4 讲究效益

众所周知，广告是直接为商品销售服务的，因此，铁路运输企业在编制广告预算时要讲究广告效益，及时研究广告费的使用是否得当，有无浪费，及时调整广告预算计划，做到既合理地使用广告费，又保证广告效益。

3.3 选择广告媒体

广告的形式多种多样，铁路运输企业在进行广告宣传的时候不可能将每种广告形式都予以采用，因此，需要对各类广告媒体进行筛选和对比，综合考虑各类影响因素，从而选择最适合本企业产品的广告媒体。

3.3.1 各类广告媒体的特征

广告媒体是广告内容得以传播的载体和工具。不同的广告媒体有着不同的传达效果，广告媒体的使用既直接关系到信息传播的影响范围和准确性，也影响着广告创意的表达和广告形象的渲染力，因此选择合适的广告媒体对于铁路运输企业广告宣传来说非常的重要。

广泛使用的广告媒体有报纸、杂志、广播、电视四大媒体，此外还有邮寄广告、室外广告以及随着互联网的发展而出现的网络广告等。各种媒体均有自己的传播优势和缺陷，如表 8-1 所示。

表 8-1 各类广告媒体特点

媒体类型	优点	缺点
报纸	影响广泛、传播迅速、便于剪贴查存、无阅读时间限制、费用较低、信赖性强	时效短、重复性差、易被忽视、传播方式单一、吸引力低
杂志	宣传对象明确、针对性强、保存期长、可反复查看，发行面广、宣传区域大、印刷精美	发行周期长、灵活性差、读者较少、传播不广泛
广播	传播迅速及时、制作简单、费用较低、有较高灵活性、听众广泛	时间短、不便记忆、有声无形、印象不深、不便查存
电视	视听结合、生动逼真、感染力强、宣传范围广、影响面大、手法灵活、艺术性强	制作复杂、费用高，时间性强、不易查存，视听者不稳定
网络广告	受众范围广、交互性强、形式多样、传播及时灵活、成本低、感官性强	促销对象不明确、信息繁杂、可信度差
邮寄广告	选择性和针对性强、伸缩性强、不易受其他广告竞争	工作量大、可信度差、反馈性差
室外广告	区域选择性好、费用低、复视率高、灵活性好、持续时间长，成本较低	表现形式有局限性、针对性差、信息内容少

3.3.2 目标顾客的喜好

目标顾客对媒体的偏爱程度也是影响媒体选择的因素之一。例如铁路运输的暑运加开列车是为学生旅客服务的，而大多数学生又是网络或广播的受用者，因此临时列车的加开信息就可以通过这两种媒体发出。

3.3.3 产品种类

铁路运输企业提供的产品形式多样，针对不同的产品应选择不同的媒体以达到最佳的传播效果。如对于普通客运产品，应选择大众传媒；对于某一特定目标市场开行的客运产品，如农民工专列、学生专列等，应采用目标顾客会经常接触到的媒体。

3.3.4 影响范围

不同媒体的传播范围与影响范围有较大的差别，铁路运输企业应根据目标市场战略选择传播范围不同的媒体。

3.3.5 广告费用

各类媒体的制作费用和收费标准各不相同，比较而言，电视广告费用最高，报纸广告成本较低。企业在选择时应根据自身的财力来确定合适的媒体。

3.4 确定广告播出时间

不同的广告发布时间会产生不同的效果，广告播出时间的确定主要有以下三种。

3.4.1 集中时间播出

集中时间播出即在较短的时间内，集中开展广告宣传，对有限的目标市场发起强有力的广告攻势，以便在短时期内迅速树立企业与产品形象，以促进短期营销计划的实现。

3.4.2 均衡时间播出

均衡时间播出即在时间上均衡地、反复地对目标市场实施广告宣传。这有利于加深目标顾客对企业及产品的印象，提升品牌知名度与公众记忆度。

3.4.3 季节时间播出

季节时间播出指在销售旺季到来之前开始广告宣传。如春运开始前，可对春运期间的列车开行情况进行广告宣传。

3.5 进行广告评估

广告活动经过市场调查、广告策划、设计制作和发布实施后，为确定广告活动是否取得了预期的效果、做法是否正确、广告费用的投入与广告效果是否成正比等，需要铁路运输企业通过广告活动的最后一个环节—广告评估来完成。

3.5.1 广告评估的内容

狭义的广告评估是指广告所获得的经济效益，即广告所带来的销售效果。广义广告评估则是指广告活动目标的实现过程，即广告信息传播过程引起的直接或间接变化的总和，包括广告传播、经济和社会效果。因此我们说，广告评估是对广告活动的评估，不单纯指广告后期效果的评估，而是对广告活动运作过程的评估。所以广告评估还应该包括对广告调查、广告策划和广告实施发布的评估。

3.5.2 广告评估的基本方法

广告评估的方法有很多种，下面我们根据使用评估指标的情况介绍两类广告评估的方法。

（1）单一指标评估法。

顾名思义，单一指标评估法是指当广告主明确广告的目标后，应该采取适当的单个指标对广告效果进行评估的方法。当广告主所追求的广告目的是提升和强化品牌形象时，只需要选择那些与此相关的指标，如广告的浏览量、观看时间等指标来衡量；当广告主追求的广告目的是实际收入时，只需要选取广告收入、广告支出（成本）、转化率与转化次数等相关指标进行评估。

（2）综合指标评估法。

所谓综合指标评估法就是在对广告效果进行评估时所使用的不是简单的某个指标，而是利用一定的方法，在考虑几个指标的基础上对广告效果进行综合衡量的方法。

3.5.3 广告评估的意义

广告评估作为对已经进行的广告活动作出的评价、评判，并对未来广告做有效指导的关键一步，对整个广告活动起着举足轻重的作用。

（1）广告评估的结果是广告决策的依据。

广告评估既是未来的活动，也是调整营销手段、策略的依据。一段时期的广告活动结束后，铁路运输企业必须通过科学的方法对这一时期的广告活动进行评估和效果测定，检查广告目标与企业目标、市场目标、营销目标的吻合度，总结前期广告活动的成效，进而制定下一期广告活动的内容和发展方向。

（2）广告评估有助于提高广告的设计与制作水平。

通过广告活动效果的测评，广告经营者可以了解消费者对广告作品的认可程度，判断广告主体是否突出、广告形象是否富有艺术感染力、广告语言是否简洁、生动，广告是否符合消费者的心理需求，是否能够促进消费者的最终购买行为等。这些指标都是铁路运输企业进行广告活动的参考资料，有助于改进广告设计部门的设计和制作水平，使广告宣传内容和表现形式的结合更加完美，增加广告的权威性和说服力，使广告传播效果与广告设计的预期更加贴合。

（3）广告评估有助于促进整体营销目标的实现。

通过广告效果评定的结果，不但能够比较客观地分析广告活动所取得的效益，而且通过广告效果也可以了解广告宣传以外的其他一些影响产品销售的因素，如产品的质量、价格、包装等是否能够适应市场竞争。铁路运输企业可据此调节生产经营活动，开发新产品，实现经营目标，取得良好的经济效益。

任务 4 铁路运输营业推广策略

知识点 1 营业推广的含义及特点

1.1 营业推广的含义

营业推广作为与人员推销、广告、公共关系相并列的四大基本促销手段之一，是构成促销组合的一个重要元素。不同机构、学者对营业推广有不同的阐释。国际营销大师菲利普·科特勒对营业推广所下的定义为："营业推广是刺激消费者或中间商迅速或大量购买某一特定产品的促销手段，包含了各种短期的促销工具"，美国市场营销学会对营业推广的定义是："营业推广是人员推销、广告和公共关系以外的，用以增进消费者购买和交易效益的那些促销活动，诸如陈列、展览会、展示会等不规则的、非周期发生的销售努力"。

综上，我们所说的营业推广就是指企业运用各种短期诱因鼓励消费者和中间商购买、经销或代理企业产品或服务的促销活动。

1.2 营业推广的特点

1.2.1 营业推广的短期促销效果显著

营业推广是企业根据产品及市场特点采取的有针对性的短期促销活动，向顾客提供特殊的购买机会，这会对消费者产生相当大的吸引力，促使他们当机立断采取购买行为，刺激效果十分明显，能在短时间内迅速提高销售量。

1.2.2 营业推广是一种辅助性的促销方式，具有非正规性和非经常性特征

与其他促销方式比较而言，营业推广的各种促销方式大都是非正规与非经常性的，一般只作为人员推销、广告和公共关系的补充措施，只在短期内对于开拓市场、争取客户和进行竞争有很大效果，一般是不作为长期促销方式使用的。并且销售促进一般不能单独使用，常常配合其他的促销方式才能发挥更好的效果。

1.2.3 营业推广的形式灵活多样

销售促进为了刺激和强化市场需求，使用了花样繁多的促销形式，不仅延续了过去的折扣、赠券、抽奖等形式，而且增加了联合促销、服务促销等各种新的促销形式。

1.2.4 营业推广易造成贬低产品的误解

销售促进活动常伴随着各种优惠条件和强大的宣传攻势，这些做法很明显地暴露了企业急于出售商品的意图，若频繁使用或使用不当，则会引起顾客对产品质量、价格的合理性的怀疑，从而降低产品身价，造成误解。因此企业在开展营业推广活动时要注意开展的方式、时机和频率。

知识点 2 营业推广的作用

2.1 加速产品进入市场的进程

当铁路运输新产品投放市场时，旅客和货主还未能对其有足够的了解并作出及时的反应，这时通过一些必要的营业推广方式，可以在短期内迅速为新产品打开销路。

2.2 说服使用者重复购买，建立购买习惯

如果运输产品兑现了承诺的利益，营业推广就可以帮助获得更多再购，从而建立起旅客和货主的购买习惯。例如铁路运输企业可以使用会员积分实现赠品换取或车票换购，以此鼓励重复购买，最终形成消费者的购买习惯。

2.3 抵御和击败竞争者的促销活动

当行业竞争者大规模地发起促销活动时，如果不及时采取针锋相对的促销措施，往往会失去大部分的市场份额。因此，营业推广又是抵御和反击竞争者的有力武器。

2.4 平衡供求关系，资源合理配置

由于铁路运输产品是不可储存的，营业推广活动可帮助运输企业在特定时间内调节供需关系。最简单的策略就是：在需求旺季尽量控制需求，使之平衡；而在需求萎靡时期努力刺激需求，使之增长。从而达到合理配置资源，平衡供求的作用。

知识点 3 营业推广的程序

营业推广活动是一个过程，为了能够达到更好的效果，必须有计划有组织地实施。为此必须对相关因素进行分析决策，保证方案切实可行。

3.1 确定营业推广目标

营业推广的目标是从总的促销组合目标中引申出来的，是受企业市场营销总目标所制约的，是营销总目标在促销方面的具体化。

铁路运输市场营业推广的目标主要侧重于均衡过剩或过低的市场需求。如缓和顾客需求模式，在需求萎靡时刺激顾客需求。运输企业促销部门要通过对多种因素的分析，确定一定时期内营业推广的具体目标并尽可能使其定量化。

3.2 选择营业推广方式

营业推广的工具是多种多样的，并各有特点和适用范围。在选择营业推广工具时应考虑的主要因素包括：市场类型、营业推广目标、竞争条件和环境、促销预算分配及每种营业推广工具的预算水平等。

3.3 制定营业推广方案

制定营业推广方案时应注意以下五点因素。

3.3.1 比较和确定刺激的程度和范围

促销的根本目的是刺激消费，刺激程度越高，销售反应越大，但是这种效应也存在着递减规律，因此要对以往的促销实践经验进行分析、总结，并结合新的市场环境和促销目标确定适当的刺激程度和范围，并选择相应的支出水平。

3.3.2 确定营业推广的对象

根据目标顾客和中间商的特点，选择能产生最佳销售效果的目标群体作为营业推广的对象。

3.3.3 选择营业推广的工具

在选择营业推广工具时，应考虑这种工具对目标顾客的影响程度、目标顾客的接受水平以及促销工具本身的开支水平等。例如我们采用折价券这种促销工具，那么必须进一步确定有多少是需要邮寄的、有多少是用来附于产品和广告之中的。

3.3.4 选择营业推广的时机

营业推广并非在任何时候都适合。什么时候开始这场促销战役、促销持续多长时间效果最好，都是值得研究的问题。营业推广时机选择得好，能够起到事半功倍的效果。因此企业在确定营业推广时机时应综合考虑产品的生命周期、顾客收入状况、市场环境因素及竞争者营业推广状况等。

3.3.5 确定营业推广预算的分配

确定营业推广预算的分配即营业推广预算在各种促销工具和各个产品之间的进一步分配。费用预算可采用成本累加法和比率法测定。

3.4 实施营业推广方案

企业在实施营业推广方案前应设计多种备选方案，以便明确所选方案是否恰当、刺激规模是否最佳、实施效果如何。在具体实施过程中要注意和监测市场的反应，并及时进行必要的促销范围、强度、频度和重点的调整，保持对促销方案的良好控制，以顺利实现预期效果。

3.5 评估营业推广效果

评价营业推广效果是一项非常重要的内容。评价的目的在于总结经验，为今后的营业推广决策提供依据。促销促进的评估工作实际上在选择促销工具之前就已经开始了。企业常采用的评价营业推广效果的方法有阶段比较法和跟踪比较法两种。

知识点 4 铁路运输企业营业推广的方式

铁路运输企业营业推广的对象主要是消费者和经销商两大类，因此根据销售对象的不同，企业所采用的营业推广方式也略有不同。

4.1 对消费者的营业推广

4.1.1 赠送样品或礼品

赠送样品就是把产品小样赠送给消费者体验，既可以鼓励消费者认购，也可以获取消费者对产品的反应。这是一种向消费者推广新产品的有效方式，但费用较高，对于价值不高的产品较为适宜。对于价值高的产品，企业可以采用赠送礼品的方式进行销售刺激。如广深铁路对乘坐高速列车的旅客免费提供盒饭、茶水，赠阅报纸等。

4.1.2 赠送代价券

代价券作为对商品免付一部分价款的证明，持券人可在购买铁路运输产品时享受优惠。代价券可以邮寄，也可以附在商品或广告中赠送。

4.1.3 附赠商品

这是我们常说的“买一赠一”，即在消费者购买产品时企业赠送一件同样的商品的或略小于正常重量的商品，或赠送一种其他商品。如广深铁路有限公司曾在其实行新运行图的前 10 天展开了客票促销攻势，并在促销活动的前三天实行了高速列车“买一送一”的促销活动。

4.1.4 折扣优惠

就是调低铁路运输产品的售价，即减低利润以优惠顾客。这种促销方式因其最能与竞争产品的价格相抗衡而被广泛应用。例如在铁路货运空车回运或运力虚糜段，可采用折扣优惠的促销方式，既可达到增加运量的目的，又能合理利用运输资源，避免浪费。

4.1.5 包装或票根兑现

采用包装或销售票根来兑换现金或礼品。如收集到一定数量时就可兑换成现金或是商品（礼品），借以鼓励消费者长期购买此产品。

4.1.6 产品展销或服务展示

企业在销售现场，通过货架陈列、现场服务等方式，把产品的特点、性能、使用方法、提供利益展示给消费者，让消费者有切身的感受，从而引起购买欲望。

4.1.7 印花或积分换购

印花是一种古老而极具影响力的营业推广方式，深受消费者的喜爱。它是在销售活动期间，消费者收集积分点券、标签等这一类的证明，达到某种数量时可兑换赠品。如今这种印花形式又演变成为积分。一般而言，在两种形式下采用这种促销形式效果最好：一是吸引反复不断的购买和持续性购买，从而培养顾客忠诚；二是减少消费者购买竞争产品的可能性，提升竞争力。例如上海站推出的“上铁龙卡”铁路购票磁卡，对累计购票达到一定数量的旅客奖励一张车票。

4.1.8 有奖销售或抽奖

有奖销售或抽奖即是让消费者凭车票、货票号等独特标识进行兑奖或抽奖。这是基于人们的侥幸和追求刺激等心理的促销方式，能够吸引消费者的参与兴趣，推动和增加销售。

4.1.9 联合促销

联合促销是指两个以上的企业（这些企业可以处于不同的行业），基于相互利益，共同进行产品和服务的推广活动。例如铁路运输企业可与旅游业、宾馆、超市联合促销，顾客只要进入任何一个联合促销的企业购买产品，都可以享受到相关企业产品购买的优惠。并且联合促销的费用由各个企业共同承担，所以它既可以降低企业各自的促销费用，又可以使不同的企业分享彼此的市场份额，提高品牌的知名度。例如西安市旅游局和西安北车站利用郑徐高铁开通的有利契机，联合西安市各主要景区、星级酒店、旅行社等40余家旅游单位，推出了为期近半年的“乘高铁半价游西安”活动。其中，大唐芙蓉园、大明宫遗址公园、曲江寒窑景区、西安世博园等单位面向经西沪高铁抵达西安的旅游散客推出半价优惠政策。这种前所未有的优惠力度，将进一步吸引更多的省外游客前来西安旅游观光、休闲度假和文化交流。

4.2 对中间商的营业推广

4.2.1 购买折扣

为刺激、鼓励中间商购买并大批地购进本企业的产品，对中间商第一次购买或购买数量较多时给予一定的折扣，购买数量越大，折扣越多。折扣可以直接支付，也可以从货款中扣除，还可以将赠送产品作为折扣。如成都局、上海局等曾在其开行的部分客车上实行“买十送一”“买五送一”等推广政策。

4.2.2 资助

资助是指生产者为中间商提供陈列商品、支付部分广告费用和部分运费补贴或津贴的形式。如铁路运输企业为其客票代售点进行广告宣传补贴，资助其广告宣传活动，从而协助铁路运输企业扩大宣传。

4.2.3 经营指导

经营指导即针对销售本企业产品的中间商给予业务上的指导，促使其搞活销售，增加本企业的产品的销售量。

4.2.4 培训人员

培训人员是指对销售本企业商品的中间商提供免费的培训（包括销售技巧、行业动态、维修技术等），使他们更好地了解产品、市场及竞争动态，以便扩大销售。例如铁路运输企业给客票代售点人员免费提供技术培训，提高其服务水平等。

4.2.5 经销竞赛

经销竞赛是指企业根据目标市场上的特点，组织各种形式的竞赛，以刺激与鼓励中间商积极推销本企业产品。

在铁路运输客运、货运市场营销活动中，只要观念转变了，就会有各种层出不穷的营业推广方式和工具，对消费者起到强烈的刺激和拉动消费的作用。

任务 5 铁路运输公共关系策略

知识点 1 铁路运输公共关系的概念与特征

1.1 铁路运输公共关系的概念

公共关系简称“公关”，是指企业与社会公众之间借助各种传播手段进行双向沟通，以树立企业良好形象，获得社会公众的信任、支持与合作，并谋求双方利益均得到满足的活动。

铁路运输企业的公共关系是指铁路运输企业为改善与社会公众的关系，促进公众对铁路运输企业的认识、理解及支持，正确处理企业与社会公众的关系，达到梳理良好组织形象、提高铁路运输企业知名度和美誉度，促进铁路运输产品销售目的的一系列促销活动。

企业形象是公共关系的核心。声誉高、形象好的企业才能更多地获取旅客和货主的信赖，才能吸引更多的顾客。形象可以在旅客和货主心中产生心理价值，拥有良好的社会形象，可以在企业经营中更容易得到合作，获得更多的便利和主动性。相反，一旦企业在社会公众中造成恶劣形象，就有可能被市场所淘汰。

1.2 铁路运输企业公共关系特征

公共关系是一种社会关系，但又不同于一般社会关系或人际关系，因为它具有自身独特性，具体表现如下。

1.2.1 铁路运输企业公共关系是一种长期活动

公共关系着手于平时努力，着眼于长远打算。公共关系的效果不是急功近利的短期行为，企业要树立良好的形象和声誉，不能拘泥于一时的得失，而要追求长期稳定的战略性关系。

铁路运输企业公共关系追求的是与社会公众利益一致的，通过一系列有计划的活动，树立和保持铁路运输企业声誉与形象。这一目标的达成不是一朝一夕能够实现的，需要铁路运输企业长期积累，不断努力才能获取成功。

1.2.2 铁路运输企业公共关系的目的是为企业树立良好的形象和社会声誉

良好的企业形象和声誉是一个企业无形的财富，也是公共关系的真正目的所在，铁路运输企业以公共关系为促销手段，是为了让社会公众熟悉铁路运输企业的经营理念、企业文化和内涵建设，使企业在社会上享有较高的声誉，从而促进铁路运输产品销售的顺利进行。

1.2.3 铁路运输企业公共关系是铁路运输企业与其他相关的社会公众之间的相互关系

铁路运输企业公共关系的对象是公众，企业活动的涉及面广，这就要求铁路运输企业在开展公共关系活动时处理好以下几方面的关系：一是处理好与旅客、货主之间的关系；二是处理好与相关企业的关系；三是处理好与政府的关系；四是处理好与社区及新闻媒体之间的关系；五是处理好企业内部公众的关系。

1.2.4 铁路运输企业公共关系是一种信息沟通，是创造“人和”的艺术

公共关系是企业与其相关的社会公众间的一种信息交流活动。铁路运输企业开展公共关系活动一是将产品及组织的各类信息及时、准确、有效地传递给公众，争取公众对铁路运输企业的认识和了解，提升企业知名度和名誉度，为企业树立良好形象；二是从广大公众中收集有关市场需求、价格、产品、企业形象以及竞争者情况信息，为协调铁路运输企业与公众的关系打下基础。由此可见，企业从事公关活动，既沟通企业内部、外部信息，建立相互间的了解、信任与支持，又协调和改善了企业的社会关系环境，促进企业内外关系的和谐统一。

1.2.5 铁路运输企业公共关系是一种全员性促销

铁路运输企业的服务工作是高度“人性化”的工作，旅客和货主对于运输产品的评价往往就是通过所感受到的服务提供者的表现和与顾客的关系来评价服务质量的。因此铁路运输企业的公共关系活动绝不是某一个部门或决策层的工作，而是要求铁路运输企业内的全体员工都应提高自身素质，提升服务质量，时刻注意自己的言行举止对企业形象的影响和作用。

知识点 2 铁路运输企业开展公共关系活动的重要性

2.1 可以帮助运输企业树立企业良好形象，提升企业知名度与美誉度

良好的企业形象是铁路运输企业在竞争活动中制胜的法宝，是企业重要的无形资产。一直以来由于铁路运输产品的自身优势，一直被社会公众视作最佳的运输方式。但随着经济的发展和各种运输方式的出现，铁路运输企业也有了更多的竞争者，铁路运输企业必须通过开展公共关系活动来提升企业的知名度与美誉度，才能在激烈的市场竞争中立于不败之地。

2.2 可以帮助运输企业与社会公众之间进行信息的沟通协调

铁路运输企业的生存和发展是处在一个纷繁复杂的内外部环境中的，在企业的发展过程中，经常会遇到一些纠纷，这些纠纷往往涉及社会各界，造成广泛的社会影响，对企业信誉产生极大的危害。因此，铁路运输企业要充分发挥公共关系的协调功能，妥善处理与外部公众之间的关系，尽量减少与外部公众的纠纷，缓和冲突，形成一种友好合作、同时协调内部公众之间的关系与矛盾、轻松和谐的内外部企业环境。

2.3 可以为铁路运输企业提供咨询建议，参与决策

公关咨询建议是指铁路运输企业的公关人员为决策层和管理层提供公共关系方面的意见和建议，使决策更加科学化、系统化，并照顾到社会公众的利益。如公共关系可为本企业的方针、政策提供咨询，发挥公共关系对企业理念导向、形象导向、舆论导向的作用，并参与决策。

知识点 3 铁路运输企业公共关系策略

铁路运输企业的公共关系策略主要包含公共关系宣传、公共关系活动及公共关系意识三方面的内容。

3.1 公共关系宣传

公共关系宣传就是铁路运输企业利用各种宣传途径有意识地向外宣传自己，形成有力的社会舆论，扩大企业影响。宣传媒体主要有报纸、广播、电视等新闻媒介和其他一些特定的媒介。企业也可以通过树立企业形象或传播企业文化的公关广告来进行公关宣传。例如沈阳铁路局集团公司大连客运段先后针对 83 次和 231 次列车改优、“金石滩号”列车开行等举措及时召开新闻发布会，取得公众支持。

3.2 公共关系活动

公关活动是指铁路运输企业通过支持和组织各种类型的社会活动来树立企业在公众心目中的形象，以获得公众好感。铁路运输企业的公关活动可采取的形式很多，下面就介绍几种典型的公关活动。

3.2.1 展览会

这是通过实物、文字、图表、图片等来展现企业成果、风貌、特征、推广产品、宣传企业形象的活动。铁路运输企业可以通过集中展示企业成果和发展趋势的展览会来进行公关活动，这有利于双向沟通，并且利用这一机会可以制造新闻、及时宣传、扩大影响。

3.2.2 赞助活动

这是指铁路运输企业通过无偿提供资金或物质来支持一些公益事业的活动。通过赞助活动可以树立企业关心社会公益事业、承担必要社会责任的良好形象，有效地体现了企业的社会责任感。例如羊城铁路总公司捐款 300 万在粤北贫困地区兴建希望小学，这一活动便提升了铁路运输企业的知名度。

3.2.3 危机事件处理

铁路运输企业是一个具有明显服务特征的行业，在服务过程中难免会出现纠纷与摩擦，有些事件可能还会引起社会的关注，使企业形象受到损害，甚至影响企业的生存和发展，使其处于危机之中，那么在这种情况下开展的公关工作便被称为危机公关。危机公关对于企业至关重要，如果处理不当，会使企业一蹶不振，如果处理得当，企业不但能顺利过关，甚至会借此机会更上一层楼。企业在进行危机事件处理时经常会召开新闻发布会，进行事实报道，针对社会公众关心的重点问题给予解释说明，争取公众谅解与配合。在开展危机事件处理时，企业一定要实事求是、秉公办事、要注重对公众利益的保护，控制事态发展，尽快恢复企业的社会声誉。特别是在铁路运输生产出现严重事故或路风事件时，应立即向新闻界、有关家属和政府部门解释事故原因和处理方法，让他们体会到本企业正在努力承担责任的诚意，重塑“人民铁路为人民”的良好形象。

除此之外，企业的公关活动还包括调查活动、庆典活动、记者招待会、宴会等各种形式。

3.3 公共关系意识

公关意识的建立，能够使公众在同企业的日常交往中对企业留下深刻的印象。从这个意义上讲，开展公共关系企业的每一个员工都应该树立公关意识，为企业形象的树立和社会影响力的提升贡献力量。

公共关系活动虽然不像其他促销方式那样能取得立竿见影的效果，但它一旦产生效应，其对企业的影响将是持久且深远的，因此企业应提高公共关系意识，运用公共关系策略，为企业的长期生存和发展保驾护航。

典型案例

案例一　“五进”宣传普及铁路安全常识

在“5·26 我爱路”统一行动日到来之际，中国铁路太原局集团有限公司聚焦“守底线、补缺陷、除隐患、防风险”，积极开展爱路护路“进企业、进农村、进社区、进学校、进家庭”宣传教育活动。各系统分片区联合行动，通过发放宣传单、举办知识讲座、互动有奖问答等形式，明确铁路安全隐患的举报途径，增强铁路沿线师生和居民遵纪守法、安全防护和爱路护路意识。

太原局集团公司联合当地护路办、铁路公安等部门，对铁路沿线两侧 2.5 千米范围内的企业、学校、村庄、社区、家庭集中开展爱路护路宣传。针对管内各地疫情形势，他们突出校方铁路安全宣传教育主体责任，与学校对接协商，利用广播、电子显示屏等平台播放铁路安全常识，在课余时间发放爱路护路漫画、宣传页和倡议书，教育引导中小学生增强自我保护意识和遵纪守法意识。太原客运段组织异地通勤青年职工在便乘通勤途中，协助本务班组对儿童旅客进行安全乘车宣传，并发放儿童乘车温馨提示卡。

太原局集团公司各级团组织组织广大团员青年开展丰富多样的爱路护路宣传活动。大同站团委组织青年设计爱路护路体验式作品“小学生爱路护路走行棋”，将《铁路安全管理条例》等爱路护路知识融入其中，通过寓教于乐的方式增强学生爱路护路意识。太原北站团委组织青年志愿者服务队联合社区志愿者开展“爱路护路宣传进社区”主题活动，以摆展板、拉横幅、发传单等形式，向社区居民讲解铁路法规，普及爱路护路知识。（来源：铁路之家/2022/05/26）

案例二　客户带客户 揽来新货源

4 月 28 日，看着满载砂石骨料的 45918 次列车从安康车务段柞水站开出，该站货运主任冀文娟长舒了口气，感到一个多月的努力没有白费。

今年以来，按照中国铁路西安局集团有限公司部署，安康车务段深入实施以货补客经营策略，针对货运市场实际需求，摸实情、找资源，积极推进陕南砂石骨料“公转铁”，全力以赴增运增收。

背靠秦岭的柞水县盛产砂石骨料。近期，由于疫情原因，公路运输受到限制，相关企业产出的大量砂石骨料难以外运，部分企业无法维持正常运转。铁路开展货运增运增收大会战、攻坚战以来，冀文娟在走访柞水本地及附近砂石骨料企业和销售公司时，发现了一个奇怪的现象：一边是机械轰鸣、砂石骨料像小山一样越堆越多，一边却很少看到有车来装运。

冀文娟从中看到了需求与商机。然而，第一次走访营销时，她却吃了“闭门羹”——许多企业负责人认为，在当地，砂石骨料走公路运输是约定俗成的事情，走铁路则没有先例。

“不穿鞋的地方往往是最需要鞋的地方。”冀文娟没有灰心，而是认真梳理思路方法，决定从当地的“领头雁”企业入手，重点突破、以点带面。既然“开门见山”的营销效果不理想，她就联系以前合作过的客户作为中间人帮忙推介。客户带客户的方式，让沟通变得更加顺畅。冀文娟和中间人多次登门拜访后，相关企业终于同意通过铁路试运一批砂石骨料，但对装运过程、运输时效、运输安全等仍存在顾虑。

“现在铁路货运很方便的，可以用手机申请下单，剩下的我们负责。”冀文娟打开95306手机App，帮客户一步步熟悉下单流程。客户顾虑的其他问题，她也早就料到，和营销团队提前做足了功课。“同样是到窑村，汽车一车只能装运34吨，运费要1 700多元；铁路一车能装64吨，运费只要887.7元。”现场算的一笔账，让货主心里有了底，通过铁路运输的意愿也更强了。

安康车务段趁热打铁，“一企一策”制订“汽车短驳+集装箱装运”方案，在大家的共同努力下成功签下了首单。这也是柞水当地采用铁路运输砂石骨料的第一单。新的运输方式产生新的市场效益，老客户带新客户、大厂带小厂，吸引周边货源不断前来。

“客户带客户，揽来新货源，货运增量要靠大伙儿共同努力。”从这次营销中，冀文娟积累了经验，更增强了信心。（来源：铁路之家/2022/05/07）

案例三　黑龙江省东部高铁环线形成

据《人民铁道》报道，2月6日8时58分，由两列动车组担当的D8857、D8858次首发列车，分别从牡丹江站、佳木斯站相向开出。这标志着我国最东端高铁——沈阳至佳木斯高铁牡丹江至佳木斯段正式开通运营。

沈佳高铁牡佳段开通运营后，与既有哈牡高铁、哈佳铁路共同构成黑龙江省东部高铁环线，串联起沿线6个地级市，形成以哈尔滨为中心的2小时、3小时交通圈，对促进沿线城市转型升级，助力东北全面振兴、全方位振兴具有重要意义；黑龙江省高铁网实现互联互通，牡丹江至佳木斯最快2小时10分钟可达，哈尔滨至双鸭山、七台河、鸡西等城市3小时可达，人民群众出行更加方便快捷。

沈佳高铁牡佳段位于黑龙江东部，南起牡丹江市，经鸡西市、七台河市、双鸭山市，终至佳木斯市，线路全长372千米，设计时速250千米，设牡丹江、林口南、鸡西西、七台河西、桦南东、双鸭山西、佳木斯7座车站，其中牡丹江、佳木斯站为既有站。

项目开通运营前，铁路部门严格各项规定和标准，精心组织各专业设备的联调联试、检测验收和安全评估，对轨道状态、弓网性能、列车控制、通信信号系统等进行了综合优化调整，满足了高速铁路安全稳定运营要求，具备开通运营条件。

沈佳高铁牡佳段开通初期，安排开行动车组列车18对，最高运营时速250千米。其中，省内方向开行动车组列车13对，首次在哈尔滨、牡丹江、佳木斯间开行环线动车组列车，并开行通达大庆、齐齐哈尔等地的动车组列车，实现省内高铁网互联互通；省外直通方向开行动车组列车5对，分别为鸡西西至北京朝阳（北京）1对、双鸭山西至大连北1对、七台河西至大连北2对、双鸭山西至石家庄1对。

开通运营初期，沈佳高铁牡佳段日常线全部列车执行票价折扣优惠政策，折扣幅度为五五折至八八折。中国铁路哈尔滨局集团有限公司将在沈佳高铁牡佳段率先试行定期票、计次票业务，根据市场情况确定促销折扣优惠，为短途通勤旅客提供更加便捷、实惠的出行体验，让旅客享受铁路发展红利。

此外，哈尔滨局集团公司在沈佳高铁牡佳段沿线各站推出了一系列便民措施，运营初期铁路自有停车场提供免费停车服务，在部分车站试行共享汽车、高铁快运寄递、“一站式”旅游等服务。

同时，他们创新“验检合一、售服合一”服务，旅客安检后在检票口自动闸机上刷一次身份证件便可进站乘车，大大提升了旅客的出行效率。（来源：人民铁道报/2021/12/7/第1版）

课后习题

一、名词解释

1. 促销：
2. 铁路运输企业促销：
3. 人员推销：
4. 广告：
5. 营业推广：
6. 公共关系：

二、填空题

1. 通常所说的促销策略组合是指____________策略、____________策略、____________策略和____________策略。

2. 促销组合策略从总的指导思想上可分为_________策略与_________策略。

3. 影响促销组合的因素主要有促销目标____________、_________________、市场特点、_________________和_______________。

4. 人员推销的方式有____________、____________和____________三种方式。

5. 根据广告的设计目标，可将广告分为__________广告、__________广告和__________广告。

6. 广泛使用的四大广告媒体有_________、_________、_________和_________。

7. 铁路运输公共关系具有____________________、____________________、长期性和整体性以及____________________的特点。

三、选择题

1. 以下促销方式中，支出较大、成本较高，但受众面较小的促销方式是（　　）。
   A. 广告　　B.营业推广　　C. 人员推销　　D. 公共关系
2. 在产品生命周期的投入期应以（　　）为主。
   A. 通知性广告　　B. 劝说性广告　　C. 提示性广告　　D.以上都可以
3. 在产品生命周期的衰退期应以（　　）为主。
   A. 通知性广告　　B. 劝说性广告　　C. 提示性广告　　D.以上都可以
4. 某过车站向贫困失学儿童赞助大批文具是属于促销中的（　　）策略。
   A. 营业推广　　B. 广告　　C. 公共关系　　D. 人员推销

5. 下列不属于公共关系策略的是（ ）。

A. 贫困基金捐献　　B. 处理内部信访

C. 召开部门间联谊会　　D. 对中间商的数量折扣

6. 在旅游列车上为旅客赠送圆珠笔、小木梳、时刻表等纪念品，这属于促销中的（ ）策略。

A. 营业推广　　B. 广告　　C. 公共关系　　D. 人员推销

四、简答题

1. 简述促销对企业整体市场营销活动的作用。

2. 简述铁路运输企业促销的特点。

3. 简述人员推销策略的优、缺点。

4. 简述营业推广的作用。

5. 简述铁路运输企业开展公共关系活动的重要性。

参考文献

[1] 赵岚.铁路运输市场营销（第二版）[M].北京：中国铁道出版社，2013.
[2] 史诚瑛.市场营销与策划[M].长春：东北师范大学出版社， 2014.
[3] 刘作义，赵瑜.运输市场营销学（第三版）[M].北京：中国铁道出版社， 2015.
[4] 肖志雄.市场营销学[M].北京：机械工业出版社，2015.
[5] 徐紫燕，宋锐.现代市场营销策略（第 3 版）[M].北京：电子工业出版社，2016.
[6] 吴健安，钟育赣.市场营销学（第六版）[M].北京：清华大学出版社，2017.
[7] 范恩辉，隋东旭.铁路运输市场营销[M].北京：北京交通大学出版社，2020.
[8] 勾殿红，朱玉梅.市场营销基础（第二版）[M].北京：中国人民大学出版社，2021.
[9] 李霓虹.电信市场营销（第 2 版）[M].北京：人民邮电出版社.2011.
[10] 中华人民共和国国家统计局.中国统计年鉴 2021.[M]北京：中国统计出版社，2021.
[11] 中华人民共和国铁道部.中华人民共和国铁道部铁路货物运价规则[M] 北京：中国铁道出版社，2005.
[12] 中华人民共和国铁道部.中华人民共和国铁道部铁路客运运价规则[M]，北京：中国铁道出版社，2002.
[13] 包西锋.铁路市场营销策略探究[J].铁路采购与物流，2017，（12）.
[14] 席锦池.法国高速铁路客票体系与营销方式分析[J].中国铁路，2007（4）.
[15] 龙驰鹏.铁路货运营销[J].长江丛刊济，2018（11）.
[16] 谢旭申.北京局集团公司铁路货运市场营销优化对策[J].铁道货运，2020（08）.
[17] 谢林.基于及时运输的蒙华铁路货运市场营销研究[D].成都：西南交通大学，2016.
[18] 崔志宇.铁路客运市场在东北地区营销策略发展研究的探讨[D].石家庄：石家庄铁道大学，2017.
[19] 赵熙修. 北京市铁路客运市场营销策略研究[D].兰州：兰州交通大学，2018.